FUTEBOL
e seus
Fundamentos

Dados Internacionais de Catalogação na Publicação (CIP)
(Câmara Brasileira do Livro, SP, Brasil)

Martins, Paulo Sérgio

　Futebol e seus Fundamentos / Paulo Sérgio Martins, Marco Aurélio Paganella; coordenação editorial: Alexandre F. Machado – 1. ed. – São Paulo: Ícone, 2013.

　Bibliografia
　ISBN 978-85-274-1229-2

　1. Futebol. 2. Futebol – História. 3. Futebol – Treinamento. I. Paganella, Marco Aurélio. II. Machado, Alexandre F. III. Título.

12-14967   CDU – 796.334077

Índices para catálogo sistemático:

1. Futebol: Treinamento físico: Esporte　　796.334077
2. Treinamento físico: Futebol: Esporte　　796.334077

Paulo Sérgio Martins
Marco Aurélio Paganella

FUTEBOL
e seus Fundamentos

Coordenação editorial
Alexandre F. Machado

1ª edição
São Paulo – 2013

© Copyright 2013
Ícone Editora Ltda.

Projeto gráfico, capa e diagramação
Richard Veiga

Revisão
Juliana Biggi

Proibida a reprodução total ou parcial desta obra, de qualquer forma ou meio eletrônico, mecânico, inclusive por meio de processos xerográficos, sem permissão expressa do editor (Lei nº 9.610/98).

Todos os direitos reservados à:
ÍCONE EDITORA LTDA.
Rua Anhanguera, 56 – Barra Funda
CEP: 01135-000 – São Paulo/SP
Fone/Fax.: (11) 3392-7771
www.iconeeditora.com.br
iconevendas@iconeeditora.com.br

FOLHA DE APROVAÇÃO

A presente obra foi aprovada e sua publicação recomendada pelo conselho editorial na forma atual.

Conselho editorial
Prof. Dr. Antônio Carlos Mansoldo (USP – SP)
Prof. Dr. Jefferson da Silva Novaes (UFRJ – RJ)
Prof. Dr. Giovanni da Silva Novaes (UTAD – Portugal)
Prof. Dr. José Fernandes Filho (UFRJ – RJ)
Prof. Dr. Rodolfo Alkmim M. Nunes (UERJ – RJ)
Prof. Dr. Rodrigo Gomes de Souza Vale (UNESA – RJ)
Prof. Dr. Miguel Arruda (UNICAMP – SP)
Prof. Dr. Daniel Alfonso Botero Rosas (PUC – Colômbia)
Prof. Dr. Victor Machado Reis (UTAD – Portugal)
Prof. Dr. Antônio José Rocha Martins da Silva (UTAD – Portugal)
Prof. Dr. Paulo Moreira da Silva Dantas (UFRN – RN)
Prof.ª Dr.ª Cynthia Tibeau

Presidente do conselho
Prof. M. Sc. Alexandre F. Machado

APRESENTAÇÃO

O livro trata dos Fundamentos do Futebol em sentido lato e não apenas dos Fundamentos do jogo propriamente dito.

Trata-se de um jogo de palavras com o objetivo de chamar a atenção dos estudiosos que já atuam na área e dos que têm interesse em trabalhar com o Futebol para 26 temas que, de uma forma ou de outra, poderão auxiliar no bom andamento e desenvolvimento do trabalho dos profissionais e/ou dos aspirantes a tal. Vinte e seis é um número razoável e considerável, até porque tem um simbolismo importante, haja vista o fato de que uma equipe de Futebol Profissional trabalha sempre com um número de jogadores em torno disto, um pouco mais, um pouco menos. Todavia, o livro não versa somente sobre fatores ligados ao Futebol Profissional; ao contrário, é bem mais amplo e procura abranger todos os aspectos, públicos e temas que fundamentam o trabalho no Futebol.

Somado o tempo de atuação de cada um no Futebol como jogadores, alunos, acadêmicos, estagiários, assistentes, aprendizes, professores, técnicos, treinadores e chefes de delegação em competições locais, regionais, nacionais e internacionais, coordenadores, supervisores, gerentes, docentes universitários, conferencistas e palestrantes, sem exclusão de outros, o número é superior a 60 (sessenta) anos!

Levando-se em conta que a soma da idade de ambos é pouca coisa superior a 90 (noventa) anos, há que se considerar que se trata de um tempo razoável de dedicação ao Futebol (mais de dois terços da nossa caminhada por aqui) em todos os seus aspectos em face a um relativo "vigor juvenil"... bons tempos...

Com base nestes dois fatores (a: referencial bibliográfico fidedigno; e b: um bom tempo de estudo, pesquisa, trabalho e experiência no Futebol) é que os autores discorrem no livro com relativo conhecimento de causa e segurança sobre os assuntos: 1. Histórico do Futebol, Futsal, Futebol *Society* e Futebol de Areia; 2. O Futebol como fenômeno social, cultural e econômico no Brasil e no mundo; 3. Infraestrutura, planejamento e filosofia de trabalho; 4. Estrutura de aula e/ou de um treino de Futebol; 5. Aquecimento; 6. O Futebol visto e entendido como Ciência; 7. Aspectos Físicos; 8. Fundamentos técnicos individuais ofensivos; 9. Fundamentos técnicos individuais defensivos; 10. Aspectos táticos e de organização e sistematização coletiva; 11. Aspectos psicológicos e emocionais; 12. Jogos da cultura popular e corporal voltados ao Futebol; 13. Jogos especialmente criados para a aprendizagem, o desenvolvimento e o aperfeiçoamento do Futebol; 14. Goleiro; 15. Métodos de trabalho; 16. Posturas e condutas adequadas do Professor; 17.1. e 17.2. Fases do desenvolvimento do Futebol pelas faixas etárias e quadro de estudo comparativo; 18.1. e 18.2. Protocolo de avaliação técnica completo e resumido; 19.1. e 19.2. Torneio individual de Futebol: Regulamento, considerações e planilha de pontuação; 20. Regras e Regulamentos: conceitos e exemplos de redação; 21.1. e 21.2. Modelos e projetos de organização estrutural e empresarial de trabalho no Futebol e quadro de estudo comparativo e exemplificativo; 22. Informática, *sites*, *softwares*, tecnologias e programas de computador aplicados ao Futebol; 23. *Marketing* esportivo e Administração esportiva; 24. Aspectos legais e jurídico-legislativos; 25. O Futebol na Escola como instrumento de formação e de educação; 26. Lesões no Futebol: breve descrição, primeiros socorros e reabilitação.

A intenção não é esgotar definitivamente o conteúdo de todos estes 26 (vinte e seis) assuntos, mas, sim, mostrar os principais elementos que se referem a cada um deles de modo a produzir no mínimo dois efeitos, quais sejam, de um lado para esclarecer pontos pouco conhecidos ou mesmo desconhecidos e ignorados para alguns e, de outro, para suscitar e estimular os que já estão atuando para o aprofundamento no estudo e na pesquisa, sem jamais abdicar dos aspectos práticos inerentes ao Futebol.

Até porque a característica marcante do trabalho no Futebol é a conjugação perene entre teoria e prática, vale frisar, uma complementa a outra; uma depende da outra.

Tenha-se presente que o desiderato dos autores desta obra é apenas e tão somente contribuir modestamente da melhor maneira possível para o desenvolvimento e para o sucesso no estudo e no trabalho dos acadêmicos e colegas de profissão, êxito este que, uma vez concretizado, certamente também será o nosso... se as pessoas estiverem bem, nós também estaremos...

Muito grato pela atenção e consideração.

Bons estudos e pesquisas.

Bom trabalho.

Bons treinos e aulas.

Bons jogos.

Prof. Marco Aurélio Paganella
Prof. Paulo Sérgio Martins

SOBRE OS AUTORES

PAULO SÉRGIO MARTINS

paulo@alphaclube.com.br

Formação acadêmica

- Formado pela OSEC em Licenciatura Plena em 1985.
- Curso de Extensão em Futebol. FEFISA – 1988.
- Especialização em Fisiologia do Exercício – UNIFMU – 1998.
- Curso de extensão em Administração e Gestão de Clubes – 2001.

Participação em torneios internacionais

- Gothia Cup / Suécia – Dana Cup I / Dinamarca – Dana Cup II / Dinamarca – Helsink Cup / Finlândia – Italy Cup / Itália – Barcelona Cup / Espanha – Watermellon Tournament / USA.
- Bavarian Tournament / USA – Viena Cup / Áustria – Torneo de La Amistad / Chile – Thanksgiving Tournament / USA – State Cup Arizona/ USA – Torneo de La Serena / Chile – Torneo de Rosário / Argentina.

Participação em torneios nacionais

- Interclubes, Sindiclube, Copa Paulista, Economiadas, Jucas de Publicidade, Copa de Futebol da Juventude, Copa Pentágono, Campeonato Paulista de Society, Campeonato Paulista de Futsal.

Participação em congressos de clubes

- Encontro dos gerentes e gestores de clubes CBC 2009 / 2010 / 2011.

Cursos ministrados

- Implantação de Escolas de Futebol – UNISA.
- Desenvolvimento do Futebol de Base – Congresso Fitness Mauricio Fernandes.
- Futebol de base na Base – CEPEUSP.
- Futebol de Base – Curso de Pós graduação USP.
- Futebol de Base na Base – Work Shop de Escola de Esportes.
- Escola de Esportes – Faculdade I talo Brasileiro.
- Futebol de Base – Faculdade Nautico Mogiano.
- Work Shop de Administração e Marketing Esportivo – Alphaville Tênis Clube.

Experiências profissionais anteriores

- Brasil
- Coordenador de Escola de Futebol Crak – 1986 – 10 anos.
- Coordenador da Escola de Futebol Planet Ball – 5 anos.
- Coordenador do Projeto Esporte Talento – CEPEUSP / Instituto Ayrton Senna – 1995 – 5 anos.
- Coordenador Geral das Olimpíadas Inter Alphas – 2002/04/06/08/10 – 10 anos.
- Coordenador Do Torneio Internacional de Tênis Cidade de Barueri – 2007 – 4 anos.
- Coordenador de Futebol do Clube Alto dos Pinheiros – 1994 – 18 anos.

- Técnico de Futebol: Ipê Clube – Indiano Atlético Clube – Alphaville Tênis Clube – Clube Alto dos Pinheiros – ESPM – Clube Adamus em 29 anos de Profissão.
- Diretor da empresa MC Sports e Marketing – 2 anos.
- Professor de Educação Física Infantil da UNISA – 3 anos.
- Professor de Futebol e Administração e Marketing Esportivo da UNISA – 13 anos.
- Professor de Educação Física Colégio Criativa – 1991 – 4 anos.

- Estados Unidos
- Coach Director – Tempe Soccer Club – 2000 – USA – 2 anos.
- Coach Director – BRUSA – USA – 2001 e 2001.
- Técnico de Futebol – South Bank Soccer Club – Pride Soccer Club, Walatuck Soccer Club.

Funções atuais

- Gerente de Esportes do Alphaville Tênis Clube, desde 2005. Coordenador de Esportes do Alphaville Tênis Clube de 2002 a 2005.

MARCO AURÉLIO PAGANELLA

http://lattes.cnpq.br/2759633195142298
marcoapaganella@globo.com
marcoaureliopaganella@bol.com.br

- Professor de Educação Física formado pela UNISA – Universidade de Santo Amaro – São Paulo – SP. CREF n° 1.472-G/SP.
- Especialista em Ciências do Futebol e do Futsal pela UCB – Universidade Castelo Branco – RJ.
- Especialista em Ciências da Natação pela UCB – Universidade Castelo Branco/RJ.
- Bacharel em Direito e Advogado formado pela UNISA – Universidade de Santo Amaro – São Paulo – SP. OAB n° 211.123/SP.

- Especialista em Direito Constitucional pelo CEU – Centro de Extensão Universitária – SP e IICS – Instituto Internacional de Ciências Sociais – SP.
- Especialista em Direito Tributário pelo CEU – Centro de Extensão Universitária – SP e IICS – Instituto Internacional de Ciências Sociais – SP.
- Mestre em Ciências da Saúde Políticas Públicas e Saúde Materno-Infantil pela Faculdade de Medicina da UNISA – Universidade de Santo Amaro – São Paulo/SP.
- Professor de Futebol, Futsal, Políticas Públicas, Técnicas de Estudo e Pesquisa e Metodologia da Pesquisa Científica, Orientador de TCCs – Trabalho de Conclusão de Curso e Administração Esportiva e *Marketing* Esportivo do Curso de Educação Física da UNISA – Universidade de Santo Amaro – São Paulo – SP.
- Professor Assistente da Coordenação do PAEC – Programa de Atividades Esportivas à Comunidade Interna/Acadêmica e Comunidade Externa do Curso de Educação Física da UNISA – Universidade de Santo Amaro – São Paulo – SP.
- Professor de Futebol do Curso de Educação Física do UNIÍTALO – Centro Universitário Ítalo-Brasileiro – São Paulo – SP.
- Professor de Direito Constitucional, Teoria do Estado e da Constituição, Ciência Política, História do Direito e do Pensamento Jurídico, e Orientador de TCCs do Curso de Direito/Ciências Jurídicas da UNISA – Universidade de Santo Amaro – São Paulo – SP.
- Coordenador Geral de Esportes, Professor e Técnico de Futebol, Futsal e Futebol *Society* do Clube Esportivo Helvetia de São Paulo – SP de 1990 a 2009.
- Natural de Esmeralda – RS.

SUMÁRIO

Capítulo **1**
HISTÓRICO DO FUTEBOL, DO FUTSAL, DO FUTEBOL *SOCIETY* E DO FUTEBOL DE AREIA (*BEACH SOCCER*), 21

    Futebol, **21**
    Futsal, **26**
    Futebol *society*, **29**
    Futebol de areia (ou *beach soccer*), **31**
    Referências bibliográficas, **33**

Capítulo **2**
O FUTEBOL COMO FENÔMENO SOCIAL, CULTURAL E ECONÔMICO NO BRASIL E NO MUNDO, 35

    Referências bibliográficas, **37**

Capítulo 3
ASPECTOS LIGADOS À INFRAESTRUTURA E AO PLANEJAMENTO DE TRABALHO NO FUTEBOL, LEVANDO-SE EM CONTA A FILOSOFIA, AS DIFERENÇAS, CARACTERÍSTICAS E PECULIARIDADES DE CADA LOCAL/ ENTIDADE/INSTITUIÇÃO, 39

Considerações importantes, 41
Referências bibliográficas, 44

Capítulo 4
ESTRUTURA/ROTEIRO DE UMA SESSÃO DE TRABALHO: AULA E/OU TREINO DE FUTEBOL, 45

1ª etapa/fase – diálogo inicial ou introdutório, 45
2ª etapa – aquecimento, 46
3ª etapa – parte principal, 46
4ª etapa – atividades moderadas, 47
5ª etapa – diálogo conclusivo, 47
Considerações importantes, 47
Referências bibliográficas, 49

Capítulo 5
AQUECIMENTO: CONCEITOS MAIS IMPORTANTES, RELEVANTES E ELEMENTARES DE UM AQUECIMENTO PRÓPRIO PARA A PRÁTICA DO FUTEBOL, 51

Sequência fisiológica mais indicada e aspectos psicológicos, 52
Variáveis, 53
Tipos, 53
Considerações importantes, 54
Referências bibliográficas, 55

Capítulo 6
O FUTEBOL COMO CIÊNCIA: DIVISÃO DO ESTUDO SOB O PONTO DE VISTA DOS ASPECTOS FÍSICOS, TÉCNICOS, TÁTICOS, PSICOLÓGICOS E DE INFRAESTRUTURA, 57

Aspectos físicos, 58

Aspectos técnicos, **60**

Aspectos táticos, **60**

Aspectos psicológicos, **61**

Aspectos ligados à infraestrutura e à organização; fatores "fora das 4 linhas" que dão suporte ao trabalho dentro de campo/quadra, **61**

Considerações importantes, **62**

Referências bibliográficas, **64**

Capítulo **7**
ASPECTOS FÍSICOS LIGADOS AO TRABALHO E À PRÁTICA DO FUTEBOL, 65

Aspectos físicos, **65**

Considerações importantes, **69**

Referências bibliográficas, **71**

Capítulo **8**
O FUTEBOL COMO CIÊNCIA: DIVISÃO DO ESTUDO SOB O PONTO DE VISTA DOS ASPECTOS FÍSICOS, TÉCNICOS, TÁTICOS, PSICOLÓGICOS E DE INFRAESTRUTURA, 73

Fundamentos técnicos individuais ofensivos próprios dos jogadores de linha, **74**

Fases do ataque e da defesa, **77**

Modo por intermédio do qual deve ser consignado o trabalho, **78**

Considerações importantes, **78**

Referências bibliográficas, **79**

Capítulo **9**
FUNDAMENTOS TÉCNICOS INDIVIDUAIS DEFENSIVOS DO FUTEBOL: PRINCÍPIOS, CONCEITOS E FASES DE TRANSIÇÃO ENTRE A MARCAÇÃO INDIVIDUAL E A MARCAÇÃO COLETIVA, 81

Fundamentos técnicos individuais defensivos/princípios da marcação individual, **81**

Fase intermediária ou de transição ou setorizada entre a marcação individual e a marcação coletiva realizada de modo organizado por toda a equipe, **83**

Fases da defesa e do ataque, **84**

Modo por meio do qual geralmente deve ser feita a marcação individual no contexto coletivo em face às diferentes situações que o jogo/jogada em curso propicia em cada setor, **85**

Considerações importantes, **86**

Referências bibliográficas, **87**

Capítulo 10
ASPECTOS TÁTICOS E DE ORGANIZAÇÃO E SISTEMATIZAÇÃO COLETIVA DE UMA EQUIPE DE FUTEBOL: SISTEMA, TÁTICA, ESTRATÉGIA, POSIÇÃO, FUNÇÃO E CARACTERÍSTICAS DO ALUNO/ATLETA, 89

Aspectos táticos e de organização e sistematização coletiva – conceitos importantes, relevantes e elementares, **90**

Definições e conceituações, **90**

Principais sistemas táticos do futebol, **95**

Principais sistemas táticos do futsal, **95**

Principais sistemas táticos do futebol *society*, **95**

Principais sistemas táticos do futebol de areia/praia/*beach soccer*, **96**

Considerações importantes, **96**

Referências bibliográficas, **96**

Capítulo 11
ASPECTOS PSICOLÓGICOS E EMOCIONAIS IMPORTANTES E RELEVANTES A SEREM OBSERVADOS E TRABALHADOS PARA UM BOM DESENVOLVIMENTO DO TRABALHO NO FUTEBOL, 99

Aspectos psicológicos, **100**

Considerações importantes, **101**

Referências bibliográficas, **102**

Capítulo 12
JOGOS DA CULTURA POPULAR E CORPORAL LIGADOS E VOLTADOS PARA O FUTEBOL, 103

Jogos da cultura popular e corporal mais conhecidos no Brasil, **104**

Considerações importantes, **111**

Referências bibliográficas, **112**

Capítulo 13
JOGOS ESPECIALMENTE CRIADOS PARA A APRENDIZAGEM, O DESENVOLVIMENTO E O APERFEIÇOAMENTO DO FUTEBOL, 115

Jogos especialmente criados para a aprendizagem, o desenvolvimento e o aperfeiçoamento do futebol, **116**
Considerações importantes, **144**
Referências bibliográficas, **145**

Capítulo 14
CONCEITOS GERAIS E FUNDAMENTOS TÉCNICOS OFENSIVOS E DEFENSIVOS PRÓPRIOS DO GOLEIRO DE FUTEBOL, 147

Fundamentos técnicos ofensivos próprios do goleiro de futebol, **149**
Fundamentos técnicos defensivos próprios do goleiro de futebol, **149**
Aspectos físicos e psicológicos inerentes ao goleiro, **150**
Considerações importantes, **151**
Referências bibliográficas, **151**

Capítulo 15
MÉTODOS DE TRABALHO NO FUTEBOL, 153

Considerações importantes, **156**
Referências bibliográficas, **157**

Capítulo 16
POSTURAS E CONDUTAS ADEQUADAS, APROPRIADAS, EDUCADAS E EQUILIBRADAS DO PROFESSOR DE FUTEBOL, 159

Manual prático do professor/técnico de futebol, **160**
Considerações importantes, **162**
Referências bibliográficas, **163**

Capítulo 17
FASES DO DESENVOLVIMENTO DO FUTEBOL PELAS FAIXAS ETÁRIAS, 165

Categorias do futebol (por exemplo, "ano-base" 2012), **167**
Categorias do futsal (por exemplo, "ano-base" 2012), **168**

Categorias do futebol *society* (por exemplo, "ano-base" 2012), **169**

Considerações importantes, **169**

O desenvolvimento do futebol nas diferentes faixas etárias. Divisão do trabalho em face dos respectivos aspectos a desenvolver: quadros de estudo comparativo, **170**

O desenvolvimento do futebol nas diferentes faixas etárias. Divisão do trabalho em face das faixas etárias: quadros de estudo comparativo, **187**

Referências bibliográficas, **204**

Capítulo 18
PROTOCOLO DE AVALIAÇÃO TÉCNICA NO FUTEBOL. AVALIAÇÃO DOS FUNDAMENTOS TÉCNICOS INDIVIDUAIS OFENSIVOS E DEFENSIVOS DOS JOGADORES DE LINHA E DO GOLEIRO, 207

Protocolo de avaliação dos fundamentos técnicos individuais ofensivos e defensivos dos jogadores de linha, **209**

Protocolo de avaliação dos fundamentos técnicos individuais defensivos (tipos/formas de defesa) e ofensivos (reposições) próprios do goleiro, **225**

Protocolo de avaliação técnica no futebol – resumido, **235**

Protocolo de avaliação técnica – jogadores de linha, **237**

Protocolo de avaliação técnica – goleiro, **243**

Referências bibliográficas, **247**

Capítulo 19
PROTOCOLO DE AVALIAÇÃO TÉCNICA NO FUTEBOL. AVALIAÇÃO DOS FUNDAMENTOS TÉCNICOS INDIVIDUAIS OFENSIVOS E DEFENSIVOS DOS JOGADORES DE LINHA E DO GOLEIRO, 249

Torneio individual de futebol: regulamento, **250**

Considerações importantes, **251**

Torneio individual de futebol: planilha de pontuação, **251**

Referências bibliográficas, **252**

Capítulo **20**
REGRAS E REGULAMENTOS: CONCEITOS, EXEMPLOS, ASPECTOS COMPARATIVOS, COMPLEMENTARES E DIFERENÇAS, 253

Exemplo 1: futebol *society* adulto veteranos, **255**
Exemplo 2: futebol de campo juvenil colegial, **261**
Exemplo 3: futsal menores, **267**
Considerações importantes, **272**
Referências bibliográficas, **275**

Capítulo **21**
MODELOS E PROJETOS DE ORGANIZAÇÃO ESTRUTURAL E EMPRESARIAL DE TRABALHO NO FUTEBOL, 277

Projeto escola de futebol, **279**
Como dar início a um projeto, **282**
Considerações importantes, **284**
Modelos e projetos de organização estrutural para o futebol: quadro de estudo comparativo e exemplificativo, **287**
Referências bibliográficas, **290**

Capítulo **22**
INFORMÁTICA, *SITES*, *SOFTWARES*, TECNOLOGIAS E PROGRAMAS DE COMPUTADOR APLICADOS AO FUTEBOL, 291

Considerações importantes, **293**
Referências bibliográficas, **294**

Capítulo **23**
***MARKETING* ESPORTIVO E ADMINISTRAÇÃO ESPORTIVA: CONCEITOS ELEMENTARES, 295**

Exemplo 1: sala de ginástica/academia/sala de musculação, **303**
Exemplo 2: professores, **305**
Exemplo 3: ginásio/quadra/arquibancada/adjacências (pode ser elaborado um para a piscina), **308**
Considerações importantes, **310**
Referências bibliográficas, **310**

Capítulo 24
LEGISLAÇÃO DE REGÊNCIA DO ESPORTE, DO FUTEBOL E DA EDUCAÇÃO FÍSICA, 313

1. Lei Geral do Desporto – Lei Pelé – Lei n° 9.615/98, **316**
2. Lei da Educação Física – Lei n° 9.696/98, **321**
3. Lei de incentivo aos esportes – Lei n° 11.438/06, **323**
1. LDB – Lei de Diretrizes e Bases da Educação, **331**
2. PNE – Plano Nacional de Educação, **331**
3. Formação dos professores de educação física, **332**

Considerações importantes, **341**

Referências bibliográficas, **342**

Capítulo 25
O FUTEBOL NA ESCOLA COMO INSTRUMENTO DE FORMAÇÃO E DE EDUCAÇÃO, 345

Referências bibliográficas, **362**

Capítulo 26
LESÕES MAIS FREQUENTES NO FUTEBOL: BREVE DESCRIÇÃO, PRIMEIROS SOCORROS E REABILITAÇÃO, 365

Principais fatores, causas e mecanismos para a ocorrência das lesões, **367**

Principais lesões, primeiros socorros e reabilitação no futebol, **370**

Distensão muscular, **371**

Ruptura (músculos e tendões), **372**

Contusão, **374**

Tendinopatia ou tendinite, **376**

Entorses, **377**

Entorse do ligamento cruzado anterior do joelho (lca), **378**

Fraturas, **380**

Entesite da tuberosidade da tíbia (doença de osgoodschlater), **381**

Considerações importantes, **382**

Referências bibliográficas, **383**

HISTÓRICO DO FUTEBOL, DO FUTSAL, DO FUTEBOL *SOCIETY* E DO FUTEBOL DE AREIA (*BEACH SOCCER*)

A História da humanidade tem se apresentado ao longo dos tempos como uma perene evolução, seja no que tange aos aspectos tecnológicos, seja no que se refere às relações sociais, ou, ainda, no que diz respeito à importância desta ou daquela matéria em determinado momento da própria História. No caso do Futebol, objeto do estudo ora em pauta, também é bom e indicado que se "dê uma olhada no passado" para que se possa entender e vivenciar o presente e, desta forma, poder cogitar o futuro.

Com base nestas assertivas, a seguir estão consignados os principais pontos que se referem à história das modalidades em destaque que, pode-se afirmar com grande margem de acerto, figuram entre as mais praticadas e/ou mais vistas em todo o Planeta.

FUTEBOL

Nos primórdios da humanidade civilizada, na China Antiga, por volta de 3.000 a.C., os militares desta nação praticavam um jogo (não havia um nome de "batismo" propriamente dito) paradoxalmente "não muito civilizado" que consistia em, pasmem, chutar o crânio/cabeça dos inimigos vencidos após as inúmeras batalhas que à época se sucediam. Era um misto de êxtase e de comemoração pela vitória (ou de extravasamento da raiva pela derrota) e um treino físico esperando e visando à próxima "briga".

Felizmente, com a evolução, o objeto chutado passou a ser bexigas de boi e/ou bolas rudimentares feitas de couro e com seu interior preenchido com pelo de animal e/ou cabelo humano. Também para a felicidade da humanidade, o objetivo do jogo passou a ser mais nobre (apesar de, infelizmente, as guerras nunca terem acabado) e, desta maneira, eram formadas duas equipes com oito ou mais jogadores cada uma, que tentavam passar a bola entre si sem deixá-la cair no chão, ao mesmo tempo em que tentavam ultrapassar duas estacas que eram fixadas no campo a uma distância aproximada de 4 a 5 m e interligadas por um fio de cera.

Também no Oriente antigo, à mesma época, só que agora no Japão, era praticado um jogo um pouco semelhante com o Futebol contemporâneo, que se denominava "Kemari". Era disputado por membros das cortes imperiais do Japão e se realizava num espaço de 150 a 250 metros quadrados. A bola, por sua vez, era confeccionada com fibras de bambu e, entre as regras, era proibido tocar o corpo dos outros jogadores, em torno de 8 participantes para cada time.

Cogita-se que tenha havido jogos entre chineses e japoneses, mas, todavia, como não há provas científicas e cabais deste fato, fica-se apenas no campo da especulação e da suposição.

Um pouco mais à frente no tempo, com a humanidade um pouco mais civilizada e ainda antes da passagem de Cristo pela Terra, por volta do séc. II e I a.C., já com as primeiras ideias de Estado Moderno concebidas pelos gregos, estes criaram um jogo semelhante ao "Kemari", que se chamava "Episkiros", praticado, sobretudo, sem exclusão de outros locais, em Esparta, importante Cidade-Estado grega da época.

Neste jogo, que usava uma bola feita de bexiga de boi cheia de areia ou terra ou pelos de animais, os soldados/militares eram divididos em duas equipes de aproximadamente nove a quinze jogadores cada uma, que disputavam a competição num terreno retangular e relativamente grande o bastante para que todos os jogadores pudessem participar ativamente do jogo.

Neste mesmo período da História, tendo em vista o domínio do Império Romano, que proporcionou o contato com a dinâmica de jogo do "Episkiros", este foi assimilado pelos conquistadores e começou a se expandir, mesmo que lentamente, pelas outras partes ligadas à Roma Imperial.

Adiante no tempo, na Europa medieval, o "Soule" ou "Haspastum" era praticado por militares franceses, que se dividiam em duas equipes, uma que atacava e outra que defendia. Infelizmente, era um jogo violento, dado que era permitido dar socos, pontapés, rasteiras e outros golpes "baixos" e não muito civilizados. Cada time era formado por aproximadamente 30 jogadores, e nele já se começa a perceber a distribuição de funções diferentes a cada um dos componentes da equipe, como ocorre no Futebol moderno.

Na Itália da Idade Média surgiu um jogo denominado "Gioco del Calcio" (jogo dos chutes, em tradução livre e literal). Era disputado em praças e os jogadores de cada time tinham como missão levar a bola até os dois postes que ficavam nos dois cantos extremos da praça. Infelizmente, de novo a violência era corriqueira, dado que, em muitos casos, os jogadores levavam em conta questões pessoais para o campo e tentavam ali resolver suas questões particulares, sobretudo, as que advinham de diferenças religiosas, sociais e econômicas, comuns àquela época e... bem, infelizmente, também comum aos dias de hoje...

Como a violência, a bagunça e a desordem eram muito grandes, a nobreza italiana pacificou (ou, pelo menos, tentou...) o jogo, na medida em que criou regras claras e punitivas, que eram aplicadas mediante a presença e fiscalização firme e ostensiva de vários juízes, até porque, a par disto, o Direito (*Jus*) e as Leis têm como berço a Roma antiga, com o Código de Justiniano, entre outros documentos.

O "Gioco del Calcio" da Itália, talvez também influenciado, aprimorado e impulsionado pelas ideias ligadas ao Renascimento, acabou chegando à Inglaterra (que também teve a sua metade sul subordinada ao Império Romano) e, por volta do século XVII, novas regras foram estudadas, criadas, estabelecidas, organizadas e sistematizadas. E é certo também que a difusão do Futebol moderno também decorre do colonialismo europeu advindo após as descobertas das grandes navegações dos séculos XIV a XVI, capitaneadas pela Espanha, França, Holanda, Portugal, Itália, e pela própria Inglaterra.

A área de jogo passou a ser de 120 m por 180 m e, nas duas extremidades do retângulo de jogo, haveria duas metas também retangulares, que seriam denominadas de Gol ou Meta. A bola era de couro e enchida com ar e, com regras claras e civilizadas, o Futebol começou a ser praticado por estudantes universitários e filhos da nobreza inglesa, o que levou a uma paulatina, embora lenta, popularização.

Em meados dos anos 1800, após o Iluminismo e durante os primeiros passos da Revolução Industrial, na cidade de Cambridge, a 90 km a nordeste de Londres, foi estabelecido um código de regras que serviria para toda a prática do Futebol. Como curiosidade, a medida atual do gol (7,32 m × 2,44 m) do Futebol é similar ao tamanho de um dos portões de entrada da praça principal de Cambridge e ao espaço que havia entre duas árvores que serviam de "Gol" à época.

Ainda neste período por volta dos anos 1850, foi criada, também na Inglaterra, a chamada "International Board", entidade "legislativa" do Futebol, haja vista que seu fim precípuo era (e é até hoje) estabelecer, manter e alterar quando necessário e indicado as regras do Futebol. Vale anotar que este Conselho é extremamente conservador e que alterações nas regras dos jogos de Futebol profissional são consignadas quase raramente, ocorrendo somente após muitos estudos em face de experiências e experimentos em jogos e campeonatos de menor porte e/ou de categorias de base.

No início dos anos 1900 foi criado o órgão executivo do Futebol profissional do mundo, que se chama FIFA (Federação Internacional de Futebol Associado), com sede em Zurique, na Suíça, país que foi escolhido pela sua tradição política que prima pela neutralidade.

A FIFA é quem organiza e regulamenta a parte administrativa do Futebol profissional em todo o mundo, dado que a parte ligada às regras do jogo dentro das "4 linhas" continua de competência da "International Board".

No início e nos idos da década de 20 dos anos 1900, um francês chamado Jules Rimet idealizou a realização de uma Copa do Mundo entre as nações, que serviria para aproximar os países por intermédio do Esporte. E esta ideia se tornou realidade em 1930, tendo sido escolhido como País-sede da primeira Copa do Mundo o Uruguai (vale a pena uma visita ao Estádio Centenário em Montevidéu) pelo justo motivo de ser o Uruguai Bicampeão na modalidade Futebol nas Olimpíadas de 1924 em Paris, na França, e em 1928 em Amsterdã, na Holanda.

O Brasil participou desta 1ª edição em 1930, bem como de todas as outras que se sucederam, incluindo as de 1970, quando conquistou o Tricampeonato e arrebatou definitivamente a Taça Jules Rimet (sua posse era transitória e se tornaria definitiva para quem se tornasse Tricampeão: aquele histórico 4 × 1 sobre a Itália e que consagrou Pelé – um "desconhecido" jogador que até a proeza de parar uma guerra conseguiu a fim de que todos, amigos e inimigos, pudessem vê-lo em ação!!! – é um dos capítulos mais emocionantes da história do Futebol), de 2010 na África do Sul de Nelson Mandela e a de 2014, da qual será novamente sede, pois, como dito, também o fora em 1950.

Liderando a lista de campeões mundiais está o Brasil, com 5 conquistas (1958, 1962, 1970, 1994 e 2002), seguido pela Itália com 4 títulos (1934, 1938, 1982 e 2006); em terceiro está a Alemanha com 3 Copas (1954, 1974 e 1990), e em quarto lugar estão empatados com 2 títulos cada os sul-americanos Uruguai (1930 e 1950) e a Argentina (1978 e 1986); por fim, com um título cada, figuram na seleta lista de campeões do mundo a Inglaterra (1966), a França (1998) e a Espanha (2010).

Em virtude da abominável 2ª Grande Guerra Mundial (1939 a 1945; a 1ª ocorreu entre 1914 a 1917), além de todas as sequelas hediondas e inimagináveis dela decorrentes, a humanidade foi privada da Copa do Mundo de Futebol nos anos de 1942 e 1946.

De outro lado (o bom), o brasileiro João Havelange merece menção honrosa e respeitosa, dado que fez e faz parte da história do Futebol, na medida em que não apenas o popularizou definitivamente (a Copa do Mundo de 2010 na África do Sul de um dos "grandes heróis da humanidade Nelson Mandela" é mérito da sua iniciativa) perante o mundo todo, como o tornou um negócio rentável, vale dizer, uma grande jogada de *Marketing* e uma excelente oportunidade de trabalho e de negócio para muitos setores da economia, para a Educação Física e para o Esporte de rendimento, inclusive.

E, para completar esta breve digressão, o Futebol chegou ao Brasil por meio de Charles Miller que, ao retornar ao Brasil após um período de estudo na Inglaterra, em meados dos anos 1890, trouxe a primeira bola de Futebol e suas respectivas regras. Pode-se considerar que Charles Miller, juntamente com funcionários ingleses que trabalhavam nas companhias ferroviárias (vale lembrar que a Revolução Industrial é inglesa por natureza) de São Paulo (SP), além de Oscar Cox no Rio de Janeiro (RJ), foram os precursores do Futebol no Brasil.

As fotos e os troféus conquistados por Charles Miller estão muito bem guardados num dos primeiros clubes a se formar no Brasil, que foi o São Paulo Athletic Club (SPAC), localizado próximo à Represa de Guarapiranga, na cidade de São Paulo.

O Rio Grande do Sul (RS) também faz parte da história do Futebol no Brasil, haja vista que o Sport Clube Rio Grande, da cidade de Rio Grande (RS), é o clube de Futebol mais antigo do País, e sua fundação ocorreu em 19 de julho de 1900.

Por fim, tem-se a convicção de que este breve relato histórico-evolutivo tem o condão de servir não somente como suporte de estudo aos professores, mas, todavia, como estímulo à contínua análise e ponderação acerca do tema, sempre no sentido do aprimoramento, já que, como mencionado no intróito, visualizar o passado auxilia no entendimento e na vivência do presente e, como consequência, permite melhor vislumbrar o futuro.

FUTSAL

A prática do Futebol de Salão, ou Futsal, como atualmente é conhecido, tem crescido sobremaneira, seja nas grandes cidades, seja nas de menor porte, além do crescimento exponencial na Ásia e em muitos países da Europa, como, por exemplo, Itália, Portugal e Espanha.

Nas metrópoles, tornou-se uma modalidade extremamente atrativa em face da oferta cada vez menor de terrenos com dimensões aptas à prática do Futebol, sobretudo tendo em vista as questões imobiliárias. Nas pequenas cidades, em especial para as que sofrem com a migração da juventude para os grandes centros urbanos em busca de estudo e de trabalho, tornou-se uma ótima possibilidade, dado que necessita de um número bem menor de jogadores do que no caso do Futebol.

E, no caso dos países europeus e asiáticos, sua prática se torna facilitada tendo em conta que pode ser consignada em espaços fechados e, por este motivo, livres do frio que assola estes países na maior parte do ano.

Neste mesmo diapasão, quase todas as Escolas do Ensino Formal do Brasil têm entre suas dependências esportivas uma quadra poliesportiva, o que significa dizer que, "dentro" dela, há uma de Futsal.

No que se refere ao surgimento/invenção do Futebol de Salão/Futsal, existem duas versões que se sobressaem, havendo divergências entre elas quanto à veracidade e à plausibilidade de uma em detrimento à outra.

A primeira hipótese e, por motivos óbvios, provavelmente a mais aceita pelos brasileiros, anota que o Futsal teve seu início por volta de 1940 do séc. XX. Nesta época, os membros da ACM – Associação Cristã de Moços, em São Paulo, adaptaram a quadra de Basquetebol, Handebol e Voleibol, para uma espécie de Futebol, isto porque encontravam grandes dificuldades em conseguir espaços/campos de Futebol livres para poderem jogar juntos. Assim, começaram a jogar "Futebol" nas quadras de Basquetebol, Voleibol e Hóquei porque, além de não haver áreas para Futebol próximas à ACM, a turma de amigos se mantinha intacta e sem ter que se desfazer.

A segunda versão diz respeito à possibilidade de o Futebol de Salão/Futsal ter sido criado em meados dos anos 1930, do séc. XX, na ACM do Uruguai, pelo Prof. Juan Carlos Ceriani Gravier, que teria o batizado de "Indoor Foot-ball".

Como não há provas cabais da veracidade de uma ou de outra, a que tem prevalecido é a primeira, qual seja, a hipótese que se refere ao Brasil, dado que a definição e as primeiras regulamentações oficiais que surgiram em meados dos anos 1950 se deram justamente no Brasil, até porque a prática neste é muito mais difundida que no Uruguai, bastando, para tanto, analisar as conquistas internacionais daquele em face às deste.

Independentemente disto, é certo que o mérito pela invenção deve ser dado à prestigiosa entidade ACM – Associação Cristã de Moços, seja do Uruguai, seja do Brasil, e o mais importante é que o Futebol de Salão veio e, mais relevante ainda, ficou e se consolidou.

Inicialmente, a composição de cada equipe girava em torno de 5 a 7 jogadores, o que logo restou estabelecido em um número máximo de 5 jogadores para cada equipe. À época, as bolas usadas eram a de Voleibol ou Handebol, ou de serragem, crina vegetal, ou de cortiça granulada, mas, como saltavam demais e saíam com muita frequência da área de jogo, em pouco tempo ela teve seu tamanho diminuído e seu peso aumentado, o que a tornou pesada. Por este motivo é que durante muito tempo o Futebol de Salão/Futsal foi conhecido como o "Esporte da bola pesada".

Entre tantos professores e personalidades importantes que contribuíram para o crescimento do Futebol de Salão/Futsal durante este período, eis que aparece novamente a figura de João Havelange, que mais tarde se tornaria Presidente da FIFA por 24 anos (1974 a 1998).

É que no final dos anos 1960, na condição de Presidente da CBD – Confederação Brasileira de Desportos, e juntamente com outros desportistas, ajudou a fundar a CSAFS – Confederação Sul-Americana de Futebol de Salão. E, na mesma toada, no início dos anos 1970, foi fundada a FIFUSA – Federação Internacional de Futebol de Salão, que teve como primeiro presidente do conselho executivo justamente o brasileiro João Havelange.

Aos poucos a FIFUSA foi consignando um trabalho voltado para sedimentar os alicerces do Futebol de Salão/Futsal e, a partir do início dos anos 1980, capitaneado por Januário D"Alessio, também dirigente da SEP – Sociedade Esportiva Palmeiras, de São Paulo/SP, o Futebol de Salão começou sua expansão, culminando com o I Campeonato Mundial de Futebol de Salão em 1982, no Ginásio do Ibirapuera, em São Paulo, vencido pelo Brasil por 1 x 0 frente ao Paraguai na final.

A partir deste momento, o Futebol de Salão passou a incomodar a FIFA, comandada pelo próprio Havelange, que começou a impor muitos obstáculos para a realização das competições promovidas pela FIFUSA que, mesmo assim, persistiu no trabalho, e em 1985 organizou o II Mundial de Futebol de Salão, agora na Espanha e novamente vencido pelo Brasil. Mais adiante, em 1988, foi realizado o III Mundial, desta vez na Austrália e, desta feita, com a vitória do Paraguai.

No final dos anos 1980, a FIFUSA, vislumbrando um futuro melhor para o Futebol de Salão, cedeu aos apelos da FIFA, passando a esta então o comando da modalidade. Desta "FIFUSÃO" (sic), a denominação Futebol de Salão passou a ser definitivamente FUTSAL.

Deste modo, já em 1989, a FIFA organizou o 1º Mundial de Futsal e, para felicidade geral da nação, o Brasil conquistou o título de campeão mundial.

Atualmente e em face à nova organização implantada pela FIFA a partir de 1989 (o próximo Campeonato Mundial, que ocorre de 4 em 4 anos, está programado para ser realizado na República Tcheca em 2012), o Brasil é Tetracampeão Mundial (1989, 1992, 1996 e 2008), e a Espanha é Bicampeã (2000 e 2004). Vale o registro de que apenas em 2004 o Brasil não esteve na final, que foi disputada entre Espanha e Itália. No entanto, também vale destacar que, nesta mesma Copa do Mundo de 2004, a terceira posição foi conquistada pelo Brasil com uma convincente vitória sobre os rivais argentinos.

Por ser uma excelente plataforma de trabalho, por estar em expansão no que tange a sua abrangência perante a comunidade nacional e internacional, e por ser um desporto com nítidas evidências de ter sido criado no Brasil, resta a torcida no sentido de que a modalidade em comento se torne, também, um Esporte Olímpico e que, deste modo, integre definitivamente o programa dos Jogos Olímpicos, se não em Londres/2012 que isto ocorra no Rio de Janeiro em 2016.

FUTEBOL *SOCIETY*

As informações a respeito da origem e do surgimento do Futebol *Society* no Brasil são um tanto quanto difusas, quando não, desencontradas, isto é, não há uma versão única, uníssona e numa mesma direção.

Deste modo, a hipótese mais plausível acerca do início da prática do Futebol *Society* no Brasil faz remissão ao Rio de Janeiro e ao Rio Grande do Sul.

Em meados do séc. XX (vale lembrar que o Futebol chegou ao Brasil no começo do séc. XX), o Futebol foi adaptado e passou a ser jogado em espaços reduzidos nas áreas adjacentes aos grandes casarões cariocas.

Como tinham mais caráter de confraternização do que de competição, uma boa parte das regras foi adaptada, tais como não havia impedimento, o escanteio era com as mãos, e em vez de duas áreas de goleiro como no Futebol, que tem a Penal/Grande e a de Meta/Pequena, havia somente uma. Entretanto, o mais importante foi mantido, que é justamente o objetivo do Gol/Tento, além da semelhança no que tange aos tipos de faltas e respectivas punições, arremessos laterais, entre outras.

O termo Futebol *Society* difundiu-se justamente porque era jogado e disputado por pessoas com um poder aquisitivo relativamente alto, isto é, a alta Sociedade ou "High Society", daí o termo "Futebol Society".

Nesta mesma época, no Rio Grande do Sul, teve início a disputa do Futebol Sete, que foi o nome dado pelos gaúchos ao jogo tendo em vista o número de jogadores que compunham cada equipe, e não raras vezes se ouvia a denominação de Futebol Suíço, dada a suposta origem do jogo neste país europeu.

Nos anos 1980 e início dos anos 1990, São Paulo/SP, na condição de locomotiva econômica do Brasil, o Futebol *Society* entrou em cena nesta região. É que com a imensa explosão demográfica da capital paulista, os campos de várzea rarearam e, por óbvio, como menos espaço, mas, com o mesmo gosto pelo Futebol, o *Society* se espalhou definitivamente pela cidade.

O mesmo se deu nos pequenos municípios, pois, com o processo de migração e de êxodo para as grandes cidades, apesar de haver mais espaço para a prática do Futebol, a diminuição da população também auxiliou no crescimento do Futebol *Society*, pelo óbvio motivo de necessitar de um número menor de jogadores e sem, vale reiterar, deixar de ser similar ao Futebol original.

E o jogo se alicerçou e se consolidou definitivamente com o advento da grama sintética já que, no início, ainda com esta tecnologia incipiente e relativamente desconhecida, a prática era consignada em quadras de grama natural, às vezes até mesmo na areia ou na própria terra.

A partir de então, a procura por quadras pelo grande público, sobretudo o da faixa de 40 anos ou mais (o Futebol *Society* se assemelha muito mais ao Futebol do que ao Futsal, e a faixa de idade desta geração tem uma ligação maior com o Futebol do que com o Futsal) cresceu sobremaneira e um grande número delas foi construída, seja para locação, seja nas empresas para seus funcionários, seja nos clubes sociais.

Deste modo, a prática do Futebol *Society*, após o início e respectiva consolidação em três dos principais Estados da Federação (SP, RJ e RS), difundiu-se definitivamente por todo o Brasil.

Vale o registro no sentido de que a 1ª Escola de Futebol *Society* que existiu no Brasil era em São Paulo, Capital, se chamava Krake Sorriso Escola de Futebol e, entre os que a comandavam, coordenavam, ministravam aula, enfim, literalmente "vestiam a camisa" do "time do

Society" está o Prof. Paulo Sérgio Martins, extraordinário profissional, grande e admirável figura humana e um dos autores deste livro.

Hoje em dia (anos 2010), segundo estimativas das diversas Confederações, Federações e Ligas que existem no Brasil, há algo em torno de 10 milhões de praticantes de Futebol *Society*.

Tendo em vista o enorme contingente de praticantes, é certo que se trata de um campo de trabalho que, longe se ser ignorado, deve, ao contrário, ser explorado pelos profissionais e professores de Futebol.

FUTEBOL DE AREIA (OU *BEACH SOCCER*)

Com 7.000 km de costa e de praias, parece ser evidente que o Futebol de Areia uma hora ou outra iria surgir no Brasil, até porque, em muitos balneários do País, especialmente no final das tardes de verão, quando a maioria dos banhistas já está de volta às suas casas, o pessoal ligado ao Futebol se reúne para jogar.

Em Tramandaí, no Rio Grande do Sul, um tradicional torneio de Futebol de Areia (neste caso, as regras são um pouco diferente do *Beach Soccer* que se vê na televisão) é disputado desde 1989, tendo inclusive, entre os seus participantes, o craque formado no Grêmio e campeão do mundo com a seleção brasileira em 2002, Ronaldinho Gaúcho.

O *Beach Soccer* em forma de modalidade organizada é recente, tendo como expoentes iniciais o ex-profissional dos campos de Futebol Júnior "Capacete", grande lateral esquerdo do Flamengo e da Seleção brasileira das Copas de 1982 e 1986, bem como Júnior Negrão, um dos jogadores que mais vezes vestiu a camisa da Seleção Brasileira de *Beach Soccer*, entre outros jogadores tão importantes quanto ele.

Em meados dos anos 1990, ocorreu, na praia de Copacabana, no Rio de Janeiro/RJ, o primeiro evento de Futebol de Areia/*Beach Soccer* transmitido pela TV brasileira, e o I Campeonato Mundial, no qual o Brasil, na condição de País-sede, sagrou-se campeão.

A partir de então, diversos jogos, torneios, campeonatos, começaram a ser disputados no Brasil e na Europa. Neste continente, as equipes que mais se destacam são as que têm o clima mais ameno, como, por exemplo, Portugal, Espanha e Itália, o que não quer dizer que países "mais frios" como Alemanha, França, Polônia, Suíça, Rússia e Ucrânia não tenham representatividade e times fortes.

Assim como fizera com o Futsal em 1989, em 2004 a FIFA, vendo o exponencial crescimento do esporte, trouxe-o para si como órgão responsável e regulamentar da modalidade.

Na soma geral dos mundiais (até 2009 realizados anualmente; a partir de 2009, 2011, 2013 etc., de dois em dois anos...) o Brasil tem 13 conquistas (de 1995 a 2000; de 2002 a 2004; de 2006 a 2009), Portugal tem um título (em 2001), a França tem 1 (em 2005) e a Rússia também tem 1 conquista (2011). A próxima edição será em 2013 no Taiti, na Polinésia Francesa.

Trata-se de mais uma opção de trabalho para os professores e, apenas e tão somente para ilustrar, o Futebol de Praia ou Futebol de Areia ou *Beach Soccer* é praticado num campo que varia de 35 a 37 m de comprimento por 26 a 28 m de largura, com um piso irregular de no mínimo 40 cm de profundidade, e as balizas têm 2,20 m de altura por 5,50 m de largura.

O meio-campo é sinalizado por duas estacas fincadas em cada um dos lados de fora com bandeiras vermelhas no alto. A nove metros de distância da linha do fundo há uma linha imaginária marcada por estacas com bandeiras amarelas ficadas em cada um dos lados de fora do campo, que determinam a área de pênalti e, por conseguinte, definem a marca de onde as penalidades serão cobradas, neste caso, na parte central desta linha imaginária e em frente ao gol.

São duas equipes de 5 jogadores (1 goleiro + 4 jogadores de linha), com mais 5 jogadores no banco de reservas, e existe um local para substituições em frente à mesa do anotador e do cronometrista, similar ao do Futebol *Society*, bem como, assim como no *Society*, é possível consignar um número ilimitado de substituições.

A partida tem 3 tempos de 12 minutos cronometrados cada um por 3 minutos de intervalo. Todos os jogadores devem participar descalços, a bola é um pouco mais leve que a do Futebol e ao goleiro é permitido defender a bola com as mãos dentro de sua área, também recebendo a permissão de usar luvas e traje adequado, e sendo permitido pegá-la com as mãos após um único recuo.

São dois árbitros por partida com igual autoridade para zelar pelo bom jogo, havendo um terceiro juiz e um quarto membro da comissão de árbitros responsável pela marcação do tempo, que ficam na mesa de anotações colocada na linha de meio de campo e próxima à área de substituição.

Todos os tiros livres são diretos e chutados do lugar onde a falta foi cometida, ou da linha de meio-campo, no caso de faltas como "cera" na área, o 2° atraso para o goleiro na mesma jogada, um goleiro recomeçar o jogo chutando a bola, entre outros; um pênalti é marcado se a falta for cometida dentro da área de pênalti de defesa do jogador faltante.

Não há barreiras, e a falta é sempre cobrada pelo jogador que a sofreu, exceto se ele se lesionou. Nesta hipótese, a equipe escolhe outro jogador para chutar.

Se a falta for cometida por um jogador em seu campo de defesa, todos os outros jogadores que não o cobrador devem permanecer pelo menos a cinco metros da bola, mas não diretamente entre a bola e o gol.

Se a falta foi cometida no campo de ataque, todos os jogadores devem permanecer atrás da bola.

Faltas duras são punidas com um cartão amarelo, e faltas graves ou após um segundo cartão amarelo acarretam expulsão por meio de um cartão vermelho. O atleta expulso deve ir diretamente para o vestiário e, após dois minutos de inferioridade numérica, a equipe deste jogador pode colocar um novo no seu lugar.

Por fim, como corolário da história, espera-se que a História dos "Futebols" (sic) não tenha fim e resta a torcida para que os "Futebols" (sic) como um todo continuem a fazer História.

REFERÊNCIAS BIBLIOGRÁFICAS

BORSARI, J. R. *Futebol de Campo*. São Paulo: Pedagógica e Universitária, 1989.

DUARTE, O. *História dos Esportes*. São Paulo: Makron Books, 2000.

FONSECA, C. *Futsal:* O Berço do Futebol Brasileiro. São Paulo: Aleph, 2007 (V. 1 – Princípios Teóricos para Treinadores).

MARTINS, P. S. *Curso de Futebol de Base na Base. Aulas/Palestras no.* Graduação/Curso de Educação Física – UNISA/Universidade de Santo Amaro/SP e Alphaville Tênis Clube/SP e Clube Alto dos Pinheiros/SP. Apontamentos. São Paulo, 2007 a 2011.

PAGANELLA, M. A. *Futebol, Futsal e Futebol Society.* Aulas de. Graduação/Curso de Educação Física — UNISA/Universidade de Santo Amaro/SP e UNIÍTALO/Centro Universitário Ítalo-Brasileiro/SP. Apontamentos. São Paulo, 2010-2011.

SALES, R. M. *Futsal & Futebol:* Bases Metodológicas. São Paulo: Ícone, 2011.

TOLUSSI, F. C. *Futebol de Salão — Tática — Regras — História.* 3. ed. São Paulo: Hemus, 1990, vol. I.

VOSER, R. C; GUIMARÃES, M. G; RIBEIRO, E. R. *Futebol:* História, Técnicas e Treino de Goleiros. Porto Alegre: EDIPUCRS, 2006.

www.cbbsbrasil.com.br

www.cbf.com.br.

www.cbfs.com.br.

www.fifa.com.

2 O FUTEBOL COMO FENÔMENO SOCIAL, CULTURAL E ECONÔMICO NO BRASIL E NO MUNDO

Há que se considerar que a assertiva supradelineada é plausível e consentânea, dado que em poucos lugares do mundo o Futebol não tem, não recebe e não é objeto de grande atenção pela população e pela mídia, sem exclusão de outros.

Os principais clubes do Brasil e do mundo possuem uma legião de fãs e torcedores de todas as classes sociais, culturais e econômicas e, em época de Copo do Mundo, a maioria dos países, sobretudo, os participantes, literalmente param para acompanhar os jogos.

O Maracanã (Estádio Mario Filho, no Rio de Janeiro – RJ) lotado em dia de jogos importantes é uma cena que não pode deixar de ser admirada! Dados extraoficiais da FIFA (Federação Internacional de Futebol Associado) denotam que 500 milhões de pessoas direta ou indiretamente têm o Futebol como fonte de renda, o que significa dizer que, supostamente, de 1/12 a 1/13 da população do mundo trabalha com, para e no Futebol!

São professores, jogadores, técnicos, preparadores, empresários, advogados, representantes de jogadores, engenheiros, arquitetos, fisioterapeutas, nutricionistas, psicólogos, empresas, indústrias e comércio de material esportivo, mídias e jornalismo, *marketing*, manutenções de estádios e muitos outros profissionais de diferentes áreas de trabalho.

Nas ruas, nas escolas, nos parques, nas praças, no trabalho, nos lares, nos condomínios, nas metrópoles, nas médias e pequenas cidades, enfim, nos mais diversos lugares, o Futebol quase sempre é assunto e, muitas vezes, motivo de acaloradas discussões.

A esmagadora maioria das cidades do Brasil tem uma praça, uma igreja e...um campo de Futebol e/ou um ginásio/quadra de Futsal.

Próximo de 100% são as escolas que possuem uma quadra poliesportiva que permite e possibilita a prática do Futebol/Futsal.

Os Estados Unidos da América, certamente uma das nações mais bem-sucedidas na história da humanidade, aos poucos também está aderindo ao Futebol. Em diversas ocasiões a seleção principal americana masculina enfrentou o Brasil de igual para igual, do mesmo modo que o Futebol Feminino é muito difundido entre os norte-americanos, e a Seleção Feminina "Ianque" já se sagrou campeã do mundo em algumas oportunidades, vencendo, inclusive, o próprio Brasil na semifinal da Copa do Mundo de 1999, realizada nos Estados Unidos.

A respeito do Futebol Feminino, há que se registrar que, aos poucos, sua prática está ganhando corpo, começa a ser respeitado e a ser difundido perante a sociedade. Isto porque, paulatinamente, estão caindo por terra descabidos "mitos" e "lendas" ligados à prática do Futebol pela mulher, tais como o "risco" à sua saúde, falta de aptidão natural, masculinização (sic), entre outras situações e observações privadas do devido bom senso.

Neste sentido, apesar da ainda tímida prática em face do potencial de crescimento, felizmente a discriminação está diminuindo, até porque tem sido incentivada nas Escolas de Ensino Formal e nos Clubes Sociais, bem como é notório e quase todos sabem que a jogadora Marta, escolhida como a melhor jogadora de Futebol do Mundo por 5 (cinco) vezes, a última em 2010, é brasileira.

Por este prisma, a prática do Futebol Feminino é totalmente viável e indicada, bastando, para tanto, que os devidos e respectivos ajustes sejam promovidos, tais como linguagem adequada e condizente a elas, equipamentos esportivos e de proteção corretos e adaptados, esforços físico-técnicos proporcionais, exigências táticas compatíveis, equilíbrio nas disputas, enfim, análise das suas condições apresentadas e respeito às suas peculiaridades, entre outras situações análogas e similares.

O Futebol é uma modalidade que pode ser facilmente acompanhada pela TV, rádio, jornais, internet (e é bastante difundido e divulgado), da mesma forma que tem uma dinâmica de jogo muito simples (exceto, talvez, a regra do Impedimento/*Offside* e que pode ser praticada com apenas dois "golzinhos" feitos de pedra, chinelo, ou algo parecido, e nos mais variados tipos de piso, quais sejam grama, terra, areia, cimento etc.

Se, por um lado, pode ser muito disputado, por outro pode ser muito divertido, basta ver que alguns programas de TV até têm uma parte destinada ao "engraçado" do Futebol, como, por exemplo, os "bolas murchas" da TV Globo/RJ/Brasil ou, ainda, o inusitado "Inacreditável Futebol Clube".

Algumas pessoas bem preparadas e com um relativo talento se tornam Técnicos e/ou Jogadores profissionais e "bolas cheias", ganhando um dinheiro que em outras circunstâncias jamais teriam como sequer cogitar, passando assim a ter uma inegável condição de auxiliar e sustentar de modo digno suas famílias.

A maioria não consegue se tornar um jogador profissional bem remunerado, mas, pelo menos, tentou, afinal, como diz a letra da música de uma conhecida banda de *rock* brasileira (Skank), "quem não sonhou em ser um jogador de Futebol?..."

No entanto, para todos os que militam na Educação Física e que querem/desejam estudar o Futebol mais detidamente e com a atenção que ele merece e que se recomenda, há que se cogitar a possibilidade de que surgirá uma oportunidade de trabalho mais dia, menos dia.

Deste modo, por esta linha de raciocínio e de pensamento, é certo e inquestionável que o Futebol, por ser um fenômeno social, cultural e econômico de grande participação e difusão no Brasil e no mundo, deve ser visto e entendido pelos profissionais da área como um extraordinário instrumento e uma alvissareira ferramenta de trabalho.

REFERÊNCIAS BIBLIOGRÁFICAS

BETTI, M. *Educação Física e Sociedade*. São Paulo: Movimento, 1991.

FREIRE, J. B. *Pedagogia do Futebol*. Rio de Janeiro: Nei Pereira, 1998.

GUTERMAN, M. *O Futebol Explica o Brasil:* uma história da maior expressão popular do país. São Paulo: Contexto, 2009.

MARTINS, P. S. *Curso de Futebol de Base na Base. Aulas/Palestras no*. Graduação/ Curso de Educação Física – UNISA/Universidade de Santo Amaro/SP e Alphaville Tênis Clube/SP e Clube Alto dos Pinheiros/SP. Apontamentos. São Paulo, 2007 a 2011.

PAGANELLA, M. A. *Futebol, Futsal e Futebol Society*. Aulas de. Graduação/Curso de Educação Física – UNISA/Universidade de Santo Amaro/SP e UNIÍTALO/Centro Universitário Ítalo-Brasileiro/SP. Apontamentos. São Paulo, 2010-2011.

XAVIER FILHO, S. *O Dia em que me tornei Gremista*. São Paulo: Panda Books, 2008.

www.fifa.com.

3 ASPECTOS LIGADOS À INFRAESTRUTURA E AO PLANEJAMENTO DE TRABALHO NO FUTEBOL, LEVANDO-SE EM CONTA A FILOSOFIA, AS DIFERENÇAS, CARACTERÍSTICAS E PECULIARIDADES DE CADA LOCAL/ENTIDADE/INSTITUIÇÃO

Os fatores diretamente relacionados à infraestrutura e à organização no Futebol, algumas vezes também chamados de "Preparação Extra" e/ou de "Preparação Invisível", são aspectos inerentes e incondicionais à excelência e à qualidade do trabalho a ser desenvolvido, tendo em conta sempre, vale registrar, o respeito a filosofia, pensamento, objetivos, diferenças, características e peculiaridades de cada local/entidade/instituição.

Independentemente da terminologia adotada, não há dúvidas de que sem uma infraestrutura adequada o trabalho resta sobremaneira prejudicado, seja qual for o local/entidade/instituição em que o profissional esteja atuando.

Neste diapasão, de modo esquemático, são apresentados os principais itens que se referem aos aspectos ligados à "Preparação Extra", à "Preparação Invisível", ao "trabalho fora das 4 linhas" ou, enfim, como se prefere, à "Infraestrutura" e "Organização" do trabalho.

Os aspectos ligados à infraestrutura e à organização, isto é, os fatores "fora das 4 linhas" que dão suporte ao trabalho dentro de campo/quadra, são, sem exclusão de outros:

1. Composição da equipe de trabalho compatível com a Filosofia de trabalho da Instituição, seja de Clube de Futebol Profissional, seja de Clube Esportivo e Social, além das Escolas de Futebol, Escolas do Ensino Formal, Estados, Municípios, Fundações, Condomínios, ONGs etc. Como exemplos de Recursos Humanos compatíveis e inerentes podem ser destacados: professores/técnicos, preparadores físicos e de goleiros, gerentes, supervisores, médicos, psicólogos, fisioterapeutas, roupeiros, pessoal de almoxarifado, de limpeza, de jardinagem e de manutenção dos campos, engenheiros, secretários, especialistas em tecnologia da informação (TI), *marketing*, contabilidade, assessoria jurídica e de imprensa.
2. Locais úteis e adequados para as respectivas práticas, entre eles: campo, quadra, salas gerais e de reuniões, academia, piscina, banheiros, vestiários, secretarias, enfermaria, fisioterapia, alojamentos, refeitórios, lavanderias, todos sempre bem conservados, pintados, limpos, arejados e com a manutenção em dia.
3. Atenção incondicional ao Público de Trabalho: constante análise, avaliação e estudo minucioso acerca dos desejos, necessidades e características da clientela, dos alunos, dos jogadores, dos atletas e dos demais envolvidos, tais como pais, familiares, amigos, colegas e torcedores.
4. Planejamento Mega-Megaciclo, Megaciclo, Macrociclo, Mesociclo e Microciclo, e da própria sessão/treino/aula.
5. Materiais gerais/diversos e para treinos e jogos.
6. Transporte próprio e/ou terceirizados.
7. Documentação/Registros/Relatórios.
8. Uniformes.
9. Informática/*softwares*.
10. Cadastro/Banco de dados.
11. Comunicação geral.
12. Conhecimento de Regras e Regulamentos.
13. *Marketing*.
14. Parcerias.
15. Materiais de Primeiros Socorros.
16. Conhecimento da Legislação/Suporte Jurídico.

17. Organograma de fácil visualização e compreensão.
18. Rede de Conhecimento/Conhecidos/*Network*.
19. Infraestrutura de TV, DVD, vídeos, gravação etc.
20. Orçamento.
21. Local/espaço para a Mídias/imprensa (muito importante o contato, a harmonia e, sobretudo, o tratamento respeitoso com todos os profissionais da imprensa e de seus respectivos meios de comunicação: TV, rádio, jornal, internet etc.).
22. Cronograma bem definido e bem divulgado.

CONSIDERAÇÕES IMPORTANTES

Importantíssimo voltar a atenção para a infraestrutura, dado que sem o mínimo dela o trabalho certamente deixará a desejar e não sairá a contento. Como já foi dito, deve prevalecer o estudo, a ponderação, a seriedade, o comprometimento, a adaptação e o bom senso sempre de acordo com a Filosofia de Trabalho da Instituição que requer os serviços do professor, e sempre respeitando o máximo possível o orçamento disponível.

De boa nota reiterar este último ponto mencionado, qual seja o do trabalho compatível com a Filosofia, o Perfil e Objetivos que a Instituição tem e/ou que almeja alcançar. Para tanto, é lógico afirmar que as condições, propostas e metas de Clube de Futebol Profissional, de Clube Social, de uma Escola de Futebol, de Escolas do Ensino Formal, de Fundações, de Condomínios, de ONGs etc. são, obviamente, diferentes entre si, nada obstante terem em comum em diferentes ocasiões o trabalho para e por meio do Futebol.

Trata-se, pois, de uma análise e de uma avaliação sobremaneira relevante que o professor deve consignar no sentido da sua adequada adaptação à maneira de ser de seus colegas, ao dia a dia peculiar ao local de trabalho e, em especial, em consonância com o Público envolvido e destinatário do trabalho, sempre, à nítida evidência, com vistas a uma harmonia, a uma boa convivência, enfim, ao sucesso do Profissional no âmbito da sua respectiva atuação.

Uma vez ultrapassada esta fase de análise, estudo e avaliação dos fatores ligados a filosofia, perfil, objetivos e peculiaridades da Instituição, situação deveras significativa e inescusável que se apresenta para o êxito do Profissional se refere ao planejamento de trabalho e suas respectivas fases em face ao correto e adequado estudo, aplicações e execuções das ações cabíveis, pertinentes e coerentes ao bom desenvolvimento da atuação.

Para tanto, o professor precisa ter a exata noção e a plena consciência do que denotam os denominados Planejamentos: Mega-Megaciclo, Megaciclo, Macrociclo, Mesociclo e Microciclo, além do próprio significado de sessão/treino/aula.

Assim, de modo sintético, seguem as respectivas definições:

a) O Planejamento "Mega-Megaciclo" refere-se à observância de um longo prazo de tempo, acima de 10 anos, como, por exemplo, o período que compreende a Categoria Sub 7 e a Categoria Sub 20 e/ou, ainda, a fase escolar, que, pelo menos para quem prossegue no estudo, vai do início do Ensino Infantil (3 ou 4 anos) até o final do Ensino Médio (17 ou 18 anos).

b) O Planejamento "Megaciclo" refere-se a toda a atuação entre o período mais importante do trabalho e outro, como, por exemplo, para a Seleção Brasileira de Futebol Profissional, os 4 anos entre uma Copa do Mundo e outra, ou, no caso da Escola Formal, o período em que a pessoa fica em cada um dos períodos, quais sejam, o Ensino Infantil, o Ensino Fundamental I, o Ensino Fundamental II e Ensino Médio; também o tempo de permanência em cada uma das Categorias de Clubes pode ser considerado um "Megaciclo". Em geral, estas categorias são: Sub 5, o Sub 6 e Sub 7 (com um ano de permanência; como a grande maioria não tem o Sub 5 e o Sub 6, esta resta unida ao Sub 7, perfazendo 2 anos de permanência, assim como todas as subsequentes, exceto a Sub 20), Sub 9, Sub 11, Sub 13, Sub 15, Sub 17 e Sub 20 (única com 3 anos de permanência...), para depois a Principal/Adulta. Após esta, não há um padrão, e cada Entidade estipula os seus limites e limiares etários.

c) Na esteira, o Planejamento "Macrociclo" é a primeira divisão do "Megaciclo", seguindo uma lógica decrescente e/ou "descendente", e pode ser um trabalho/período de 1 a 2 anos, dependendo, como frisado, do local, filosofia, objetivos, histórico, perfil etc., da Entidade à qual o Profissional/Professor está inserido.

d) No que diz respeito ao Planejamento "Mesociclo", trata-se de uma subdivisão do Planejamento "Macrociclo", e pode ser um trabalho/período de 1 ano, ou 6 meses, quadrimestre, trimestre, bimestre ou mesmo 1 mês, dependendo, vale repetir e ressaltar, do local, filosofia, objetivos, histórico, perfil etc., da Entidade à qual o Profissional/Professor está inserido.

e) No que concerne com o Planejamento "Microciclo", trata-se de uma subdivisão do Planejamento "Mesociclo", e pode ser um trabalho/período de 1 semana ou 8 ou 10 dias, novamente dependendo do local, filosofia, objetivos, histórico, perfil etc., da Entidade da qual o Profissional/Professor faz parte.

f) E, a subdivisão do Planejamento "Microciclo" se apresenta como um "treino/aula/sessão", na qual os conteúdos propriamente ditos serão colocados em prática pelo Profissional/Professor.

Para exemplificar, em equipes profissionais, pode haver uma sessão/treino pela manhã e outra à tarde, ou somente pela manhã, ou somente à tarde, ao passo que numa Escola ou num Clube Social serão duas ou três aulas/sessões por semana ou pela manhã, ou à tarde ou à noite.

Assim, em face a estes Planejamentos Mega-Megaciclo, Megaciclo, Macrociclo, Mesociclo, Microciclo e Aula/Treino/sessão é que será consignado o denominado "cronograma" de trabalho, que nada mais é que a distribuição de cada "conteúdo" a ser desenvolvido no transcorrer do período de "Trabalho Planejado" com vistas a alcançar os objetivos preestabelecidos.

É de boa nota destacar e reiterar que o "Cronograma/Planejamento/Trabalho Planejado" sempre deve ser feito em estrito respeito e consonância com o local, filosofia, objetivos, histórico, perfil etc., da Entidade à qual o Profissional/Professor está inserido e desenvolvendo seu trabalho.

Por fim, há que conceituar também o chamado "organograma" estrutural de uma Instituição, que nada mais é do que um quadro representativo da hierarquia, ascendência e subordinação organizacional, e que indica as interrelações, arranjos estruturais, unidades constitutivas, disciplinadas e disciplinares, limites de atribuições, competência funcional etc.

O organograma pode (e deve) ser organizado de maneira completa, o que inclui todas as áreas da Instituição, desde o Presidente, Conselhos, Diretores, Gestores, Supervisores, Assessores, até a mais simples (mas não menos importante) das funções, bem como pode ser organizado de modo setorial, isto é, por cada departamento/setor, o qual, no que diz respeito ao Futebol, pode ser denominado de "Comissão Técnica".

Tudo isto deve obediência irrestrita aos comandos que emanam dos "Estatutos" ou "Regulamentos", que são os documentos que regem a "vida" de toda Instituição, qualquer que seja ela, normas particulares estas que sempre devem estar em consonância com o sistema jurídico e as leis vigentes do País.

Uma vez observados, consignados, promovidos e aplicados todos estes aspectos e fatores "extracampo/fora das 4 linhas", é certo que o trabalho dentro delas tem plenas condições de ser realizado com êxito e o resultado tem incontáveis chances de ser bem-sucedido sob todos os pontos de vista e para todas as partes envolvidas.

REFERÊNCIAS BIBLIOGRÁFICAS

ALCARAZ, C. F.; TORRELLES, A. S. *Escolas de Futebol. Manual para Organização e Treinamento.* 3. ed. Porto Alegre: Artmed, 2003.

BRUNORO, J. C., AFIF, A. *Futebol 100% Profissional.* São Paulo: Gente, 1997.

FERNANDES, J. L. *Futebol:* Ciência, Arte ou Sorte! Treinamento para Profissionais – Alto Rendimento Preparação Física, Técnica, Tática e Avaliação. São Paulo: Pedagógica e Universitária, 1994.

FERNANDES, J. L. *Futebol:* da Escolhinha de Futebol ao Futebol Profissional. São Paulo: EPU, 2004.

MARTINS, P. S. *Curso de Futebol de Base na Base. Aulas/Palestras no.* Graduação/Curso de Educação Física – UNISA/Universidade de Santo Amaro/SP e Alphaville Tênis Clube/SP e Clube Alto dos Pinheiros/SP. Apontamentos. São Paulo, 2007 a 2011.

PAGANELLA, M. A. *Futebol, Futsal e Futebol Society.* Aulas de. Graduação/Curso de Educação Física – UNISA/Universidade de Santo Amaro/SP e UNIÍTALO/Centro Universitário Ítalo-Brasileiro/SP. Apontamentos. São Paulo, 2010-2011.

RIGUEIRA, A. *Futebol Prático:* Preparação Física, Técnica e Tática. Viçosa/MG: Universidade de Viçosa, 1998, vol. I.

ESTRUTURA/ROTEIRO DE UMA SESSÃO DE TRABALHO: AULA E/OU TREINO DE FUTEBOL

As atividades relacionadas ao Futebol são inúmeras. No entanto, a fim de que uma aula ou um treino de Futebol sejam ministrados da maneira mais satisfatória possível, a indicação é para que o professor siga, basicamente, as 5 etapas/fases a seguir enumeradas.

1ª ETAPA/FASE – DIÁLOGO INICIAL OU INTRODUTÓRIO

Nesta primeira fase, já sabedor do tema a ser desenvolvido/trabalhado em face ao Planejamento Geral, o professor faz uma avaliação/análise inicial acerca do "estado de espírito" dos alunos/atletas, se todos estão presentes, como está o ânimo, a motivação, a vontade, enfim, tudo o que diz respeito ao aspecto psicológico e comportamental, além da avaliação/análise quanto ao estado físico/atlético dos alunos/atletas, além do climático e clínico, sem exclusão de outros aspectos inerentes, não obstante a maioria dos Professores de Futebol não possuir a formação acadêmica em Meteorologia e em Medicina.

Em seguida, levando-se em conta que somente no primeiro encontro/aula/treino com os alunos/atletas não há o que ser falado acerca da aula anterior com estes mesmos alunos/atletas, deve-se rememorar/relembrar o que foi trabalhado na aula anterior e, na sequência, deve-se entender que é o melhor para os alunos/atletas e explicar o que será realizado/desenvolvido no respectivo dia/sessão/aula/treino, já organizado e certificado de que todo o material necessário para o bom andamento da aula/treino está à disposição e/ou à mão.

2ª ETAPA – AQUECIMENTO

Nesta segunda etapa, o professor deve observar: 1º) o "tipo" de aquecimento mais adequado à aula/sessão/treino; 2º) as "variáveis" que podem interferir no resultado; 3º) a "sequência fisiológica mais indicada" e/ou aquela que entender com a mais apropriada para o seu trabalho. Recomenda-se uma visita ao Capítulo "Aquecimento no Futebol", dado que nele estão os detalhes inerentes a esta etapa/fase da aula/treino.

3ª ETAPA – PARTE PRINCIPAL

A terceira fase é a mais relevante, pois é nela que o trabalho propriamente dito do dia/sessão/aula/treino é desenvolvido. Isolada ou em conjunto, devem ser realizadas atividades ligadas a: 1º) Parte Física, que vai desde a Formação Física de Base até, de acordo com o público e o objetivo do trabalho, o Treinamento físico apropriado e compatível; 2º) Parte Técnica, que diz respeito ao estudo/trabalho dos Fundamentos Técnicos Individuais Ofensivos e Defensivos, sejam exercícios realizados por meio do método natural/resolutivo/indireto (global), sejam por intermédio do método construído/repetitivo/direto (parcial/analítico). 3º) Parte Tática e/ou Coletivo e/ou Jogo propriamente dito, etapa/fase na qual a tônica é o trabalho de todos os alunos/atletas em conjunto e voltado para a dinâmica de jogo coletiva e a sua respectiva organização. Permeando todo este contexto, deve estar presente a 4ª Parte — Psicológica —, que consiste em observar e trabalhar, justamente, os aspectos psicológicos que se referem à motivação, concentração, atenção, confiança, desenvoltura, disciplina, entre outros.

Vale anotar que há um Capítulo para cada uma das Partes aqui aludidas, motivo pelo qual se recomenda uma visita a cada um deles no sentido de inteirar-se com propriedade dos pontos mais importantes e relevantes de cada uma delas.

4ª ETAPA – ATIVIDADES MODERADAS

Esta quarta fase/etapa é o "início do fim" do trabalho do dia/sessão/aula/treino, isto é, uma vez ultrapassadas as 3 fases/etapas anteriormente descritas, é indicado que seja ministrado um alongamento leve ou, ainda, alguns abdominais, uma pequena/curta corrida em ritmo lento, alguns chutes a gol, cobranças de falta e/ou de pênaltis, alguns cabeceios e/ou "embaixadinhas" e/ou trocas de passes diversos, sem exclusão de outras atividades moderadas. Estas devem ser propostas aos alunos/atletas a fim de que o trabalho possa ser encerrado de maneira satisfatória e no sentido de facilitar o retorno do equilíbrio orgânico e do metabolismo/homeostase natural do organismo de cada um dos alunos/atletas.

5ª ETAPA – DIÁLOGO CONCLUSIVO

Nesta última fase/etapa, como diz o próprio nome, o professor faz uma avaliação para ele mesmo do trabalho realizado no dia/sessão/aula/treino, bem como deve se entender que produzirá efeitos positivos para todos os envolvidos, discutir com os alunos/atletas o que foi consignado/desenvolvido, prós e contras, ganhos, perdas, melhoras, pioras etc., além de projetar e mostrar os próximos passos, treinos, aulas, aproveitando esta oportunidade para dar avisos, distribuir circulares, comunicados e tudo o que é pertinente e que se refere ao bom andamento do trabalho, inclusive um diálogo mais informal, com bom humor, até mesmo mais ameno, amistoso e com menos cobranças. Vale e deve prevalecer sempre o preparo acadêmico-científico e o bom senso do professor.

CONSIDERAÇÕES IMPORTANTES

Muito importante analisar e ter em mente esta estrutura/roteiro de aula/treino, dado que a partir dela algumas modificações podem ser efetuadas na sua formatação bem como, mais relevante, trata-se de um modelo que pode ser aplicado em qualquer fase do planejamento, em qualquer local de trabalho e com qualquer público, bastando, para tanto, promover os devidos e necessários, condizentes e compatíveis ajustes com a "realidade profissional que o Profissional" vive no seu dia a dia nesta ou naquela Entidade e/ou Instituição.

Vale reiterar que, antes de chegar e aplicar/ministrar esta aula/treino/sessão, é sobremaneira necessário ponderar acerca dos denominados Planejamentos Mega-Megaciclo, Megaciclo, Macrociclo, Mesociclo e Microciclo, justamente, no sentido de se chegar a esta sessão/treino/aula conhecendo o contexto geral e sabendo o que, como e porque fazer (os outros itens do "lead" (direção-indicação são: quem, quando e onde).

Também é de boa nota frisar que o Planejamento "Mega-Megaciclo" se refere à observância de um longo prazo de tempo, acima de 10 anos, como, por exemplo, o período que compreende a Categoria Sub 7 e a Categoria Sub 20 e/ou, ainda, a fase escolar, que, pelo menos para quem prossegue no estudo, vai do início do Ensino Infantil (3 ou 4 anos) até o final do Ensino Médio (17 ou 18 anos).

O Planejamento "Megaciclo" refere-se a toda a atuação entre o período mais importante do trabalho e outro, como, por exemplo, para a Seleção brasileira de Futebol Profissional, os 4 anos entre uma Copa do Mundo e outra, ou, no caso da Escola Formal, o período em que a pessoa fica em cada um dos períodos, quais sejam, o Ensino Infantil, o Ensino Fundamental I, o Ensino Fundamental II e Ensino Médio; também o tempo de permanência em cada uma das Categorias de Clubes pode ser considerado um "Megaciclo". Em geral, estas categorias são: Sub 5, o Sub 6 e Sub 7 (com um ano de permanência; como a maioria não tem o Sub 5 e o Sub 6, esta resta unida ao Sub 7, perfazendo 2 anos de permanência, assim como todas as subsequentes, exceto a Sub 20), Sub 9, Sub 11, Sub 13, Sub 15, Sub 17 e Sub 20 (única com 3 anos de permanência...), para depois a Principal/Adulta. Após esta, não há um padrão, e cada Entidade estipula os seus limites e limiares etários.

O Planejamento "Macrociclo" é a primeira divisão de um "Mega-ciclo", seguindo uma lógica decrescente e/ou "descendente", e pode ser um trabalho/período de 1 a 2 anos, dependendo, como frisado, do local, filosofia, objetivos, histórico, perfil etc., da Entidade/Instituição à qual o Profissional/Professor pertença.

No que diz com o Planejamento "Mesociclo", trata-se de uma sub-divisão do Planejamento "Macrociclo", e pode ser um trabalho/período de 1 ano, ou 6 meses, quadrimestre, trimestre, bimestre ou mesmo 1 mês, dependendo, vale repetir e ressaltar, do local, filosofia, objetivos, histórico, perfil etc., da Entidade/Instituição à qual o Profissional/Professor está inserido.

No que concerne ao Planejamento "Microciclo", trata-se de uma subdivisão do Planejamento "Mesociclo", e pode ser um trabalho/período de 1 semana ou 8, 10, até 15 dias, novamente dependendo do local, filosofia, objetivos, histórico, perfil etc., da Entidade/Instituição para quem o Profissional/Professor está trabalhando.

E a subdivisão do Planejamento "Microciclo" é, justamente, a sessão/aula/treino retroapresentada com minúcias, que, dependendo do local, filosofia, objetivos, histórico, perfil etc., da Entidade/Instituição para a qual o Profissional/Professor está trabalhando, pode ser denominado, como já mencionado e registrado, uma Aula de Futebol ou um Treino de Futebol.

Sendo assim, em face a esta sequência descendente, qual seja os Planejamentos Mega-Megaciclo, Megaciclo, Macrociclo, Mesociclo, Microciclo até chegar na Aula/Treino é que será consignado o denominado "cronograma" de trabalho, que nada mais é que a distribuição de cada "conteúdo/tema/assunto/objeto" a ser desenvolvido no transcorrer do período/datas de "Trabalho Planejado" com vistas a alcançar os objetivos preestabelecidos.

Como corolário, deve-se destacar e reiterar que o "Cronograma/Planejamento/Trabalho Planejado" sempre deve ser feito em estrito respeito e em plena consonância com o local, filosofia, objetivos, histórico, perfil etc. da Entidade/Instituição à qual o Profissional/Professor está inserido e desenvolvendo seu trabalho.

REFERÊNCIAS BIBLIOGRÁFICAS

ANDRADE JUNIOR, J. R. *Futsal:* Aquisição, Iniciação e Especialização. Curitiba: Juruá, 2009.

APOLO, A. *Futsal – Metodologia e Didática na Aprendizagem*. 2. ed. São Paulo: Phorte, 2007.

COLETIVO DE AUTORES. *Metodologia do Ensino de Educação Física*. São Paulo: Cortez, 1992.

FRISSELLI, A.; MANTOVANI, M. *Futebol Teoria e Prática*. São Paulo: Phorte, 1999.

GOMES, A. C. *Treinamento Desportivo:* Estruturação e Periodização. Porto Alegre: Artmed, 2002.

KRÖGER, C. *Escola Bola*. São Paulo: Phorte, 2002.

MARTINS, P. S. *Curso de Futebol de Base na Base. Aulas/Palestras no.* Graduação/Curso de Educação Física – UNISA/Universidade de Santo Amaro/SP e Alphaville Tênis Clube/SP e Clube Alto dos Pinheiros/SP. Apontamentos. São Paulo, 2007 a 2011.

MELO R. S.; MELO L. *Ensinando Futsal*. Rio de Janeiro: Sprint, 2007.

MUTTI, D. *Futsal:* Da Iniciação ao Alto Nível. 2. ed. São Paulo: Phorte, 2003.

PAGANELLA, M. A. *Futebol, Futsal e Futebol Society, Aulas de*. Graduação/Curso de Educação Física – UNISA/Universidade de Santo Amaro/SP e UNIÍTALO/Centro Universitário Ítalo-Brasileiro/SP. Apontamentos. São Paulo, 2010-2011.

SANTOS Fº, J. L. A. dos. *Manual do Futebol*. São Paulo: Phorte, 2002.

TUBINO, M. J. G. *Metodologia Científica do Treinamento Desportivo*. 11. ed. São Paulo: Ibrasa, 1993.

VOSER, R. C. GIUSTI, J. G. *O Futsal e a Escola:* Uma Perspectiva Pedagógica. Porto Alegre: Artmed, 2002.

AQUECIMENTO: CONCEITOS MAIS IMPORTANTES, RELEVANTES E ELEMENTARES DE UM AQUECIMENTO PRÓPRIO PARA A PRÁTICA DO FUTEBOL

O Aquecimento é um trabalho preparatório para o início de uma atividade esportiva, quer seja uma aula, quer seja um treino físico, ou, ainda, um trabalho técnico, além de um treino tático, entre outras possibilidades.

Tendo em vista a conotação suprarreferida, traz-se à evidência 3 (três) aspectos relevantes, importantes e elementares que o professor deve sempre levar em consideração e que dizem respeito ao Aquecimento em destaque, quais sejam: 1) a "Sequência Fisiológica" mais indicada, 2) as "Variáveis" que obrigatoriamente devem ser observadas ao se ministrar um Aquecimento, bem como 3) os "Tipos" mais comuns de atividades, sem exclusão de outros.

"Sequência Fisiológica" mais indicada significa dizer que segui-la não é obrigatório, mas, sim, que é um encadeamento de procedimentos que tem mais chances de produzir de efeitos fisiológicos positivos do que outra sequência, nada obstante possíveis posicionamentos em sentido contrário, o que sempre se respeita.

Caso a opção por esta outra possibilidade mencionada seja a escolhida pelo professor, é certo que o trabalho também terá a sua respectiva e respeitada validade, mas, também é certo que ela deve estar calcada em sólidos fundamentos fisiológicos, dado que somente poderá ser colocada em prática mediante um juízo de valor consciente do professor no sentido da obtenção de resultados satisfatórios tanto quanto a aqui indicada.

Agregado a este fator fisiológico, estão os aspectos psicológicos que devem ser levados em consideração nesta fase do trabalho, inclusive com extensão quanto aos seus efeitos à própria Aula e/ou Treino em si, conforme se demonstra logo a seguir.

"Variáveis" são situações que interferem diretamente no resultado final do aquecimento ministrado, motivo pelo qual, na medida do possível, merecem sempre uma apurada análise e uma minuciosa atenção tanto com boa antecedência (p. ex.: objetivo do trabalho), como no momento da aplicação (clima e materiais).

Por fim, "Tipos" são as formas e os procedimentos por meio das quais são realizadas e efetivamente consignadas as ações voltadas para o Aquecimento, uma vez atentamente observadas as duas assertivas evidenciadas logo atrás e demonstradas a seguir.

SEQUÊNCIA FISIOLÓGICA MAIS INDICADA E ASPECTOS PSICOLÓGICOS

1º. Sequência Fisiológica:
- 1º. Alongamento (Item da Flexibilidade).
- 2º. Mobilidade articular (Item da Flexibilidade).
- 3º. Elevação da frequência cardíaca e aumento gradual e salutar da temperatura corporal.
- 4º. Gestos técnicos próprios do Futebol diretamente/com bola ou por imitação.
- 5º. Soltura (pequenos piques com ou sem mudanças de direção).

2º. Aspectos Psicológicos:
- 1º. Concentração (observação "concentrada" do aluno/atleta com íntimo/interior/intrapessoal).
- 2º. Atenção (observação "atenta" do aluno/atleta ao exterior/interpessoal).

3º. Motivação (estado de espírito, ânimo, vontade, estágio ou nível de (in)satisfação em que se encontra o aluno/atleta para participar e/ou realizar as atividades propostas).

VARIÁVEIS

1º. Público-Alvo/Clientela (desde os "pequeninos" e iniciantes até os Atletas Profissionais).
2º. Objetivo do trabalho (Aula de Educação Física, Aula de Futebol no Clube Social e/ou na Escola de Esportes/Futebol, Treino Físico, Técnico, Tático, Jogo Amistoso, Jogo Oficial etc.).
3º. Duração proporcional do Aquecimento em face do público e do objetivo da aula, do treino ou jogo etc.
4º. Clima durante a atividade, qual a temperatura, se está ou não chovendo etc.
5º. Local e piso onde é/será consignado o aquecimento, se gramado, se quadra, se piso sintético, se amplo, se vestiário fechado, se areia, entre outras possibilidades.
6º. Materiais, sobretudo número e tipos de bolas, cones, cordas, aros, "golzinhos", sem exclusão de outros.

TIPOS

1º. Coordenativo: tradicional no Futebol Competitivo e também no Profissional, geralmente no início sem a presença da bola; como diz o próprio nome, são movimentos sincronizados realizados individual e coletivamente pelos participantes, tais como corridas laterais e de costas, saltos, giros e diversas combinações de movimentos de braços, de pernas, alternados e/ou simultâneos. Podem ser realizadas em colunas (2 ou mais), em fileiras (2 ou mais), colunas e fileiras combinadas, em círculos, em duplas, individualmente, em cruzamentos, em "X", entre outras disposições/formações.
2º. Recreativo: são atividades com inerente caráter lúdico e distintas do Futebol, vale dizer, além do escopo do trabalho visa à brincadeira (a sadia, a bem conduzida) e a ludicidade, não tem

ligação direta com os fundamentos e com a própria dinâmica do jogo de Futebol. Como exemplos, a "Queimada", um "jogo" de Basquete, o "polícia-ladrão", o "pega-pega" (pode e deve ser usado na fase de soltura), um "jogo" de Handebol, posse de bola com as mãos etc.

3º. Pré-Desportivo: são jogos "menores" e "anteriores" ao Futebol propriamente dito, e que apresentam o objetivo inerente ao jogo de Futebol, isto é, marcar gols e não sofrê-los, além da utilização dos fundamentos intrínsecos ao esporte em destaque. Alguns jogos da cultura popular e outros especialmente criados para a aprendizagem, o desenvolvimento e o aperfeiçoamento do Futebol se subsumem a esta conotação, tais como o golzinho caixote, o Futhand com objetivo do gol, o 2 (dois) toques (este é muito comum no Futebol Profissional, e, tecnicamente falando, se enquadra neste quesito, dado que tem como objetivo o gol e apresenta a utilização dos fundamentos, apesar do caráter/espírito lúdico e de inegável divertimento entre os jogadores).

4º. Preliminar: de modo semelhante aos Pré-Desportivos, são jogos "menores" e "anteriores" ao Futebol propriamente dito, mas, que, neste caso, não apresentam o objetivo do jogo de Futebol em si, que é marcar gols e não sofrê-los. Alguns jogos da cultura popular e outros especialmente criados para a aprendizagem, o desenvolvimento e o aperfeiçoamento do Futebol se enquadram nesta classificação, como, por exemplo, o "bobinho" (no formato adequado e em consonância com a sequência fisiológica indicada), o "posse de bola", o "jogo dos gates", o "futhand" somente com a posse da bola, o "retângulo da posse de bola", sem exclusão de outros jogos.

CONSIDERAÇÕES IMPORTANTES

É de bom-tom destacar que o Aquecimento é uma fase importante no transcorrer/estrutura de uma Aula ou Treino de Futebol, além dos jogos/partidas, e que o professor certamente realizará um bom trabalho neste quesito uma vez observada a excelência da/na combinação de todos os fatores (Sequência Fisiológica, Variáveis e Tipos) anteriormente enumerados e descritos.

REFERÊNCIAS BIBLIOGRÁFICAS

AOKI, M. S. *Fisiologia, Treinamento e Nutrição Aplicados ao Futebol*. Jundiaí: Fontoura, 2002.

BARBANTI, V. *Dicionário de Educação Física e Esporte*. 2. ed. Barueri: Manole, 2003.

BARBANTI, V. *Treinamento Físico:* Bases Científicas. 3. ed. São Paulo: CRL Baliero, 1996.

BARROS, T. L. de; GUERRA, I. *Ciência do Futebol*. Barueri: Manole, 2004.

KRÖGER, C. *Escola Bola*. São Paulo: Phorte, 2002.

MARTINS, P. S. *Curso de Futebol de Base na Base. Aulas/Palestras no*. Graduação/Curso de Educação Física – UNISA/Universidade de Santo Amaro/SP e Alphaville Tênis Clube/SP e Clube Alto dos Pinheiros/SP. Apontamentos. São Paulo, 2007 a 2011.

MELO, R. S. *Qualidades Físicas e Psicológicas e Exercícios do Atleta de Futebol*. Rio de Janeiro: Sprint, 1997.

MUTTI, D. *Futsal:* Da Iniciação ao Alto Nível. 2. ed. São Paulo: Phorte, 2003.

PAGANELLA, M. A. *Futebol, Futsal e Futebol Society, Aulas de*. Graduação/Curso de Educação Física – UNISA/Universidade de Santo Amaro/SP e UNIÍTALO/Centro Universitário Ítalo-Brasileiro/SP. Apontamentos. São Paulo, 2010-2011.

PAULO, E. A. *Futebol – Treinamento Global em Forma de Jogos Reduzidos*. Jundiaí/SP: Fontoura, 2009.

O FUTEBOL COMO CIÊNCIA: DIVISÃO DO ESTUDO SOB O PONTO DE VISTA DOS ASPECTOS FÍSICOS, TÉCNICOS, TÁTICOS, PSICOLÓGICOS E DE INFRAESTRUTURA

Em termos técnico-didático-científicos, e no sentido de facilitar a pesquisa e o entendimento desta área do conhecimento humano, o estudo/pesquisa/trabalho no Futebol deve ser dividido em 5 aspectos interdependentes, interligados e complementares entre si, quais sejam: Aspectos Físicos, Aspectos Técnicos, Aspectos Táticos, Aspectos Psicológicos, e Aspectos ligados à Infraestrutura e Organização de Trabalho.

No que concerne aos **Aspectos Físicos**, de modo geral, e abrangendo desde a mais tenra idade dos iniciantes, independentemente do sexo, até os mais avançados na idade e incluindo até mesmo o Futebol Profissional, nota-se que existe uma gama de capacidades e habilidades motoras inerente à prática, desde as Básicas, passando pelas Valências Físicas, até chegar aos Princípios do Treinamento Desportivo (Conferir Capítulo 7).

Quanto aos **Aspectos Técnicos**, a tônica são os Fundamentos Técnicos Individuais Defensivos e Ofensivos, tanto para os alunos/jogadores de linha como para os que preferem atuar como goleiros. Neste caso, basicamente prevalecem as ações individuais, seja com a bola/ofensivo, seja sem a bola/defensivo (Conferir Capítulos 8 e 9).

No que diz respeito aos **Aspectos Táticos**, o que entra em jogo, com o perdão do trocadilho, são as ações coletivas ofensivas, defensivas e setoriais que dizem respeito ao posicionamento dos companheiros de time, ao adversário e ao local/posição onde está e com quem a bola está, entre outros fatores inerentes ao tema (Conferir Capítulo 10).

No que tange os **Aspectos Psicológicos**, tem-se a presença do chamado "estado de espírito" do aluno/jogador para o trabalho, vale frisar, se ele está motivado, atento, concentrado, se tem ou não liderança, se é agressivo ou é mais apático, enfim, todos os elementos ligados justamente ao emocional, ao comportamental e, por consequência, ao estado de ânimo dos participantes (Conferir Capítulo 11).

E, completando, estão presentes nesta abordagem os **Fatores diretamente relacionados à infraestrutura e organização do trabalho desenvolvido no Futebol**, algumas vezes chamada de "Preparação Extra", em outras de "Preparação Invisível", mas que, no final, se tratam de terminologias diferentes para o mesmo assunto (Conferir Capítulo 3).

A seguir, de modo esquemático, são apresentados os principais itens que se referem aos aspectos brevemente descritos e enumerados, complementando, assim, a abordagem a qual se propôs a consignar neste capítulo.

ASPECTOS FÍSICOS

Formação Física de Base – FFB
(Capacidades ou habilidades motoras básicas):

1. Andar.
2. Correr.
3. Saltar.
4. Subir.
5. Suspender.
6. Levantar (objetos do chão...).
7. Transportar.
8. Girar.
9. Molejar.
10. Rolar.
11. Rastejar.

12. Quadrupedar.
13. Arremessar.
14. Lançar.
15. Quedar (no chão sem se machucar...).
16. Agachar.
17. Levantar-se.
18. Chutar.

Valências ou Capacidades Físicas relacionadas à prática do Futebol

1. Resistência e suas variáveis: Resistência Aeróbia, Resistência Anaeróbia Lática e Alática, Resistência Muscular Localizada, Resistência de Velocidade.
2. Força e/ou Potência (Força × Velocidade): Força Máxima, Força Rápida, Resistência de Força, Força Específica.
3. Potência (Força × Velocidade): Saltos, Deslocamentos Rápidos, Mudanças Velozes de Direção, Arranques.
4. Velocidade: Velocidade de Deslocamento, Velocidade de Membros, Velocidade de Reação, Resistência de Velocidade, Agilidade.
5. Coordenação: Domínio Corporal, Domínio Espaço-temporal, Coordenação Global, Coordenação Geral, Coordenação Específica, Coordenação Óculo-Manual, Coordenação Óculo-Pedal, Coordenação e Sincronia de Movimentos Combinados.
6. Flexibilidade: 1) Alongamento (Muscular); e 2) Mobilidade (Articular).

Princípios do Treinamento Desportivo

1. Princípio da Adaptação.
2. Princípio da Continuidade.
3. Princípio da Individualidade Biológica.
4. Princípio da Interdependência Volume-Intensidade.
5. Princípio da Sobrecarga.
6. Princípio da Especificidade.
7. Princípio da Reversibilidade.

ASPECTOS TÉCNICOS

Fundamentos Técnicos Individuais Ofensivos próprios dos jogadores de linha

⇒ Grupo 1: Manipulações Individuais.

⇒ Grupo 2: Passes ou Transferências.

⇒ Grupo 3: Domínios ou Abafamentos ou Recepções.

⇒ Grupo 4: Finalizações ou Conclusões a Gol.

⇒ Recursos Técnicos (movimentos/ações não necessários para que se jogue Futebol, todavia, não proibidos, como, por exemplo, a "bicicleta").

Fundamentos Técnicos Individuais Defensivos próprios dos jogadores de linha

⇒ Fundamentos Técnicos Individuais Defensivos e/ou Princípios da Marcação Individual.

⇒ Fase de transição entre a marcação individual e a organização coletiva defensiva.

Fundamentos Técnicos Individuais Defensivos próprios do Goleiro

1. Tipos de Defesas.
2. Formas de realizar as Defesas.

Fundamentos Técnicos Individuais Ofensivos próprios do Goleiro

1. Reposições de bola com as mãos.
2. Reposições de bola com os pés.

ASPECTOS TÁTICOS

1. Posição/Posicionamento.
2. Função a ser exercida levando-se em conta cada posição.
3. Característica mais adequada/adaptada do aluno/jogador para as exigências de cada posição/função.

4. Sistema.
5. Tática.
6. Estratégia.

ASPECTOS PSICOLÓGICOS

1. Atenção.
2. Concentração.
3. Motivação/Ânimo.
4. Liderança.
5. Coragem.
6. Desprendimento.
7. Desenvoltura.
8. Controle Emocional (agressividade, estado depressivo etc.).
9. Serenidade/Sobriedade/Comedimento.

ASPECTOS LIGADOS À INFRAESTRUTURA E À ORGANIZAÇÃO; FATORES "FORA DAS 4 LINHAS" QUE DÃO SUPORTE AO TRABALHO DENTRO DE CAMPO/QUADRA

1. Composição da equipe de trabalho compatível com a Filosofia de trabalho da Instituição, seja de Clube de Futebol Profissional, seja de Clube Esportivo e Social, além das Escolas de Futebol, Escolas do Ensino Formal, Estados, Municípios, Fundações, Condomínios, ONGs etc. Como exemplos de Recursos Humanos compatíveis e inerentes podem ser destacados: professores/técnicos, preparadores físicos e de goleiros, gerentes, supervisores, médicos, psicólogos, fisioterapeutas, roupeiros, pessoal de almoxarifado, de limpeza, de jardinagem e de manutenção dos campos, engenheiros, secretários, especialistas em tecnologia da informação (TI), *marketing*, contabilidade, assessoria jurídica e de imprensa.

2. Locais úteis e adequados para as respectivas práticas, entre eles: campo, quadra, salas gerais e de reuniões, academia, piscina, banheiros, vestiários, secretarias, enfermaria, fisioterapia, alojamentos, refeitórios, lavanderias, todos sempre bem conservados, pintados, limpos, arejados e com a manutenção em dia.

3. Atenção incondicional ao Público de Trabalho: constante análise, avaliação e estudo minucioso acerca dos desejos, necessidades e características da clientela, dos alunos, dos jogadores, dos atletas e dos demais envolvidos, tais como pais, familiares, amigos, colegas e torcedores.
4. Planejamento Mega-Megaciclo, Megaciclo, Macrociclo, Mesociclo e Microciclo, e da própria sessão/treino/aula.
5. Materiais gerais/diversos e para treinos e jogos.
6. Transporte próprio e/ou terceirizados.
7. Documentação/Registros/Relatórios.
8. Uniformes.
9. Informática/*softwares*.
10. Cadastro/Banco de dados.
11. Comunicação geral.
12. Conhecimento de Regras e Regulamentos.
13. *Marketing*.
14. Parcerias.
15. Materiais de Primeiros Socorros.
16. Conhecimento da Legislação/Suporte Jurídico.
17. Organograma de fácil visualização e compreensão.
18. Rede de Conhecimento/Conhecidos/Network.
19. Infraestrutura de TV, DVD, vídeos, gravação etc.
20. Orçamento.
21. Local/espaço para a Mídias/imprensa (muito importante o contato, a harmonia e, sobretudo, o tratamento respeitoso com todos os profissionais da imprensa e de seus respectivos meios de comunicação: TV, Rádio, Jornal, Internet etc.).
22. Cronograma bem definido e bem divulgado.

CONSIDERAÇÕES IMPORTANTES

Interessante anotar que este é um quadro indicativo de estrutura de trabalho que não se encerra em si mesmo, vale dizer, nos enunciados citados anteriormente o profissional encontra supedâneo e parâmetros para balizar o seu trabalho, havendo itens que não serão necessários no que diz respeito à utilização, bem como podendo haver fatores não elencados que poderão ser trazidos à baila e utilizados no dia a dia do profissional.

Outrossim, também por ser referencial, o quadro abrange inúmeros itens que podem (e devem) ser usados em qualquer âmbito, seja em Clubes Esportivos Sociais ou Profissionais, seja em Escolas de Futebol e/ou de Esportes, ou, ainda, em Condomínios, Academias, entre outros.

Para tanto, basta que o profissional faça os devidos ajustes em consonância com a filosofia e a característica de cada Instituição, a fim de que o trabalho desenvolvido por ele não se torne anacrônico e descontextualizado.

Ao observar estes importantes elementos de contextualização, pode-se evitar o equívoco de, por exemplo, explorar em demasia o caráter lúdico em um treinamento de fundamentos técnicos ofensivos em Clubes Profissionais. Da mesma forma, pode abster-se do erro de, também como exemplo, ser extremamente rigoroso e exigente com o desempenho técnico e tático de crianças e/ou iniciantes na modalidade, ou mesmo de adolescentes de Clubes Esportivos Sociais, de ONG's, Condomínios, Escola de Esportes etc.

No mesmo diapasão, a observância das peculiaridades e circunstâncias de cada Instituição/Entidade e de cada Público evita o erro de, por exemplo, ser negligente com os avanços científicos na Preparação Física em equipes de Futebol Profissional, e, de outra parte, exigir demais neste mesmo quesito em equipes Não Profissionais (Amadoras) e/ou de Veteranos.

Como corolário, é certo e incontestável que, para o sucesso do trabalho, deve prevalecer o estudo, a pesquisa, a ponderação, a seriedade, o comprometimento, a adaptação, o diálogo, a autoconfiança e o bom senso, sempre de acordo com a filosofia de trabalho e o modo de pensar de cada Instituição e do Público que requer os serviços do professor.

Vale reiterar que, como já mencionado, os Capítulos 3, 7, 8, 9, 10 e 11 abordam os 5 aspectos aqui enumerados detalhadamente e com mais minúcias.

REFERÊNCIAS BIBLIOGRÁFICAS

ALCARAZ, C. F.; TORRELLES, A. S. *Escolas de Futebol. Manual para Organização e Treinamento.* 3. ed. Porto Alegre: Artmed, 2003.

BARBANTI, V. *Dicionário de Educação Física e Esporte.* 2. ed. Barueri: Manole, 2003.

BARROS, T. L. de; GUERRA, I. *Ciência do Futebol.* Barueri: Manole, 2004.

BRUNORO, J. C., AFIF, A. *Futebol 100% Profissional.* São Paulo: Gente, 1997.

FERNANDES, J. L. *Futebol:* Ciência, Arte ou Sorte! Treinamento para Profissionais – Alto Rendimento Preparação Física, Técnica, Tática e Avaliação. São Paulo: Pedagógica e Universitária, 1994.

FERNANDES, J. L. *Futebol:* da Escolhinha de Futebol ao Futebol Profissional. São Paulo: EPU, 2004.

FRISSELLI, A.; MANTOVANI, M. *Futebol Teoria e Prática.* São Paulo: Phorte, 1999.

MARTINS, P. S. *Curso de Futebol de Base na Base. Aulas/Palestras no.* Graduação/Curso de Educação Física – UNISA/Universidade de Santo Amaro/SP e Alphaville Tênis Clube/SP e Clube Alto dos Pinheiros/SP. Apontamentos. São Paulo, 2007 a 2011.

MUTTI, D. *Futsal:* Da Iniciação ao Alto Nível. 2. ed. São Paulo: Phorte, 2003.

PAGANELLA, M. A. *Futebol, Futsal e Futebol Society, Aulas de.* Graduação/Curso de Educação Física – UNISA/Universidade de Santo Amaro/SP e UNIÍTALO/Centro Universitário Ítalo-Brasileiro/SP. Apontamentos. São Paulo, 2010-2011.

RIGUEIRA, A. *Futebol Prático:* Preparação Física, Técnica e Tática. Viçosa/MG: Universidade de Viçosa, 1998, vol. I.

SANTOS Fº, J. L. A. dos. *Manual do Futebol.* São Paulo: Phorte, 2002.

ASPECTOS FÍSICOS LIGADOS AO TRABALHO E À PRÁTICA DO FUTEBOL

No que concerne aos Aspectos Físicos, de modo geral e abrangendo desde a mais tenra idade dos iniciantes independentemente do sexo até os mais avançados na idade, e incluindo até mesmo o Futebol Profissional, nota-se que existe uma gama de capacidades físicas e habilidades motoras inerentes à prática, desde as Capacidades Básicas, passando pelas Valências e/ou Capacidades Físicas em sentido estrito, até chegar aos Princípios do Treinamento Desportivo.

O correto trabalho físico a ser aplicado depende de diversos fatores, tais como a idade dos alunos/atletas, a Instituição/Entidade/local de trabalho e seus respectivos objetivos e filosofia de trabalho, período do treinamento dentro dos Mega-Megaciclo, Megaciclo, Macrociclo, Mesociclo ou Microciclo, época do ano, entre outras variáveis a serem consideradas.

No entanto, em termos gerais, os Profissionais ligados à área devem sempre trabalhar e propiciar atividades e/ou treinamento propriamente ditos que levem em conta os aspectos/itens conforme se seguem.

ASPECTOS FÍSICOS

Formação Física de Base – FFB
(Capacidades ou habilidades motoras básicas)
1. Andar.
1. Correr.

2. Saltar.
3. Subir.
4. Suspender.
5. Levantar (objetos do chão...).
6. Transportar.
7. Girar.
8. Molejar.
9. Rolar.
10. Rastejar.
11. Quadrupedar.
12. Arremessar.
13. Lançar.
14. Quedar (no chão sem se machucar...).
15. Agachar.
16. Levantar-se.
17. Chutar.

Valências ou Capacidades Físicas relacionadas à prática do Futebol

1. Resistência e suas variáveis: Resistência Aeróbia, Resistência Anaeróbia Lática e Alática, Resistência Muscular Localizada, Resistência de Velocidade.
2. Força e/ou Potência (Força × Velocidade): Força Máxima, Força Rápida, Resistência de Força, Força Específica.
3. Potência (Força × Velocidade): Saltos, Deslocamentos Rápidos, Mudanças Velozes de Direção, Arranques.
4. Velocidade: Velocidade de Deslocamento, Velocidade de Membros, Velocidade de Reação, Resistência de Velocidade, Agilidade.
5. Coordenação: Domínio Corporal, Domínio Espaço-temporal, Coordenação Global, Coordenação Geral, Coordenação Específica, Coordenação Óculo-Manual, Coordenação Óculo-Pedal, Coordenação e Sincronia de Movimentos Combinados.
6. Flexibilidade: 1) Alongamento (Muscular); e 2) Mobilidade (Articular).

Princípios do Treinamento Desportivo

1. Princípio da Adaptação: como o próprio nome diz, trata-se da adaptação adequada a cada carga de trabalho em face do estágio em que o aluno/atleta se encontra, que deve ser aplicada justamente de modo proporcional e de acordo com o estágio em que o aluno/atleta está naquele momento e tendo em vista o Planejamento Geral e os objetivos a serem alcançados em face do respectivo Público/Clientela com o qual se está trabalhando.

2. Princípio da Continuidade: como expressa o próprio nome, refere-se à manutenção contínua e coerente do trabalho, sob pena da perda da preparação obtida até então, o que acarretaria a volta ao estado inicial de "inatividade" do organismo (estágio inicial e sem treinamento; uma espécie de "sedentarismo"), que, como se verá logo abaixo, trata-se do Princípio da Reversibilidade.

3. Princípio da Individualidade Biológica: como indica o próprio nome, cada pessoa tem a sua individualidade, que deve ser sobremaneira respeitada. Paradoxalmente, todo Ser Humano é muito diferente em suas igualdades, ou seja, nada obstante todos serem relativamente "iguais" (morfologia, capacidades físicas, sentimentos etc.), é certo que nessa "igualdade" são muito diferentes entre si (altos, baixos, gordos, magros, correm mais ou menos velozmente, saltam alto ou não muito, tem mais ou menos resistência, jogam na defesa, nas laterais, no meio ou no ataque, mais ou menos agressivos, enfim...). Assim, sabendo destas "igualdades" e destas "diferenças", o professor deve privilegiar a observância justamente da Individualidade Biológica.

4. Princípio da Interdependência Volume-Intensidade: em geral, um trabalho "intenso" não combina com um trabalho "volumoso", vale dizer, como exemplo, se alguém correr 100 m rasos em 10, 11, 12 segundos, dificilmente conseguirá manter este ritmo por uma distância maior; do mesmo modo, se alguém for correr os 42 km de uma Maratona, deve manter um ritmo tal que suporte as mais de 2 h de corrida. Desta forma, se uma aula ou um treino têm como objetivo trabalhar a velocidade, logo a sessão deve ser realizada em tempo menor, haja vista o respectivo desgaste; se o trabalho do dia visa à resistência, então deve ser consignado em um tempo maior. Esta é a lógica que deve ser observada no que concerne a este princípio.

5. Princípio da Sobrecarga: existe um limite mínimo e um máximo quanto às cargas de exercícios suportadas pelos alunos/atletas. Logo, uma boa avaliação física deve ser efetuada no início a fim de saber que estágio se está. A partir de então, as cargas devem ser aplicadas e dosadas com uma sobrecarga seguinte em relação à carga anterior, como, por exemplo, para o trabalho de resistência, se correu 500 m num dia, no outro se deve correr 550 m ou 600 m; se, para o trabalho de potência foram dados 10 saltos, no trabalho seguinte deve-se saltar 15 vezes, ou, ainda, nas primeiras sessões os chutes a gol devem ser em número menor a fim de não exigir demais da musculatura e assim sucessivamente até que se obtenha o resultados/preparação desejado e, tão importante, que se possa mantê-lo.

6. Princípio da Especificidade: cada Esporte/atividade tem as suas peculiaridades e suas especificidades, como diz o próprio nome. Logo, o trabalho físico voltado para o Voleibol (baseado em saltos, "ralis", velocidades de reação...), à nítida evidência, é diferente do que se desenvolve no Futebol. Assim, é de boa nota chamar a atenção dos Profissionais para que tenham o máximo cuidado possível no sentido de adaptar ao Futebol quem, por exemplo, praticava o Voleibol ou Natação e está iniciando no Futebol, mesmo que seja um atleta de alto nível nestes Esportes. A lógica é que quem não tem a iniciação e a continuidade em um Esporte, ao nele iniciar, em qualquer circunstância, será um iniciante...

7. Princípio da Reversibilidade: todos têm um ponto inicial de equilíbrio e de estágio de condição física e reserva energética. À medida que o treinamento é consignado/realizado, este ponto/estágio vai paulatinamente progredindo. Uma vez que sejam cessadas as atividades e/ou treinamentos, a lógica é que se volte ao estágio anterior até que se chegue ao já mencionado inicial, ou seja, se "reverte" ao *status quo* em face do ganho que se obteve. Para que não haja a Reversibilidade, deve estar presente sempre a Continuidade com a Sobrecarga adequada, apropriada e, mais importante e relevante, Adaptada à condição/estágio do aluno/atleta no momento em que ele se encontra.

CONSIDERAÇÕES IMPORTANTES

Interessante anotar que este é um quadro indicativo de estrutura de trabalho voltado para a parte física, e que não se encerra em si mesmo. Isto significa dizer que nos enunciados anteriores o Profissional encontra supedâneo e parâmetros para balizar seu trabalho no que tange, justamente, os Aspectos Físicos desde a iniciação até o Futebol Profissional, sem exclusão dos Veteranos e dos Times Femininos.

Trata-se de um quadro referencial e indicativo do caminho a ser seguido no desenvolver do trabalho. Não há que se cogitar em ser negligente com os avanços científicos na preparação física em, por exemplo, Equipes de Futebol Profissional, bem como, de outro ponto, não se pode exigir demais neste mesmo quesito em equipes de Não Profissionais (Amadores) e/ou Veteranos, da mesma forma que não se pode ignorar a correta aplicação do trabalho em crianças e adolescentes que estão iniciando a sua vida e, por extensão, a vida esportiva.

Deve prevalecer sobremaneira, pois, o estudo, a pesquisa, a ponderação, a seriedade, o comprometimento, a adaptação, o diálogo, a autoconfiança e o bom senso, sempre de acordo com a filosofia de trabalho e o modo de pensar de cada Instituição e do Público que requer os serviços do professor.

No que se refere ao trabalho físico, deveras relevante e necessário ter presente os conceitos dos denominados Planejamento Mega-Megaciclo, Megaciclo, Macrociclo, Mesociclo e Microciclo, justamente no sentido de se consignar uma correta sessão/treino/aula voltados aos aspectos físicos.

Neste sentido, é de boa nota reiterar e repetir que o Planejamento "Mega-Megaciclo" se refere à observância de um longo prazo de tempo, acima de 10 anos, como, por exemplo, o período que compreende a Categoria Sub 7 e a Categoria Sub 20 e/ou, ainda, a fase escolar, que, pelo menos para quem prossegue no estudo, vai do início do Ensino Infantil (3 ou 4 anos) até o final do Ensino Médio (17 ou 18 anos).

O Planejamento "Megaciclo" refere-se a toda a atuação entre o período mais importante do trabalho e outro, como, por exemplo, para a Seleção brasileira de Futebol Profissional, os 4 anos entre uma Copa do Mundo e outra, ou, no caso da Escola Formal, o período em que a pessoa fica em cada um dos períodos, quais sejam o Ensino Infantil, o

Ensino Fundamental I, o Ensino Fundamental II e Ensino Médio; também o tempo de permanência em cada uma das Categorias de Clubes pode ser considerado um "Megaciclo". Em geral, estas categorias são: Sub 5, o Sub 6 e Sub 7 (com um ano de permanência; como a maioria não tem o Sub 5 e o Sub 6, esta resta unida ao Sub 7, perfazendo 2 anos de permanência, assim como todas as subsequentes, exceto a Sub 20), Sub 9, Sub 11, Sub 13, Sub 15, Sub 17 e Sub 20 (única com 3 anos de permanência...), para depois a Principal/Adulta. Após esta, não há um padrão, e cada Entidade estipula os seus limites e limiares etários.

O Planejamento "Macrociclo" é a primeira divisão do "Megaciclo", seguindo uma lógica decrescente e/ou "descendente", e pode ser um trabalho/período de 1 a 2 anos, dependendo, como frisado, do local, filosofia, objetivos, histórico, perfil etc., da Entidade à qual o Profissional/Professor está inserido.

No que diz respeito ao Planejamento "Mesociclo", trata-se de uma subdivisão do Planejamento "Macrociclo" e pode ser um trabalho/período de 1 ano, ou 6 meses, quadrimestre, trimestre, bimestre ou mesmo 1 mês, dependendo, vale repetir e ressaltar, do local, filosofia, objetivos, histórico, perfil etc., da Entidade à qual o Profissional/Professor está inserido.

No que concerne ao Planejamento "Microciclo", trata-se de uma subdivisão do Planejamento "Mesociclo" e pode ser um trabalho/período de 1 semana ou 8 ou 10 dias, novamente dependendo do local, filosofia, objetivos, histórico, perfil etc. da Entidade da qual o Profissional/Professor faz parte.

E a subdivisão do Planejamento "Microciclo" é, justamente, a aula/treino/sessão, que, dependendo do local, filosofia, objetivos, histórico, perfil etc., da Entidade à qual o Profissional/Professor está inserido, pode ser denominado, como já mencionado, uma aula ou um treino ou uma sessão de treino.

Assim, em face a estes Planejamentos Mega-Megaciclo, Megaciclo, Macrociclo, Mesociclo, Microciclo e Aula/Treino/Sessão, é que será consignado o denominado "cronograma" de trabalho, que nada mais é que a distribuição de cada "conteúdo/trabalho físico" a ser desenvolvido no transcorrer do período/datas de "Trabalho Planejado" com vistas a alcançar os objetivos preestabelecidos.

Por fim, deve-se destacar que o "Cronograma/Planejamento/Trabalho Planejado" sempre deve ser feito em estrito respeito e em plena consonância com o local, filosofia, objetivos, histórico, perfil etc., do Público e da Entidade à qual o Profissional/Professor está inserido e desenvolvendo seu trabalho.

REFERÊNCIAS BIBLIOGRÁFICAS

ANDRADE JUNIOR, J. R. *Futsal:* Aquisição, Iniciação e Especialização. Curitiba: Juruá, 2009.

AOKI, M. S. *Fisiologia, Treinamento e Nutrição Aplicados ao Futebol.* Jundiaí: Fontoura, 2002.

BARBANTI, V. *Dicionário de Educação Física e Esporte.* 2. ed. Barueri: Manole, 2003.

BARBANTI, V. *Treinamento Físico:* Bases Científicas. 3. ed. São Paulo: CRL Baliero, 1996.

BARROS, T. L. de; GUERRA, I. *Ciência do Futebol.* Barueri: Manole, 2004.

BOMPA, T. O. *Treinamento de Potência para o Esporte.* São Paulo: Phorte, 2004.

DANTAS, E. H. M. *A Prática da Preparação Física.* 4. ed. Rio de Janeiro: Shape, 1998.

FERNANDES, J. L. *Futebol:* Ciência, Arte ou Sorte! Treinamento para Profissionais – Alto Rendimento Preparação Física, Técnica, Tática e Avaliação. São Paulo: Pedagógica e Universitária, 1994.

FERNANDES, J. L. *Futebol:* da Escolhinha de Futebol ao Futebol Profissional. São Paulo: EPU, 2004.

FRISSELLI, A.; MANTOVANI, M. *Futebol Teoria e Prática.* São Paulo: Phorte, 1999.

GALLAHUE D. L., OZMUN J. C. *Compreendendo o Desenvolvimento Motor – Bebês, Crianças, Adolescentes e Adultos.* São Paulo: Phorte, 2005.

GODIK, M. A. *Futebol:* Preparação dos Futebolistas de Alto Nível. Rio de Janeiro: Grupo Palestra Sport, 1996.

GOMES, A. C. *Treinamento Desportivo:* Estruturação e Periodização. Porto Alegre: Artmed, 2002.

KISS, M. A. P. D. M. *Esporte e Exercício – Avaliação e Prescrição.* São Paulo: Roca, 2003.

LE BOULCH, J. *O Desenvolvimento Psicomotor:* do Nascimento até 6 anos. Porto Alegre: Artes Médicas/Artmed, 1992.

MAGILL, R. A. *Aprendizagem Motora:* Conceitos e Aplicações. São Paulo: Edgard Blucher, 1990.

MARTINS, P. S. *Curso de Futebol de Base na Base. Aulas/Palestras no.* Graduação/ Curso de Educação Física – UNISA/Universidade de Santo Amaro/SP e Alphaville Tênis Clube/SP e Clube Alto dos Pinheiros/SP. Apontamentos. São Paulo, 2007 a 2011.

MEINEL, K. *Motricidade I e II.* Rio de Janeiro: Ao Livro Técnico, 1984.

MELO, R. S. *Qualidades Físicas e Psicológicas e Exercícios do Atleta de Futebol.* Rio de Janeiro: Sprint, 1997.

PAGANELLA, M. A. *Futebol, Futsal e Futebol Society, Aulas de.* Graduação/Curso de Educação Física – UNISA/Universidade de Santo Amaro/SP e UNIÍTALO/Centro Universitário Ítalo-Brasileiro/SP. Apontamentos. São Paulo, 2010-2011.

RIGUEIRA, A. *Futebol Prático:* Preparação Física, Técnica e Tática. Viçosa/MG: Universidade de Viçosa, 1998, vol. I.

SANTOS F°, J. L. A. dos. *Futsal:* Preparação Física. 2. ed. Rio de Janeiro: Sprint, 1998.

TUBINO, M. J. G. *As Qualidades Físicas na Educação Física e Desportos.* 7. ed. São Paulo: Ibrasa, 1996.

WEINECK, J. *Futebol Total:* O treinamento físico no Futebol. São Paulo: Phorte, 2000.

www.efdeportes.com.

O FUTEBOL COMO CIÊNCIA: DIVISÃO DO ESTUDO SOB O PONTO DE VISTA DOS ASPECTOS FÍSICOS, TÉCNICOS, TÁTICOS, PSICOLÓGICOS E DE INFRAESTRUTURA

Fundamento, como diz o próprio nome, significa o alicerce à base, a essência de algo e, no caso do Futebol, fundamentos são as ações individuais que cada atleta/jogador deve realizar quando estiver de posse da bola. Na abordagem em tela, somente são levados em consideração os fundamentos técnicos individuais ofensivos próprios dos jogadores de linha, haja vista as inerentes diferenças entre estes e os fundamentos técnicos individuais ofensivos próprios do goleiro (Conferir Capítulo 14).

Os Fundamentos Técnicos Individuais Ofensivos a seguir enumerados estão divididos em 4 grupos complementares um ao outro, sem ordem de importância, bem como também está presente um quinto grupo, agora voltado para os Recursos Técnicos, que não são fundamentos do Futebol, mas, sim, movimentos que apesar de não serem necessários para que o jogo se desenvolva, não são proibidos, como, por exemplo, uma "bicicleta".

Independentemente da eficiência do seu uso durante um jogo, todos estes Fundamentos são os que devem, necessariamente, ser observados e trabalhados pelos professores. No caso dos Recursos Técnicos, trata-se de um trabalho opcional, dado que, além da dificuldade de execução, na maioria das vezes não é indicada a sua utilização, bem como as oportunidades de uso são raras e restritas, quando não, em algumas situações, até são malvistas pelos adversários e/ou demais envolvidos na atividade.

FUNDAMENTOS TÉCNICOS INDIVIDUAIS OFENSIVOS PRÓPRIOS DOS JOGADORES DE LINHA

1º Grupo – Manipulações Individuais

1. Condução simples.
2. Drible simples (executado com bola, diferentemente da Finta).
3. Finta (executada sem a bola a fim de recebê-la em boas condições e distância do adversário).
4. Controle de bola (Manter a bola no ar com os pés/corpo e sem usar as mãos: a embaixadinha).

2º Grupo – Passes ou Transferências

1. Passe Simples com a parte interna do pé – bola rasteira.
2. Passe Simples com a parte externa do pé – bola rasteira.
3. Passe Simples com o peito do pé ou com o bico – bola rasteira.
4. Passe Simples com a sola do pé – bola rasteira.
5. Passe Simples com a parte interna do pé – bola no alto.
6. Passe Simples com o peito e/ou parte externa do pé – bola no alto.
7. Passe de Bate-pronto com a parte interna do pé – bola do/no alto.
8. Passe de Bate-pronto com o peito e/ou parte externa do pé – bola do/no alto.
9. Passe de Bate-pronto com a sola do pé – bola do/no alto.
10. Passe com o Peito (saltando ou com os pés no chão).
11. Passe com a Cabeça (saltando ou com os pés no chão).
12. Passe com a Coxa (pouco usado, mas útil e possível de ser executado em alguns momentos).
13. Chute de Pivô.
14. Chute de Cruzamento.
15. Arremesso Lateral.

3º Grupo – Domínios ou Abafamentos ou Recepções

1. Domínio Simples com a parte interna do pé – bola rasteira.
2. Domínio Simples com a parte externa do pé – bola rasteira.

3. Domínio Simples com a sola do pé – bola rasteira.
4. Recepção Simples sem tocar na bola – bola rasteira e quando se aproxima com pouca força.
5. Domínio Simples com a parte interna do pé – bola no alto.
6. Domínio Simples com a parte externa do pé – bola no alto.
7. Domínio/Abafamento Simples com o peito do pé – bola no alto.
8. Domínio de Bate-pronto com a parte interna do pé – bola do/no alto.
9. Domínio de Bate-pronto com a parte externa do pé – bola do/no alto.
10. Domínio de Bate-pronto com a sola do pé – bola do/no alto.
11. Domínio/Abafamento com a coxa – saltando ou com os pés no chão.
12. Domínio com o Peito – saltando ou com os pés no chão.
13. Domínio com a Cabeça – saltando ou com os pés no chão.

4º Grupo – Chutes ou Finalizações ou Conclusões a Gol

1. Chute Simples com o peito do pé – origem do chute: bola rasteira/no chão.
2. Chute Cruzado com o peito do pé – origem do chute: bola rasteira/no chão.
3. Chute de Pivô com o peito/parte interna do pé – origem do chute: bola rasteira/no chão.
4. Chute de Cruzamento – origem do chute: bola rasteira/no chão.
5. Chute de Bico – origem do chute: bola rasteira.
6. Conclusão Simples com a parte interna do pé – origem da conclusão: bola rasteira.
7. Conclusão Simples com a parte externa do pé – origem da conclusão: bola rasteira.
8. Conclusão Simples com a parte interna do pé – origem da conclusão: bola do/no alto.
9. Conclusão Simples com a parte externa do pé – origem da conclusão: bola do/no alto.
10. Conclusão de Bate-pronto com a parte interna do pé – origem da conclusão: bola do/no alto.
11. Conclusão de Bate-pronto com a parte externa do pé – origem da conclusão: bola do/no alto.

12. Conclusão de bate-pronto com a sola do pé – origem da conclusão: bola do/no alto (pouco usado, mas útil e possível de ser executado em alguns momentos).
13. Chute de Bate-Pronto – origem do chute: bola do/no alto.
14. Chute de Semivoleio – origem do chute: bola do/no alto.
15. Chute de Sem-Pulo – origem do chute: bola do/no alto.
16. Chute de Voleio – origem do chute: bola do/no alto.
17. Conclusão com a Cabeça ou Cabeceio Ofensivo saltando ou com os pés no chão.
18. Conclusão com o Peito (pouco usado, mas útil e possível de ser executado em alguns momentos).
19. Conclusão com a Coxa (pouco usado, mas útil e possível de ser executado em alguns momentos).

5º – Recursos Técnicos

Conforme já mencionado na introdução, os Recursos Técnicos diferem dos Fundamentos Técnicos porque a sua utilização na dinâmica de jogo não é obrigatória para que este flua e se desenvolva. Um aluno/atleta/jogador não precisa saber nem ter em seu repertório estes movimentos para poder jogar e ser eficiente: a sua utilização não é relevante, tampouco obrigatória e necessária, mas, sim, opcional.

No entanto, apesar de não necessários e/ou não obrigatórios, estes movimentos do jogo não são proibidos e podem se tornar, eventualmente e de acordo com as circunstâncias, bastante úteis aos que têm a condição e/ou sabem e/ou conseguem usá-los nas diferentes situações que se fizerem presentes, além da beleza e da plasticidade que a difícil execução destes recursos apresenta.

Muitas vezes "bonitos de serem vistos", e apesar de didaticamente serem considerados como um 5º Grupo, na verdade, trata-se de um novo Grupo, qual seja, o dos "Recursos Técnicos"!

Seguem, pois, alguns exemplos de Recursos Técnicos, já com o nome usualmente conhecido na "gíria" futebolística:
1. Bicicleta.
2. Chaleira ou Chale.
3. Letra.

4. Carretilha.
5. Elástico.
6. Calcanhar.
7. Peixinho.
8. Foquinha.
9. Zerinho.
10. Diversos tipos de levantar a bola do chão.

FASES DO ATAQUE E DA DEFESA

Conceito de transição

É o momento em que a equipe/jogador recupera a posse de bola e precisa se organizar para atacar e/ou buscar o gol, utilizando-se, assim, o aluno/atleta/jogador dos Fundamentos Técnicos Individuais Ofensivos, bem como o momento da perda a posse de bola para o adversário, quando então tem de se organizar para se defender (Conferir Capítulo 9).

Ataque

- Momento da recuperação da posse da bola.
- Contra-ataque direto.
- Contra-ataque indireto.
- Ataque temporário individual.
- Ataque temporário coletivo.
- Organização.
- Movimentação.
- Deslocamentos, diagonais, infiltrações, tabelas, triangulações etc.
- Sistematização.

Defesa

- Momento da perda da posse da bola.
- Retardamento/cerco.
- Defesa temporária individual.

- Volta pelo caminho mais curto/rápido.
- Defesa temporária coletiva.
- Cobertura/ajuda recíproca.
- Organização.
- Superioridade numérica.
- Compactação.
- Redução de espaços.
- Posicionamento efetivo.
- Sistematização.

MODO POR INTERMÉDIO DO QUAL DEVE SER CONSIGNADO O TRABALHO

Tanto os Atacantes como os Meio-campistas e os Defensores devem ter a exata noção da execução de cada Fundamento no devido tempo certo e, para isto, existem alguns métodos de trabalho, em especial o Construído/Repetitivo/Direto e o Natural/Resolutivo/Indireto, além dos Global e Analítico, os quais estão detidamente expostos, anotados e explicados no Capítulo 14.

CONSIDERAÇÕES IMPORTANTES

O professor deverá pesquisar e/ou ele mesmo deverá criar e propor exercícios aos seus alunos por meio dos processos pedagógicos e/ou situações retiradas da dinâmica de jogo (incluindo jogos culturais e/ou jogos criados gerais) tanto para a aprendizagem, como para o desenvolvimento e o aperfeiçoamento dos Fundamentos Técnicos Individuais Ofensivos.

Ao se trabalhar estes Fundamentos de modo separado e também de maneira combinada, relevantes subsídios estarão sendo dados aos atacantes no sentido de uma boa execução quando estes estiverem de posse de bola, independentemente do local do campo em que estiverem com esta posse.

Este trabalho tem o inegável condão de estimular a confiança e a autoestima do aluno/atleta, fatores deveras importantes e relevantes para o sucesso do aluno/jogador neste quesito, bem como para o próprio êxito do trabalho como um todo.

O professor deve considerar com atenção os conceitos de: a) atacante direto; b) atacante indireto; c) defensor direto; d) defensor indireto:

a) O atacante direto é aquele que efetivamente está com a posse de bola e é o protagonista da ação e da jogada em determinado momento, ou seja, é ele quem efetivamente executa o Fundamento Técnico Individual Ofensivo mais adequado e apropriado à situação que se apresenta. Neste contexto, o referencial para definir quem é e porque ele é o atacante é a bola. O outro ponto de referência que deve ser levado em conta é a Meta/Gol atacada, isto é, nesta situação, mesmo sem a posse de bola, em relação à outra Meta/Gol o jogador sempre será atacante.

b) Da sua parte, o atacante indireto é um companheiro do atacante direto, ou seja, pertence à equipe do atacante direto, conforme retromencionado e de acordo com os 2 referenciais (Bola e Meta/Gol) anotados.

c) O defensor direto é aquele que está em confronto direto com o atacante adversário que está com a posse de bola em qualquer ponto do campo/quadra, mesmo que seja no ataque. Neste caso, o referencial para definir quem é e porque ele é o defensor é a bola. O outro ponto de referência que deve ser levado em conta é a Meta/Gol defendida, isto é, nesta situação, mesmo com a posse de bola, em relação à sua Meta/Gol o jogador sempre será defensor.

d) Por sua vez, o defensor indireto é um companheiro do defensor direto, ou seja, pertence à equipe do defensor direto, nos termos retrodelineados e de acordo com os 2 referenciais (Bola e Meta/Gol) indicados.

REFERÊNCIAS BIBLIOGRÁFICAS

BORSARI, J. R. *Futebol de Campo*. São Paulo: Pedagógica e Universitária, 1989.

FERNANDES, J. L. *Futebol:* da Escolhinha de Futebol ao Futebol Profissional. São Paulo: EPU, 2004.

FRISSELLI, A.; MANTOVANI, M. *Futebol Teoria e Prática*. São Paulo: Phorte, 1999.

KRÖGER, C. *Escola Bola.* São Paulo: Phorte, 2002.

LEAL, J. C. *Futebol – Arte e Ofício.* Rio de Janeiro: Sprint, 2001.

MARTINS, P. S. *Curso de Futebol de Base na Base. Aulas/Palestras no.* Graduação/Curso de Educação Física – UNISA/Universidade de Santo Amaro/SP e Alphaville Tênis Clube/SP e Clube Alto dos Pinheiros/SP. Apontamentos. São Paulo, 2007 a 2011.

MELO R. S.; MELO L. *Ensinando Futsal.* Rio de Janeiro: Sprint, 2007.

MUTTI, D. *Futsal:* Da Iniciação ao Alto Nível. 2. ed. São Paulo: Phorte, 2003.

PAGANELLA, M. A. *Futebol, Futsal e Futebol Society, Aulas de.* Graduação/Curso de Educação Física – UNISA/Universidade de Santo Amaro/SP e UNIÍTALO/Centro Universitário Ítalo-Brasileiro/SP. Apontamentos. São Paulo, 2010-2011.

RIGUEIRA, A. *Futebol Prático:* Preparação Física, Técnica e Tática. Viçosa/MG: Universidade de Viçosa, 1998, vol. I.

SALES, R. M. *Futsal & Futebol:* Bases Metodológicas. São Paulo: Ícone, 2011.

SANTOS, E. *Caderno Técnico – Didático/Futebol.* Brasília: MEC, 1979, Vol. I.

SANTOS F°, J. L. A. dos. *Manual do Futebol.* São Paulo: Phorte, 2002.

VOSER, R. *Futsal – Princípios Técnicos e Táticos.* Rio de Janeiro: Sprint, 2001.

FUNDAMENTOS TÉCNICOS INDIVIDUAIS DEFENSIVOS DO FUTEBOL: PRINCÍPIOS, CONCEITOS E FASES DE TRANSIÇÃO ENTRE A MARCAÇÃO INDIVIDUAL E A MARCAÇÃO COLETIVA

Marcar, neste contexto, significa evitar ou tentar evitar que o jogador adversário desenvolva seu jogo individualmente e em benefício de sua equipe, ou seja, é o meio pelo qual o defensor procura de todas as formas recuperar a posse de bola e/ou impedir reais situações de gol contra o seu Gol/Meta.

Os Fundamentos Técnicos Individuais Defensivos a seguir enumerados são os próprios dos jogadores de linha, pois os fundamentos defensivos específicos dos goleiros são diferentes destes a seguir apresentados.

Vale destacar a importância e a relevância deste tema para o professor e para o seu respectivo trabalho, dado que é comum se observar excelentes trabalhos no que se refere aos aspectos ofensivos, contrariamente do que se vê quanto aos aspectos ligados à parte defensiva, nos termos aqui trazidos à colação.

FUNDAMENTOS TÉCNICOS INDIVIDUAIS DEFENSIVOS/ PRINCÍPIOS DA MARCAÇÃO INDIVIDUAL

- Avaliar as características dos adversários.
- Avaliar onde e com quem a bola está e para onde o adversário poderá mandá-la.

- Adotar a posição de expectativa – semiflexão dos joelhos em afastamento lateral e anteroposterior de pernas, retirando levemente os calcanhares do chão para facilitar o deslocamento e as mudanças de direção.
- Adotar a marcação mais conveniente, isto é, de longe, de perto ou a meia-distância, sempre de acordo com as circunstâncias da jogada e do posicionamento dos adversários.
- Dividir correta, equitativa e equilibradamente os jogadores de defesa em relação aos jogadores de ataque.
- Marcar individualmente dentro do setor.
- Ficar e permanecer sempre atento ao jogador que está com a posse de bola, haja vista que ele é o mais "importante/perigoso do jogo", pois somente quem tem a posse de bola pode marcar um gol.
- Marcar e acompanhar o jogador de posse de bola até o final da jogada e/ou até o ponto em que um novo marcador continue fazendo as vezes do defensor que está/estava na jogada.
- Posicionar-se sempre entre o adversário que está com a posse de bola e o seu próprio gol para fazer a marcação, dado que, como já é de conhecimento de todos, dois corpos não ocupam o mesmo lugar no espaço, o que significa dizer que, ao se colocar entre a bola e o gol, é certo que diminuem as chances do atacante encontrar um espaço/vão/buraco no sentido de concluir/chutar a gol.
- Indicar e tentar induzir o jogador de posse de bola a ir para o lado "mais fraco" dele e/ou para as laterais e/ou para o seu campo de defesa, pois, se o atacante for para "a frente", isto quer dizer que ele provavelmente estará indo em direção ao gol, algo que, por óbvio, não é nada bom para a defesa.
- Antecipar-se somente com "certeza absoluta", isto é, como se diz na gíria, não entrar na corrida, não dar o bote ou não entrar seco, entre outras expressões. Como poucas situações na vida proporcionam uma "certeza absoluta", este termo foi cunhado no sentido de ilustrar uma atenção especial no momento de se antecipar a um passe/trajetória da bola ou quando um atacante está com a bola dominada à frente do defensor.
- Recuperação ao ser driblado, ou seja, ter humildade e não desistir ao sofrer um drible.

- Continuar marcando com lealdade e tentando tomar a posse de bola sem apelar para a violência mesmo após ter recebido algum drible considerado "humilhante".
- Reagir após a ação do atacante: como este está com a bola, então é dele a ação, logo, cabe ao defensor reagir com inteligência à ação/iniciativa ofensiva do atacante.
- Prudência sem receio/medo ao marcar, vale frisar, atuar com cautela e segurança não significa agir de modo intempestivo, atabalhoado e precipitado, o que também quer dizer que, por ser um processo racional, se deve sempre manter o equilíbrio emocional independentemente da situação adversa.

Obs.: Muita atenção para a classificação a seguir, pois estão indicados os fatores que prevalecem/se sobressaem, o que não quer dizer que são os únicos/exclusivos:

⇒ **Fundamentos Defensivos 1 e 2:** prevalecem os aspectos intelectuais/racionais/cognitivos na análise da jogada em evolução, das características do adversários e das probabilidades deste ou daquele desfecho.

⇒ **Fundamentos Defensivos 3 a 6:** prevalecem os aspectos físicos que se referem à colocação/posicionamento do corpo do aluno/atleta no que tange ao espaço-tempo e em relação os companheiros e adversários.

⇒ **Fundamentos Defensivos 7 a 11:** prevalecem os aspectos técnicos, ou seja, os fatores efetivamente relacionados à bola em sentido estrito.

⇒ **Fundamentos Defensivos 12 a 15:** prevalecem os aspectos psicológicos/emocionais, sem exclusão dos fatores cognitivos, intelectuais e racionais, além dos físicos e técnicos.

FASE INTERMEDIÁRIA OU DE TRANSIÇÃO, OU SETORIZADA ENTRE A MARCAÇÃO INDIVIDUAL E A MARCAÇÃO COLETIVA REALIZADA DE MODO ORGANIZADO POR TODA A EQUIPE

⇒ **Cobertura:** é o termo que se refere a quando há superioridade numérica na marcação dos adversários, isto é, ocorre quando, por exemplo, num setor do campo/quadra há 2 atacantes marcados por

3 defensores, e 2 destes marcam individualmente cada um dos 2 atacantes que estão de posse de bola e o 3º defensor fica entre a bola/adversários e o gol na "cobertura" dos 2 defensores que estão marcando individualmente os 2 atacantes. Isto deve ser bem trabalhado, organizado e articulado a fim de que se obtenha com eficiência esta cobertura, haja vista que não é sempre que uma equipe tem menos jogadores que a outra na soma geral (somente em casos de expulsão, ou de lesões de jogadores em que seja necessária uma substituição e já se tenha chegado ao número limite delas, ou, ainda, quando seja possível a troca, mas não há jogadores reservas).

⇒ **Ajuda recíproca:** ocorre quando há uma paridade numérica entre os atacantes e os defensores (2 × 2, 3 × 3 etc.) e estes executam funções duplas, quais sejam, marcam individualmente seus respectivos adversários/atacantes ao mesmo tempo em que realizam a cobertura uns aos outros, especialmente ao que está em confronto direto com o atacante que está com a bola.

⇒ **Equilíbrio defensivo:** é a situação na qual uma equipe, mesmo com a posse de bola, deve sempre estar preocupada com a defesa, dado que, a qualquer momento, pode haver a perda da posse da bola, o que justifica este cuidado. Não se pode confundir a expressão "Equilíbrio defensivo" com o Fundamento Defensivo nº 5, que prescreve que se deve "Dividir correta, equitativa e equilibradamente os jogadores de defesa em relação aos jogadores de ataque".

FASES DA DEFESA E DO ATAQUE

⇒ **Conceito de transição:** É o momento em que a equipe/jogador perde a posse de bola para o adversário, quando então tem que se organizar para se defender, utilizando-se, assim, dos Fundamentos Técnicos Individuais Defensivos, da Cobertura e da Ajuda recíproca, bem como quando recupera a posse de bola e precisa se organizar para atacar e/ou buscar o gol (Conferir Capítulo 8).

Defesa
- Momento da perda da posse da bola.
- Retardamento/cerco.

- Defesa temporária individual.
- Volta pelo caminho mais curto/rápido.
- Defesa temporária coletiva.
- Cobertura/ajuda recíproca.
- Organização.
- Superioridade numérica.
- Compactação.
- Redução de espaços.
- Posicionamento efetivo.
- Sistematização.

Ataque
- Momento da recuperação da posse da bola.
- Contra-ataque direto.
- Contra-ataque indireto.
- Ataque temporário individual.
- Ataque temporário coletivo.
- Organização.
- Movimentação.
- Deslocamentos, diagonais, infiltrações, tabelas, triangulações etc.
- Sistematização.

MODO POR MEIO DO QUAL GERALMENTE DEVE SER FEITA A MARCAÇÃO INDIVIDUAL NO CONTEXTO COLETIVO EM FACE DAS DIFERENTES SITUAÇÕES QUE O JOGO/ JOGADA EM CURSO PROPICIA EM CADA SETOR

⇒ **Atacantes:** devem efetuar a marcação tipo "sombra", sem "mergulhar/dar o bote/entrar na corrida", tentando retardar a reorganização da equipe adversária a fim de ganhar tempo para que a sua defesa possa se posicionar corretamente.

⇒ **Meio-campistas:** devem marcar bem próximo ao adversário para evitar que estes recebam facilmente a bola dos defensores e armem as jogadas de ataque.

⇒ **Defensores:** devem realizar a marcação individual aos adversários de perto e "forte", pois a bola poderá chegar aos atacantes passada, lançada ou sob o domínio/condução de um adversário possivelmente habilidoso e de bom drible.

Tanto os Defensores como os Meio-campistas e os Atacantes devem ter a exata noção da execução de cada Fundamento no devido tempo certo e, para isto, existem alguns métodos de trabalho, em especial o Construído/Repetitivo/Direto e o Natural/Resolutivo/Indireto, além dos Global e Analítico, os quais estão detidamente expostos, anotados e explicados no Capítulo 14.

CONSIDERAÇÕES IMPORTANTES

O professor deverá pesquisar e/ou ele mesmo deverá criar e propor exercícios aos seus alunos por meio dos processos pedagógicos e/ou situações retiradas da dinâmica de jogo (incluindo jogos culturais e/ou jogos criados gerais) para cada um dos princípios/conceitos/elementos/fatores enumerados anteriormente.

Ao se trabalhar estes princípios/conceitos/elementos/fatores/fases logo atrás enumerados de modo separado, bem como de modo interligados, relevantes subsídios estão sendo dados aos defensores no sentido de uma boa execução e de um bom posicionamento para consignar a marcação, o que estimula sua confiança e sua autoestima, essenciais para o sucesso desta função.

O professor deve considerar com atenção os conceitos de: a) defensor direto; b) defensor indireto; c) atacante direto; d) atacante indireto:

a) O defensor direto é aquele que está em confronto direto com o atacante adversário que está com a posse de bola em qualquer ponto do campo/quadra, mesmo que seja no ataque. Neste caso, o referencial para definir quem é e porque ele é o defensor é a bola. O outro ponto de referência que deve ser levado em conta é a Meta/Gol defendida, isto é, nesta situação, mesmo com a posse de bola, em relação à sua Meta/Gol o jogador sempre será defensor.

b) O defensor indireto é um companheiro do defensor direto, ou seja, pertence à equipe do defensor direto, nos termos retrodelineados e de acordo com os 2 referenciais (Bola e Meta/Gol) indicados.

c) O atacante direto é aquele que efetivamente está com a posse de bola e é o protagonista da ação e da jogada em determinado momento, ou seja, é ele quem efetivamente executa o Fundamento Técnico Individual Ofensivo mais adequado e apropriado à situação que se apresenta. Neste contexto, o referencial para definir quem é e porque ele é o atacante é a bola. O outro ponto de referência que deve ser levado em conta é a Meta/Gol atacada, isto é, nesta situação, mesmo sem a posse de bola, em relação à outra Meta/Gol o jogador sempre será atacante.

d) Da sua parte, o atacante indireto é um companheiro do atacante direto, ou seja, pertence à equipe do atacante direto, conforme retromencionado e de acordo com os 2 referenciais (Bola e Meta/Gol) anotados.

REFERÊNCIAS BIBLIOGRÁFICAS

FRISSELLI, A.; MANTOVANI, M. *Futebol Teoria e Prática*. São Paulo: Phorte, 1999.

MARTINS, P. S. *Curso de Futebol de Base na Base. Aulas/Palestras no*. Graduação/Curso de Educação Física – UNISA/Universidade de Santo Amaro/SP e Alphaville Tênis Clube/SP e Clube Alto dos Pinheiros/SP. Apontamentos. São Paulo, 2007 a 2011.

MELO R. S.; MELO L. *Ensinando Futsal*. Rio de Janeiro: Sprint, 2007.

MUTTI, D. *Futsal:* Da Iniciação ao Alto Nível. 2. ed. São Paulo: Phorte, 2003.

PAGANELLA, M. A. *Futebol, Futsal e Futebol Society, Aulas de*. Graduação/Curso de Educação Física – UNISA/Universidade de Santo Amaro/SP e UNIÍTALO/Centro Universitário Ítalo-Brasileiro/SP. Apontamentos. São Paulo, 2010-2011.

RIGUEIRA, A. *Futebol Prático:* Preparação Física, Técnica e Tática. Viçosa/MG: Universidade de Viçosa, 1998, vol. I.

SAAD, M. *Futsal – Movimentações Defensivas e Ofensivas*. São Paulo: Phorte, 2000.

SALES, R. M. *Futsal & Futebol:* Bases Metodológicas. São Paulo: Ícone, 2011.

TOLUSSI, F. C. *Futebol de Salão – Tática – Regras – História*. 3. ed. São Paulo: Hemus, 1990, vol. I.

VOSER, R. *Futsal – Princípios Técnicos e Táticos*. Rio de Janeiro: Sprint, 2001.

10 ASPECTOS TÁTICOS E DE ORGANIZAÇÃO E SISTEMATIZAÇÃO COLETIVA DE UMA EQUIPE DE FUTEBOL: SISTEMA, TÁTICA, ESTRATÉGIA, POSIÇÃO, FUNÇÃO E CARACTERÍSTICAS DO ALUNO/ATLETA

No que diz respeito aos Aspectos Táticos e à Organização e Sistematização Coletiva de uma equipe de Futebol, o que entra em jogo, com o perdão do trocadilho, são as ações coletivas ofensivas, defensivas, setoriais, as jogadas "ensaiadas" e as jogadas oriundas da chamada "bola parada" (trata-se de uma expressão costumeira do Futebol, dado que, se a bola estiver literalmente parada, não há jogo, tampouco ocorrerá um gol...), além dos aspectos que se referem ao momento certo de substituir, recuar, atacar, explorar um ou outro lado do campo, entre outros elementos.

Neste mesmo sentido, os Aspectos Táticos e de Organização e Sistematização Coletiva também dizem respeito ao posicionamento dos companheiros de time e dos adversários em face às suas respectivas funções, bem como ao local/posição onde está a bola e com quem ela está em determinado espaço-tempo, entre outros fatores inerentes ao tema.

Assim, por ser, obviamente, o Futebol um jogo coletivo, tenha-se presente que dentro do campo/quadra de jogo é necessário um mínimo de organização tática e sistematização coletiva defensiva e ofensiva entre todos os participantes de uma mesma equipe durante uma partida.

Neste sentido, a fim de organizar e sistematizar as ações ofensivas e defensivas coletivas de modo coerente e eficaz, o professor deve, em seu trabalho, observar os itens a seguir enumerados e conceituados, que valem também para o Futsal, o Futebol *Society*, o Futebol de Areia e, por extensão, também a outros Esportes Coletivos.

ASPECTOS TÁTICOS E DE ORGANIZAÇÃO E SISTEMATIZAÇÃO COLETIVA – CONCEITOS IMPORTANTES, RELEVANTES E ELEMENTARES

1. Sistema.
2. Tática.
3. Estratégia.
4. Posição/Posicionamento.
5. Função.
6. Característica.
7. Filosofia de jogo ou Escola de jogo.
8. Plano de jogo ou planejamento de jogo.
9. Fases da defesa.
10. Fase intermediária, de transição ou setorial entre a marcação individual e a marcação coletiva.
11. Fases do Ataque.
12. Erro de conceito individual e/ou coletivo.
13. Erro de execução individual e/ou coletivo.

DEFINIÇÕES E CONCEITUAÇÕES

1. **Sistema:** é a união, junção e/ou disposição de diversas peças/jogadores de modo organizado, estruturado e coerente, cada qual executando uma determinada função numa dada posição, com vistas a um objetivo comum, seja ele defensivo, seja ele ofensivo, e de maneira interligada entre os alunos/jogadores/atletas e os setores.

2. **Tática:** é forma como as peças/jogadores são dispostas perante o sistema em face das características de cada uma delas, ou seja, é a estruturação e a organização propriamente dita dos alunos/atletas/peças em campo em face ao sistema escolhido e adotado, podendo ser mais de um num mesmo jogo. Tática é a efetiva organização, disposição e execução das respectivas funções de cada uma das peças/jogadores tendo em vista o sistema escolhido e adotado.

3. **Estratégia:** diz respeito ao estudo dos pontos fortes e dos pontos fracos das equipes. Significa, então, que estratégia, neste contexto, significa explorar seus pontos fortes e minimizar seus pontos fracos, bem como neutralizar os pontos fortes do adversário e explorar os pontos fracos do adversário. Tudo isto é de bom-tom registrar, no que concerne às ações coletivas ofensivas, defensivas, setoriais, jogadas "ensaiadas" e oriundas da chamada "bola parada", além dos aspectos que se referem ao momento certo de substituir, recuar, atacar, explorar um ou outro lado do campo, entre outros elementos.

4. **Posição:** é o local/espaço do campo ocupado e preenchido com mais frequência pelo jogador/peça de acordo com o sistema escolhido, adotado e implantado e suas respectivas táticas, levando-se sempre em conta a função a ser exercida e em consonância com a característica de cada um dos alunos/atletas/jogadores.

5. **Função:** é a tarefa que o jogador/peça deve realizar de acordo com a respectiva posição (espaço que ocupa) e conforme o sistema escolhido, adotado e implantado e suas respectivas táticas, levando-se sempre em conta a posição/espaço que se ocupa com mais frequência e em consonância com a característica de cada um dos alunos/atletas/jogadores.

6. **Característica:** está ligada ao biotipo, estatura, capacidades e aspectos físicos, habilidades técnicas, forma de jogar, facilidade de adaptação à posição e de execução de função. Por exemplo, se é alto, se é baixo, se é canhoto, destro, rápido, se é mais lento, se passa bem, se é driblador, se tem velocidade, se sabe tirar a bola do adversário etc. Cabe ao professor, pois, observar as características dos alunos ou dos atletas e escalá-los na posição e na função certas em face dos sistemas táticos escolhidos, adotados e implantados.

7. **Filosofia de jogo ou Escola de jogo:** trata-se das características históricas quanto à forma de jogar de uma determinada Instituição,

Entidade ou Clube, que pode ser uma maneira de jogar caracterizada por passes curtos e muita posse de bola com muita movimentação, ou um modo de jogar pautado pelo jogo pelos lados/flancos do campo em busca do jogo aéreo/conclusões pelo alto/cabeça, ou, ainda, um Futebol de muita marcação e muita velocidade nos contra-ataques e chutes de média e longa distância.

8. **Plano de jogo ou planejamento de jogo:** dependendo do adversário e do local em que se está disputando uma partida, se "em casa" ou se "fora", e da necessidade deste ou daquele resultado, o professor deve planejar a forma de jogar, mesmo que, para isto, seja necessário jogar de modo a não observar a Filosofia de jogo da Instituição, Entidade ou Clube. Neste caso, a opção pode ser pelos passes curtos, muita posse de bola com muita movimentação, tabelas, triangulações, ou um modo de jogar pautado pelo jogo pelos lados/flancos do campo em busca do jogo aéreo/conclusões pelo alto/cabeça, ou, ainda, um Futebol de muita marcação e muita velocidade nos contra-ataques e chutes de média e longa distância. É interessante ter mais de uma possibilidade treinada/trabalhada, a fim de que seja possível uma ou outra alteração durante um mesmo jogo. Fases da defesa:

- Momento da perda da posse da bola.
- Retardamento/cerco.
- Defesa temporária individual.
- Volta pelo caminho mais curto/rápido.
- Defesa temporária coletiva.
- Cobertura/ajuda recíproca.
- Organização.
- Superioridade numérica.
- Compactação.
- Redução de espaços.
- Posicionamento efetivo.
- Sistematização.

9. **Fase intermediária, de transição ou setorial entre a marcação individual e a marcação coletiva:**
    - **Cobertura:** é o termo que se refere a quando há superioridade numérica na marcação dos adversários, isto é, ocorre quando, por exemplo, num setor do campo/quadra há 2 atacantes marcados por 3 defensores, e 2 destes marcam individualmente cada um dos 2 atacantes que estão de posse de bola e o 3º defensor fica entre a bola/adversários e o gol na "cobertura" dos 2 defensores que estão marcando individualmente os 2 atacantes. Isto deve ser bem trabalhado, organizado e articulado a fim de que se obtenha com eficiência esta cobertura, haja vista que não é sempre que uma equipe tem menos jogadores que a outra na soma geral (somente em casos de expulsão ou de lesões de jogadores em que seja necessária uma substituição e já se tenha chegado ao número limite delas, ou, ainda, quando seja possível a troca, mas, não há jogadores reservas).
    - **Ajuda recíproca:** ocorre quando há uma paridade numérica entre os atacantes e os defensores (2 × 2, 3 × 3 etc.), e que estes executam funções duplas, quais sejam, marcam individualmente seus respectivos adversários/atacantes ao mesmo tempo em que realizam a cobertura uns aos outros, especialmente ao que está em confronto direto com o atacante que está com a bola.
    - **Equilíbrio defensivo:** é a situação na qual uma equipe, mesmo com a posse de bola, deve sempre estar preocupada com a defesa, dado que, a qualquer momento, pode haver a perda da posse da bola, o que justifica este cuidado. Não se pode confundir a expressão "Equilíbrio defensivo" com o Fundamento Defensivo nº 5, que prescreve que se deve "Dividir correta, equitativa e equilibradamente os jogadores de defesa em relação aos jogadores de ataque".

10. **Fases do Ataque:**
    - Momento da recuperação da posse da bola.
    - Contra-ataque direto.
    - Contra-ataque indireto.
    - Ataque temporário individual.
    - Ataque temporário coletivo.

- Organização.
- Movimentação.
- Deslocamentos, diagonais, infiltrações, tabelas, triangulações etc.
- Sistematização.

11. **Erro de conceito individual e/ou coletivo:** acontece quando alguma jogada/jogador coloca a equipe em risco, mesmo quando executada corretamente a ação, como, por exemplo, um defensor, sem necessidade, tenta e/ou consegue driblar um atacante em frente/na área penal ao/do seu Gol/Meta, ou, ainda, comete uma falta na lateral de campo estando o atacante de costas para o Gol/Meta e sem possibilidades de outras jogadas, a não ser um recuo/recomeço. Conceitualmente, mesmo que se acerte na execução, trata-se de uma ação temerária que, caso não dê certo, tem grandes chances de acarretar um gol contra si, caracterizando-se, assim, o Erro de conceito.

12. **Erro de execução individual e/ou coletivo:** ocorre quando se tenta executar uma jogada de modo correto, errando esta tentativa, como, por exemplo, tentar chutar ao Gol/Meta adversário estando próximo à meia-lua da área adversária e sem nenhum companheiro em melhores condições de arremate e errar o chute mandando a bola para fora. Conceitualmente está certa a opção de tentar marcar um gol por intermédio de um chute de meia-distância, nada obstante a falta de êxito na tentativa de marcar um gol com o chute. Conceitualmente foi acertada a opção, nada obstante o Erro na/de execução.

A seguir, de modo resumido, estão representados graficamente os principais Sistemas Táticos do Futebol, Futsal, Futebol *Society* e Futebol de Areia, salientando que a "leitura" se faz da defesa para o ataque, como, por exemplo, no 4 × 3 × 3, o 4 são os jogadores de defesa, os 3 na sequência são os de meio-campo e os 3 finais são os atacantes.

O professor deve ter muito cuidado ao mostrar/passar estas informações aos alunos iniciantes, haja vista o fato de que, por se tratar de uma representação gráfica, pode causar uma certa confusão aos iniciados no que se refere à posição e à função: ao se mostrar e privilegiar a posição, pode ocorrer uma limitação no entendimento da execução das tarefas/funções.

Para os alunos/atletas/jogadores que estão num estágio mais adiantado, pode-se trabalhar mostrando e ilustrando os gráficos.

PRINCIPAIS SISTEMAS TÁTICOS DO FUTEBOL

1. 4 × 3 × 3.
2. 4 × 4 × 2.
3. 4 × 5 × 1.
4. 4 × 6 × 0.
5. 3 × 5 × 2.
6. 3 × 6 × 1.

PRINCIPAIS SISTEMAS TÁTICOS DO FUTSAL

1. 4 × 0.
2. 3 × 1.
3. 1 × 1 × 2 (Y).
4. 1 × 2 × 1 (Losango).
5. 1 × 3.
6. 2 × 2.
7. 3 × 2.

PRINCIPAIS SISTEMAS TÁTICOS DO FUTEBOL *SOCIETY*

1. 3 × 2 × 1.
2. 2 × 3 × 1.
3. 2 × 2 × 2.
4. 1 × 3 × 2.
5. 1 × 2 × 3.
6. 4 × 2 × 0.

PRINCIPAIS SISTEMAS TÁTICOS DO FUTEBOL DE AREIA/PRAIA/*BEACH SOCCER*

Dinâmica semelhante à do Futsal, dado que são 4 jogadores em quadra, apesar da enorme diferença de piso e do tipo da bola.

CONSIDERAÇÕES IMPORTANTES

No quesito que se refere aos aspectos táticos são incontáveis as situações, variáveis, circunstâncias, movimentações etc. que devem ser levadas em consideração pelo professor e/ou técnico e/ou treinador, motivo pelo qual a constante atualização, pesquisa e análise devem estar perenemente presentes no cotidiano do profissional que atua e/ou que deseja atuar na área.

Do mesmo modo, os exercícios e atividades devem ser estudados e planejados sempre de acordo com o objetivo a ser alcançado e tendo em vista o público com o qual se está trabalhando.

REFERÊNCIAS BIBLIOGRÁFICAS

ANDRADE JUNIOR, J. R. *Futsal:* Aquisição, Iniciação e Especialização. Curitiba: Juruá, 2009.

APOLO, A. *Futsal – Metodologia e Didática na Aprendizagem.* 2. ed. São Paulo: Phorte, 2007.

BETING, M. *As melhores seleções estrangeiras de todos os tempos.* São Paulo: Contexto, 2010.

DUARTE, O. *Futebol – Regras e Comentários.* São Paulo: SENAC São Paulo, 2005.

FERNANDES, J. L. *Futebol:* Ciência, Arte ou Sorte! Treinamento para Profissionais – Alto Rendimento Preparação Física, Técnica, Tática e Avaliação. São Paulo: Pedagógica e Universitária, 1994.

FERNANDES, J. L. *Futebol:* da Escolhinha de Futebol ao Futebol Profissional. São Paulo: EPU, 2004.

FONSECA, C. *Futsal:* O Berço do Futebol Brasileiro. São Paulo: Aleph, 2007 (V1 – Princípios Teóricos para Treinadores).

FRISSELLI, A.; MANTOVANI, M. *Futebol Teoria e Prática*. São Paulo: Phorte, 1999.

GODIK, M. A. *Futebol:* Preparação dos Futebolistas de Alto Nível. Rio de Janeiro: Grupo Palestra Sport, 1996.

LEAL, J. C. *Futebol – Arte e Ofício*. Rio de Janeiro: Sprint, 2001.

LOURENÇO, L. *Mourinho, a descoberta guiada:* criar e gerir equipes de sucesso. São Paulo: Almedina, 2010.

MARTINS, P. S. *Curso de Futebol de Base na Base. Aulas/Palestras no*. Graduação/Curso de Educação Física – UNISA/Universidade de Santo Amaro/SP e Alphaville Tênis Clube/SP e Clube Alto dos Pinheiros/SP. Apontamentos. São Paulo, 2007 a 2011.

MELO, R. S. *Sistemas Táticos para o Futebol*. Rio de Janeiro: Sprint, 1999.

MUTTI, D. *Futsal:* Da Iniciação ao Alto Nível. 2. ed. São Paulo: Phorte, 2003.

NORIEGA, M. *Os 11 Maiores Técnicos do Futebol Brasileiro*. São Paulo: Contexto, 2009.

PAGANELLA, M. A. *Futebol, Futsal e Futebol Society, Aulas de*. Graduação/Curso de Educação Física – UNISA/Universidade de Santo Amaro/SP e UNIÍTALO/Centro Universitário Ítalo-Brasileiro/SP. Apontamentos. São Paulo, 2010-2011.

RIGUEIRA, A. *Futebol Prático:* Preparação Física, Técnica e Tática. Viçosa/MG: Universidade de Viçosa, 1998, vol. I.

SAAD, M. *Futsal – Movimentações Defensivas e Ofensivas*. São Paulo: Phorte, 2000.

TOLUSSI, F. C. *Futebol de Salão – Tática – Regras – História*. 3. ed. São Paulo: Hemus, 1990, vol. I.

VOSER, R. *Futsal – Princípios Técnicos e Táticos*. Rio de Janeiro: Sprint, 2001.

11 ASPECTOS PSICOLÓGICOS E EMOCIONAIS IMPORTANTES E RELEVANTES A SEREM OBSERVADOS E TRABALHADOS PARA UM BOM DESENVOLVIMENTO DO TRABALHO NO FUTEBOL

No que tange os Aspectos Psicológicos e/ou Emocionais, tem-se a presença do chamado "perfil psicológico/estado de espírito" do aluno/jogador para o trabalho, que se refere ao fato de saber se ele é motivado, atento, concentrado, se tem ou não liderança, se é agressivo ou se é apático, se é tímido ou desenvolto, enfim, todos os elementos ligados, justamente, ao emocional, ao comportamental e, por consequência, ao estado de ânimo dos participantes e seus respectivos perfis psicológicos.

Desta maneira, podemos destacar os seguintes Aspectos Psicológicos e Emocionais que devem ser observados pelo professor no decorrer do seu trabalho, ressaltando que o Perfil Psicológico diz respeito às características mais duradouras e aos aspectos psicológicos e emocionais mais longevos de uma pessoa ao longo da sua vida, ao passo que Estado de Espírito ou Estado de Ânimo concerne a uma situação mais imediata, recente ou de um determinado dia.

Por exemplo, um aluno/atleta que normalmente é calmo/tranquilo (Perfil Psicológico) pode reagir de modo agressivo num determinado contexto e tendo em vista a que tipo de pressão ele foi submetido ou como ele está naquele dia levando-se em conta algum acontecimento pessoal ou familiar.

Por ser um trabalho multidisciplinar e interdisciplinar, sempre é bom o professor estudar detidamente este assunto, ler, atualizar-se, participar de cursos, palestras, debates, seminários sem, jamais, abdicar de buscar as corretas informações e consultar os profissionais com a formação específica em Psicologia, à evidência, muito mais abalizados para encaminhar e desenvolver um trabalho nesta área científica.

ASPECTOS PSICOLÓGICOS

1. **Concentração:** pode ser entendida como a "conversa" do atleta consigo mesmo", ou seja, é o fato de ele estar em contato direto e no nível adequado com o seu próprio interior em busca de efeitos positivos nos seus pensamentos, procedimentos e ações.

2. **Atenção:** pode ser compreendida como o interesse para com o mundo externo ao jogador/aluno, isto é, o quão "atento" ele está com o que ocorre à sua volta e no ambiente em que ele está inserido, bem como o quão "atento" ele está em face das orientações, determinações e ao que o professor lhe fala, ensina e indica.

3. **Motivação/Ânimo:** refere-se à vontade que ele tem ou não de fazer algo ou de realizar da melhor maneira possível o que coerente e sensatamente lhe é proposto.

4. **Liderança:** função de líder, ou seja, aquele que tem suas orientações e opiniões aceitas e acatadas com muito mais facilidade do que as dos outros.

5. **Coragem:** firmeza, perseverança, bravura, energia positiva e ousadia nas ações.

6. **Desprendimento:** solto, livre, altruísta e independente ao fazer uso do seu próprio talento.

7. **Desenvoltura:** desenvolvimento, fluidez, facilidade de trânsito e de adaptação aos diferentes contextos, favoráveis ou não.

8. **Controle Emocional:** capacidade de manter o equilíbrio emocional perante as adversidades, como, por exemplo, reagir com pouca agressividade ante uma situação que possa ser considerada injusta, ou, ainda, continuar se esforçando de modo digno mesmo que, num

determinado jogo, a derrota seja inevitável. Aceitar com elegância um resultado adverso e não tripudiar os adversários ante uma vitória acachapante são também exemplos de controle emocional e, por extensão, de conhecimento e aplicação dos princípios e conhecimentos éticos.

9. **Serenidade/Sobriedade/Comedimento:** calma, tranquilidade, sossego, respeito e humildade, o que não significa dizer que é submisso, que se deixa humilhar, que aceita passivamente imposições injustas e desleais, que se sente inferior...atenção para as diferenças!
10. **Confiança/Segurança:** capacidade íntima e que também se transmite a outrem de acreditar na veracidade, plausibilidade e na correição dos seus atos e procedimentos. Segurança, crédito, firmeza nas atitudes, ações, comportamentos e no proceder.

CONSIDERAÇÕES IMPORTANTES

Acerca dos três primeiros itens que estão na vanguarda e que capitaneiam a lista, vale repetir a fim de consolidar o entendimento de que a concentração pode ser entendida como a "'"conversa" do aluno/atleta consigo mesmo", ou seja, é o fato de ele estar em contato direto e no nível adequado com o seu próprio interior em busca de efeitos positivos nos seus pensamentos, procedimentos e ações.

Por sua vez, a atenção pode ser compreendida como o interesse para com o mundo externo ao jogador/aluno, isto é, o quão "atento" ele está com o que ocorre à sua volta e no ambiente em que ele está inserido, bem como o quão "atento" ele está em face das orientações, determinações e ao que o professor lhe fala, ensina e indica.

E, por fim, a motivação/ânimo se refere à vontade que ele tem ou não de fazer algo ou de realizar da melhor maneira possível o que coerente e sensatamente lhe é proposto.

Apesar de o Professor de Futebol, pelo menos na maioria dos casos, não ter a formação acadêmica específica no Curso de Psicologia (salienta-se a necessidade do constante diálogo com estes profissionais!), é certo que os fatores correlatos aos aspectos psicológicos e emocionais devem constantemente ser estudados, analisados e aplicados sempre em benefício da qualidade e da excelência do trabalho.

REFERÊNCIAS BIBLIOGRÁFICAS

BARBANTI, V. *Dicionário de Educação Física e Esporte*. 2. ed. Barueri: Manole, 2003.

BARROS, T. L. de; GUERRA, I. *Ciência do Futebol*. Barueri: Manole, 2004.

BRANDÃO, M.; MACHADO, A. *Coleção Psicologia do Esporte e do Exercício:* Teoria e Aplicação. V. 1. São Paulo: Atheneu, 2007.

BROCKERT, S.; BRAUN, G. *Teste o seu Q E:* Inteligência Emocional. Tradução de Paulo Wingorski. 3 ed. Rio de Janeiro: Record, 1998.

COLL, C.; et.al. [Org.]. *Desenvolvimento Psicológico e Educação:* Psicologia Evolutiva. V. 1. 2. ed. Porto Alegre: Artmed, 2004.

GARDNER, H. *Inteligências Múltiplas*. Porto Alegre: Artmed, 1996.

GARDNER, H. *Inteligências:* um Conceito Reformulado. Porto Alegre: Artmed, 2000.

GOLEMAN, D. *Inteligência emocional*. Rio de Janeiro: Objetiva, 1996.

GOLEMAN, D. *Trabalhando com a inteligência emocional*. Rio de Janeiro: Objetiva, 1999.

MARTINS, P. S. *Curso de Futebol de Base na Base. Aulas/Palestras no*. Graduação/Curso de Educação Física – UNISA/Universidade de Santo Amaro/SP e Alphaville Tênis Clube/SP e Clube Alto dos Pinheiros/SP. Apontamentos. São Paulo, 2007 a 2011.

MELO, R. S. *Qualidades Físicas e Psicológicas e Exercícios do Atleta de Futebol*. Rio de Janeiro: Sprint, 1997.

MORRIS, C. G.; MAISTO, A. A. *Introdução à Psicologia*. Tradução de Ludmila Lima, Marina Obreira Duarte Baptista. 6. ed. Rio de Janeiro: Prentice Hall, 2004.

NORIEGA, M. *Os 11 Maiores Técnicos do Futebol Brasileiro*. São Paulo: Contexto, 2009.

PAGANELLA, M. A. *Futebol, Futsal e Futebol Society, Aulas de*. Graduação/Curso de Educação Física – UNISA/Universidade de Santo Amaro/SP e UNIÍTALO/Centro Universitário Ítalo-Brasileiro/SP. Apontamentos. São Paulo, 2010-2011.

SANTOS Fº, J. L. A. dos. *Manual do Futebol*. São Paulo: Phorte, 2002.

JOGOS DA CULTURA POPULAR E CORPORAL LIGADOS E VOLTADOS PARA O FUTEBOL

As atividades relacionadas ao Futebol são inúmeras e na própria cultura popular e corporal de cada país existem diversos jogos que foram criados de modo informal, com caráter lúdico, no intuito da diversão e da confraternização e em épocas desconhecidas e ignoradas.

Todavia, são jogos interessantes do ponto de vista do divertimento e muito praticados em quase todo o Brasil, sem exclusão da prática constante também em outros países.

Outra característica importante a ser destacada acerca dos jogos da cultura popular e corporal é que, como diz o próprio nome, são jogos que surgiram no seio da sociedade com base nos seus usos e costumes da sua própria cultura e, desta foram, não têm um autor conhecido, dado que advêm, justamente, da cultura popular e corporal de determinado povo/região.

Assim, é dever do professor de Futebol pesquisar, analisar e ponderar acerca da dinâmica, praticidade e utilidade destes jogos, apropriando-se das suas respectivas movimentações e possibilidades, aplicando-as quando entender que é producente, interessante e indicado fazê-lo no sentido do êxito e sucesso do seu trabalho.

Deste modo, seguem, pois, com uma breve descrição das suas respectivas dinâmicas, alguns exemplos de jogos da cultura popular e corporal ligados ao Futebol bem-sucedidos e com grande aceitação perante o público em geral, que podem ser utilizados pelos professores de Futebol em seus mais variados e diferentes contextos, reiterando que outras regras cabíveis e pertinentes a cada jogo poderão ser colocadas em prática pelos participantes mediante prévio diálogo e posterior acordo.

JOGOS DA CULTURA POPULAR E CORPORAL MAIS CONHECIDOS NO BRASIL

1) Artilheiro, 2) Rebatida, 3) Vingança/Tira um, 4) Gol-caixote/Golzinho, 5) 3 dentro-3 fora, 6) Melê, 7) Linha, 8) Bobinho, 9) Futvolei, 10) Rachão/Gol dentro da área/2 toques, 11) Gol-a-Gol, 12) Futebol com os pés descalços, 13) Copa do Mundo, 14) Futebol gigante, 15) Chuta-lata, 16) Paredão, 17) Cada um por si, 18) Sainha, 19) Futebol maluco, 20) Alerta, 21) Ping-pong (este jogo também se enquadra no campo dos jogo criados para a aprendizagem, o desenvolvimento e o aperfeiçoamento do Futebol, já que é bastante utilizado pelos futebolistas de clubes profissionais, mesmo que com um caráter mais lúdico).

1. **Artilheiro:** Equipe A × Equipe B, sendo cada uma delas compostas por 1 goleiro e 1, 2 ou até 3 jogadores na linha. O goleiro da equipe A fica numa metade da quadra/campo, ao passo que seus companheiros ficam na outra metade, e, quanto à Equipe B, vice-versa. O goleiro lançará a bola com as mãos e/ou com os pés aos seus companheiros à outra metade da quadra/campo, e estes deverão tentar concluir o gol em apenas 1 toque/chute em direção ao gol. Aquele que marcar o gol deverá rapidamente ir para o seu gol enquanto o goleiro/companheiro irá para a linha na outra metade da quadra/campo. Um jogador de uma equipe pode interceptar o lançamento somente com a bola no seu meio-campo/quadra de defesa e, neste caso, terá somente mais um toque/chute para dar na bola em direção ao gol. Havendo rebatida pelo goleiro, o jogador adversário poderá dar um toque na bola antes de chutar a gol. Jogo que estimula a defesa e a reposição de bola do goleiro, bem como é excelente para o trabalho que se refere às conclusões e chutes a gol.

2. **Rebatida:** jogo disputado por duplas (ou trios), e 2 jogadores de uma equipe ficarão no gol e os outros 2 adversários tentarão marcar gols de 2 formas, isto é, ou por meio de um chute a gol da marca do pênalti e/ou outra distância preestabelecida (por exemplo, da meia-

-lua da grande área), ou por intermédio de uma conclusão ao gol efetuada logo após, justamente, a rebatida de um dos goleiros, dos postes ou do travessão superior. São 2 goleiros contra 1 chutando e 1 na pequena área à espera da rebatida. Cada um terá 3 chutes e o gol direto vale 1 ponto, o gol após a rebatida do goleiro vale um pouco mais, o gol após a rebatida dos postes vale um pouco mais ainda que o anterior, e o gol após a rebatida do travessão é o que tem a maior pontuação. Logo após a rebatida de um dos goleiros, a dupla que chuta têm por objetivo marcar o gol e a que defende têm por intuito recuperar a posse da bola e levá-la até a área de meta a fim de pegá-la com as mãos e evitar os pontos dos outros. A dupla que obtiver a maior pontuação após os 6 chutes de direito de cada uma das duplas é quem vence a disputa. Trata-se de uma dinâmica de jogo muito interessante, dado que trabalha praticamente todos os aspectos e fundamentos do Futebol, inclusive está presente a questão da superioridade/inferioridade numérica no ataque e na defesa.

3. **Vingança/Tira um:** com apenas 1 gol/meta, 1 goleiro e com jogadores de linha em número razoável (de 3 a 10, 11 etc.). Cada um joga por si mesmo e contra todos driblando e tentando marcar gol (um que está com bola contra todos e todos contra um que está com bola). Aquele que conseguir marcar um gol terá o direito de estipular uma tarefa (ou uma atividade física ou imitar algum bicho etc.) a qualquer um que ele escolher, ou, então, poderá retirar um adversário do jogo até que reste apenas 1 jogador, que será o campeão da rodada. Aquele que recebeu a tarefa ao marcar um gol poderá se "vingar" daquele que havia lhe atribuído esta tarefa, ou mesmo tirá-lo da disputa até que esta se encerre novamente, e assim sucessivamente. Bom para o trabalho de drible e marcação, além do goleiro e do próprio trabalho físico implícito na atividade.

4. **Gol-caixote/Golzinho:** Equipe A × Equipe B, com um número razoável de participantes de cada lado (de 1 a 6 ou 7 etc.), em um espaço reduzido (quadra, campo, pátio, praia etc.), com "gols/metas" também com tamanho pequeno (de 1 a 3 m de largura, daí a expressão "golzinho") marcados com qualquer objeto visível, até mesmo uma caixa de papelão (daí o nome "gol-caixote") e sem goleiro. A dinâmica do jogo é semelhante a uma partida normal, só que sem a presença do goleiro. Trata-se de uma dinâmica de

jogo muito interessante, dado que trabalha praticamente todos os aspectos e fundamentos do Futebol e em espaços reduzidos, o que estimula a movimentação, dribles e a troca de passes curtos. Por óbvio, apenas as conclusões a gol por meio de chutes fortes e cabeceios não são muito trabalhadas.

5. **3 dentro-3 fora:** um goleiro e 2 ou 3 na linha tentando marcar gols, e o objetivo do jogo é a dupla ou trio realizar no mínimo 3 passes entre eles com a bola no alto e sem deixá-la cair no chão antes de efetuar o chute/conclusão ao gol. Se o goleiro defender é ponto dele, e se o chute for para fora também é ponto dele. Se for gol, ponto de quem realizou o gol, e quando se chegar aos 3 pontos isto permite que: 1) o goleiro permaneça no gol por ter sofrido 3 gols; 2) o goleiro vá para linha porque ele defendeu e/ou porque os jogadores erraram 3 vezes; 3) o jogador que cometeu 3° erro vá para o gol no lugar do goleiro; 4) apenas um gol de cabeça mantém o goleiro por mais uma rodada de 3 pontos ou ele é eliminado/trocado por outro que está fora ou que estava na linha e quer ir para o gol. Tem uma dinâmica relativamente difícil para os iniciantes, pois a bola tem que ficar sempre no alto. E, por outro lado, estimula a adaptação aos passes, domínios e conclusões a gol com a bola sempre no alto.

6. **Melê:** dinâmica de jogo semelhante a do jogo 3 dentro-3 fora, com a diferença na contagem de gols, isto é, a alternância de quem vai ou não para o gol é consignada de modo diverso à do 3 dentro-3 fora, qual seja, depende de como os participantes combinaram. Reitera-se que tem uma dinâmica relativamente difícil para os iniciantes, pois a bola tem que ficar sempre no alto. E, por outro lado, propicia e estimula a adaptação aos passes, domínios e conclusões a gol com a bola sempre no alto.

7. **Linha:** o jogo consiste em 1 goleiro e 2 ou 3 jogadores de linha tentando marcar gols. Cada um dos jogadores só pode dar 1 toque na bola até que atinjam 3 toques/passes, e o goleiro não pode sair da área. Logo após os jogadores terem dado o 3° toque, o goleiro poderá sair da área para tentar tocar na bola; se o fizer, marcará 1 ponto e atingindo 3 pontos poderá sair do gol, indo 1 da linha para o gol em seu lugar. Dentro da área o goleiro pode pegar a bola com a mão, e se os jogadores de linha marcarem o gol terão direito a mais um pênalti a seu favor. É uma atividade que estimula os pas-

ses rápidos e de primeira, além das conclusões a gol e da própria marcação individual e atuação do goleiro.

8. **Bobinho:** jogo em que a quantidade de jogadores é indeterminada, mas deve ter no mínimo 3 participantes que ficarão em círculo passando a bola entre si em 1 ou 2 toques cada um com mais 1 jogador que será o bobinho, que estará no meio da roda e que tentará roubar a bola dos outros jogadores; quem perder a posse de bola passa a ser o bobinho. É uma atividade que estimula os passes rápidos e de primeira, além da marcação individual.

9. **Futvolei:** é semelhante ao jogo de Voleibol ou Vôlei de Praia e que pode ser jogado em duplas, trios, quartetos, quintetos e sextetos, mas não pode usar os braços/mãos, somente a cabeça, peito, coxas e pés para passar a bola para o lado adversário. Tem uma dinâmica relativamente difícil para os iniciantes, pois a bola tem que ficar sempre no alto. E, por outro lado, estimula a adaptação aos passes e domínios com a bola sempre no alto.

10. **Rachão/Gol dentro da área/2 toques:** é o jogo propriamente dito, porém, sem nenhuma preocupação tática, posicionamento, mas, mesmo assim, com observância mínima das regras etc. Pode ser permitido somente o gol dentro da área, caso a opção seja pela ausência do goleiro, ou, com este, um jogo normal sem as preocupações enumeradas anteriormente, ou, ainda, sendo permitido a cada jogador tocar na bola no máximo 2 vezes (1 para dominar e outro para passar ou para chutar a gol). Trata-se de uma dinâmica de jogo muito interessante, dado que trabalha praticamente todos os aspectos e fundamentos do Futebol e em espaços reduzidos, o que estimula a movimentação, dribles e a troca de passes curtos, inclusive as conclusões a gol por meio de chutes fortes e cabeceios.

11. **Gol a gol:** o jogo é feito com 1, 2 e até 3 jogadores em cada equipe, e cada uma delas fica em um lado da quadra. O objetivo do jogo é marcar o gol no adversário, só podendo executar o chute dentro da sua área de meta e/ou apenas do seu lado da quadra sem ultrapassar a linha que divide com a quadra adversária, bem como, em comum acordo entre os participantes, a defesa do gol poderá ser feita com os braços/mãos ou não. Jogo que estimula o domínio e a interceptação da bola sem os braços/mãos e/ou propicia a defesa e reposição de bola do goleiro, bem como é excelente para o trabalho que se refere a conclusões e chutes a gol.

12. **Futebol com pés descalços:** é o jogo propriamente dito, porém, sem nenhuma preocupação tática, posicionamento, com observância mínima das regras etc., e todos os participantes deverão estar descalços. Mais indicado para espaços gramados e/ou na praia/areia. Trata-se de uma dinâmica de jogo muito interessante, pois trabalha praticamente todos os aspectos e fundamentos do Futebol e em espaços reduzidos, o que estimula a movimentação, dribles e a troca de passes curtos, inclusive as conclusões a gol por meio de chutes fortes e cabeceios.

13. **Copa do Mundo:** conforme denota o próprio nome, trata-se de uma Copa do Mundo, ou seja, uma competição similar a uma Copa do Mundo. Os grupos são divididos com 2 ou mais equipes, são escolhidos os nomes das seleções que cada time representará (normalmente o Brasil fica de fora, ou é feito um sorteio para ver quem representa o time "Canarinho"), e é escolhido o sistema de disputa, tempo de jogo etc. Ao final do certame, se conhece o campeão do mundo. Trata-se de uma dinâmica de jogo muito interessante, já que trabalha praticamente todos os aspectos e fundamentos do Futebol e em espaços reduzidos, o que estimula a movimentação, dribles e a troca de passes curtos, inclusive as conclusões a gol por meio de chutes fortes e cabeceios.

14. **Futebol gigante:** como diz o próprio nome, são duas equipes com um grande número de jogadores tentando marcar o gol no adversário em um espaço/piso adequado, mas reduzido (quadra, campo, praça, rua sem movimento etc.). Trata-se de uma dinâmica de jogo que, apesar da quantidade, trabalha praticamente todos os aspectos e fundamentos do Futebol e em espaços reduzidos, o que estimula a movimentação, dribles e a troca de passes curtos. Como tem mais pessoas que um jogo normal, deve-se evitar as conclusões a gol por meio de chutes fortes e cabeceios pela limitação do espaço disponível para conclusão (por exemplo, é válido gol somente dentro da área) e a obrigatoriedade de o chute ser dado a gol somente com a bola em contato com o chão, evitando, assim, os chutes fortes e o cabeceio.

15. **Chuta-lata:** em um grupo de aproximadamente 15 a 20 pessoas, há uma lata ou uma bola no meio da quadra e entre os participantes um deles é escolhido como "pegador"; este fica a mais ou menos uns 10 m da bola/lata, e sempre de olhos vendados e/ou de costas

para a bola, fica contando até um determinado número, que pode ser, por exemplo, até 20 ou 30, isto é, um tempo razoável a fim de que os jogadores fujam e se escondam do pegador dentro de uma área limítrofe, que normalmente é o ginásio todo, ou a escola, ou o clube todo, ou uma rua sem movimento, ou em um espaço deste parcialmente delimitado; logo no início ou mesmo durante a contagem, um outro aluno chuta a bola/lata para longe e todos os participantes fogem/se escondem. Ao acabar a contagem, o "pegador" corre atrás da bola e a traz de volta para o lugar de origem e, feito isto, ele inicia a procura aos "escondidos"; quando os vê ou os encontra, deve falar/gritar o nome do "escondido" visto e ao mesmo tempo correr para a bola/lata e tocá-la ao mesmo tempo em que fala/grita novamente o nome de quem ele acabou de achar e falar/gritar o nome (o pegador tem que falar/gritar o nome do "escondido" duas vezes, ou seja, uma quando o vê e outra simultaneamente ao toque na bola/lata); se o "achado" chegar e chutar a bola/lata antes que o "pegador" toque nela e fale/grite o nome, ele se salva e pode fugir e se esconder novamente; os "escondidos" podem chutar a bola/lata e salvar os que já estiverem pegos, e assim sucessivamente. Se o pegador não conseguir "pegar" todos, pode-se estabelecer um tempo para que logo ao final daquela rodada por tempo o "pegador" seja trocado. Este jogo não trabalha muito os aspectos técnicos em sentido estrito, mas, além do divertimento que proporciona, é certo que apresenta um componente de trabalho ligado aos aspectos físicos, especialmente o que diz respeito à velocidade, velocidade de reação e agilidade.

16. **Paredão:** como diz o próprio nome, estarão 8 ou 10 (ou um pouco mais ou um pouco menos) de frente para uma parede, com uma bola, que será chutada em direção a ela cada vez por um dos membros da equipe, devendo mantê-la sempre em movimento como uma espécie de ping-pong. Pode-se estipular 1 ou 2 toques para cada jogador, bem como se a bola poderá ser rasteira ou se deverá sempre ser no alto. Em alguns locais um da turma vai para a parede e os outros "soltam a perna" por meio de chutes fortes tentando acertá-lo...mas se registra que esta dinâmica é perigosa e pode machucar quem está no paredão... Jogo que estimula o passe e o chute de primeira rasteiro ou no alto.

17. **Cada um por si:** é um jogo em que não há o objetivo do gol, mas, sim, o intuito da manutenção da posse de bola por cada um dos participantes. Assim, neste caso, o jogo é um que está com a bola contra todos, e todos contra o que está com a bola e assim sucessivamente a fim de ver quem consegue ficar mais tempo de posse de bola, driblando etc. Bom para o trabalho de drible e marcação, além do próprio trabalho físico implícito na atividade.

18. **Sainha:** é um jogo em que não há o objetivo do gol, mas, sim, o intuito da manutenção da posse de bola por cada um dos participantes. Sendo assim, neste caso, o jogo é um que está com a bola contra todos e todos contra o que está com a bola, e assim sucessivamente, a fim de ver quem consegue ficar mais tempo de posse de bola, driblando etc. Todavia, há um objetivo a mais que o "Cada um por si", qual seja, toda vez que o jogador que estiver de posse de bola conseguir passar a bola "entre as pernas" ("sainha", "janelinha" etc.) de outrem, marcará um ponto para si. Bom para o trabalho de drible e marcação, além do próprio trabalho físico implícito na atividade.

19. **Futebol Maluco:** duas equipes se enfrentam utilizando bolas de vários tamanhos (e até formato, como, por exemplo, com uma bola de Rúgbi ou de Futebol Americano), e cada bola terá uma pontuação diferente, por exemplo: Futebol = 1 ponto; Vôlei = 2; Borracha = 3; Tênis = 4; Rúgbi = 5; etc. Ou outra pontuação discutida pelos participantes que, normalmente, têm a mesma compleição física e são amigos, dado que é grande a possibilidade de lesão pelas "boladas" e choques entre eles, que nem sempre estão precavidos e muito atentos quanto à questão da sua segurança e dos próprios amigos. Este jogo não trabalha muito os aspectos técnicos em sentido estrito, mas, além do divertimento que proporciona, é certo que apresenta um componente de trabalho ligado aos aspectos físicos, especialmente o que diz respeito à velocidade, velocidade de reação e agilidade, além da presença das questões táticas e de organização geral coletiva.

20. **Alerta:** em um grupo de aproximadamente 15 a 20 pessoas, uma delas fica no meio da quadra com uma bola na mão e outro é escolhido como "pegador"; um determinado sinal é dado em um certo momento e a pessoa que está com a bola a chuta para o alto ou para qualquer lado; neste ínterim, todos se afastam da bola, exceto

o "pegador", que corre até ela e, ao pegá-la, imediatamente grita a palavra "stop" ou "alerta" e, neste momento, todos devem parar e ficar imóveis no lugar; a partir daí, o "pegador" coloca a bola no chão e, por intermédio de um chute não muito forte a fim de não machucar os amigos, ou mesmo por meio de um passe, ele tenta atingir a bola em uma dos amigos que ficou parado em "alerta" ou "stop", ou "imóvel". Se acertar, muda quem é o pegador e, se errar, ele continua como pegador. Este jogo não trabalha muito os aspectos técnicos em sentido estrito (apenas a precisão em acertar a bola em um determinado objetivo), mas, além do divertimento que proporciona, é certo que apresenta um componente de trabalho ligado aos aspectos físicos, especialmente o que diz respeito à velocidade, velocidade de reação e agilidade.

21. **Ping-Pong:** Em um espaço do tamanho aproximado de uma meia-quadra de Voleibol ou de Tênis, com um banco sueco ou uma rede de Tênis ou cones enfileirados separando etc., 2, 3, 4 até 6 participantes de cada lado não podendo usar braços/mãos tentarão fazer com que a bola "pingue" mais de uma vez no solo da quadra adversária sem que os componentes da outra equipe consigam devolvê-la (só pode dar um pingo sem que ninguém da equipe ainda tenha tocado antes da devolução...). Cada jogador somente pode dar 1 toque de cada vez, e cada equipe somente pode dar no máximo 3 toques antes de passar a bola para o outro lado (é um jogo semelhante ao Voleibol e ao próprio Tênis de Mesa). Tem uma dinâmica relativamente difícil para os iniciantes, pois a bola tem que ficar sempre no alto. E, por outro lado, estimula a adaptação aos passes e domínios com a bola sempre no alto.

CONSIDERAÇÕES IMPORTANTES

Pode ocorrer que estes jogos sejam conhecidos por outros nomes, dependendo da região do Brasil e até do mundo, até porque na maioria deles o idioma é outro e a tradução/versão para o Português poderá ser outra.

É indicado, pois, que o professor estude, analise e avalie os efeitos benéficos e positivos e aplique diferentes variações dentro de um mesmo jogo no sentido de que possa ter mais subsídios e elementos para trabalhar, também para motivar.

Os jogos da cultura popular e corporal devem ser utilizados após uma detida análise do grupo de alunos e/ou de jogadores, nível de desempenho etc., a fim de que sua aplicação seja adequada, favorável ao trabalho e para que não seja anacrônica (muito simples para quem já está adiantado e/ou muito difícil para quem está iniciando).

No que diz respeito à Estrutura de uma Aula (Conferir Capítulo 4), podem ser usados tanto como atividades ligadas ao "Aquecimento", como na "Parte Principal", ou, ainda, no quesito "Atividades moderadas", bastando, para tanto, a devida adequação e adaptação da dinâmica do respectivo jogo ao contexto e às circunstâncias que se apresentam.

Por fim, vale frisar que todos estes jogos são atividades que se enquadram perfeitamente no conceito de método de trabalho denominado "Natural/Resolutivo/Indireto" (Conferir Capítulo 15), dado que, de uma forma ou de outra, estão presentes situações de jogo concretas e passíveis de que algo semelhante ocorra durante uma partida, do mesmo modo que há a presença de oponentes e existe a necessidade de soluções de problemas ligados ao jogo de Futebol propriamente dito.

REFERÊNCIAS BIBLIOGRÁFICAS

BARBANTI, V. *Dicionário de Educação Física e Esporte*. 2. ed. Barueri: Manole, 2003.

BARROS, T. L. de; GUERRA, I. *Ciência do Futebol*. Barueri: Manole, 2004.

BRANDÃO, M.; MACHADO, A. *Coleção Psicologia do Esporte e do Exercício:* Teoria e Aplicação. V. 1. São Paulo: Atheneu, 2007.

BROCKERT, S.; BRAUN, G. *Teste o seu Q E:* Inteligência Emocional. Tradução de Paulo Wingorski. 3 ed. Rio de Janeiro: Record, 1998.

COLL, C.; et.al. [Org.]. *Desenvolvimento Psicológico e Educação:* Psicologia Evolutiva. V. 1. 2. ed. Porto Alegre: Artmed, 2004.

GARDNER, H. *Inteligências Múltiplas*. Porto Alegre: Artmed, 1996.

GARDNER, H. *Inteligências:* um Conceito Reformulado. Porto Alegre: Artmed, 2000.

GOLEMAN, D. *Inteligência emocional*. Rio de Janeiro: Objetiva, 1996.

GOLEMAN, D. *Trabalhando com a inteligência emocional.* Rio de Janeiro: Objetiva, 1999.

MARTINS, P. S. *Curso de Futebol de Base na Base. Aulas/Palestras no.* Graduação/Curso de Educação Física – UNISA/Universidade de Santo Amaro/SP e Alphaville Tênis Clube/SP e Clube Alto dos Pinheiros/SP. Apontamentos. São Paulo, 2007 a 2011.

MELO, R. S. *Qualidades Físicas e Psicológicas e Exercícios do Atleta de Futebol.* Rio de Janeiro: Sprint, 1997.

MORRIS, C. G.; MAISTO, A. A. *Introdução à Psicologia.* Tradução de Ludmila Lima, Marina Obreira Duarte Baptista. 6. ed. Rio de Janeiro: Prentice Hall, 2004.

NORIEGA, M. *Os 11 Maiores Técnicos do Futebol Brasileiro.* São Paulo: Contexto, 2009.

PAGANELLA, M. A. *Futebol, Futsal e Futebol Society, Aulas de.* Graduação/Curso de Educação Física – UNISA/Universidade de Santo Amaro/SP e UNIÍTALO/Centro Universitário Ítalo-Brasileiro/SP. Apontamentos. São Paulo, 2010-2011.

SANTOS Fº, J. L. A. dos. *Manual do Futebol.* São Paulo: Phorte, 2002.

JOGOS ESPECIALMENTE CRIADOS PARA A APRENDIZAGEM, O DESENVOLVIMENTO E O APERFEIÇOAMENTO DO FUTEBOL

As atividades relacionadas ao Futebol são inúmeras e, a par dos jogos da cultura popular e corporal voltados para o Futebol, existem jogos com uma formulação mais bem elaborada, pois foram concebidos por pesquisadores e estudiosos do assunto.

Melhor dizendo, estes jogos não visam unicamente aos aspectos lúdicos e à diversão, mas têm por escopo proporcionar uma maneira diferente de aprender, desenvolver e aperfeiçoar o Futebol, complementando o trabalho dos gestos técnicos separados e/ou do jogo de Futebol completo propriamente dito.

Desta forma, é dever do Professor de Futebol pesquisar, analisar e ponderar acerca destes jogos, apropriando-se das suas respectivas dinâmicas, características e peculiaridades e aplicando-as quando entender que é producente e indicado fazê-lo para o bem do trabalho e dos próprios alunos.

Além do retroexposto, também porque representam atividades ligadas ao "Método Natural/Resolutivo/Indireto", seguem com uma breve descrição da sua respectiva dinâmica e a indicação do nível de dificuldade de execução (Simples/Fácil, Médio, Difícil/Complexo) algumas possibilidades e alguns exemplos bem-sucedidos de jogos especialmente criados para a aprendizagem, o desenvolvimento e o aperfeiçoamento do Futebol que podem ser utilizados pelos professores em seus mais variados e diferentes contextos.

Do mesmo modo, está apontada a classificação quanto aos jogos, se Pré-Desportivo ou Preliminar, motivo pelo qual vale registrar os seus respectivos conceitos, quais sejam:

a) Pré-Desportivo: são jogos "menores" e "anteriores" ao Futebol propriamente dito e que apresentam o objetivo inerente ao jogo de Futebol, isto é, marcar gols e não sofrê-los, além da utilização dos fundamentos intrínsecos ao esporte em destaque. Alguns jogos da cultura popular e os especialmente criados para a aprendizagem, o desenvolvimento e o aperfeiçoamento do Futebol aqui destacados se subsumem a esta conotação, tais como o golzinho caixote, o Futhand com objetivo do gol, o 2 (dois) toques (este é muito comum no Futebol Profissional, e, tecnicamente falando, se enquadra neste quesito, dado que tem como objetivo o gol e apresenta a utilização dos fundamentos, apesar do caráter/espírito lúdico e de inegável divertimento entre os jogadores).

b) Preliminar: de modo semelhante aos Pré-Desportivos, são jogos "menores" e "anteriores" ao Futebol propriamente dito, mas que, neste caso, não apresentam o objetivo do jogo de Futebol em si, que é marcar gols e não sofrê-los. Alguns jogos da cultura popular e os especialmente criados para a aprendizagem, o desenvolvimento e o aperfeiçoamento do Futebol aqui destacados se enquadram nesta classificação, como, por exemplo, o "bobinho" (no formato adequado e em consonância com a sequência fisiológica indicada), o "posse de bola", o "jogo dos gates", o "futhand" somente com a posse da bola, o "retângulo da posse de bola", sem exclusão de outros jogos.

JOGOS ESPECIALMENTE CRIADOS PARA A APRENDIZAGEM, O DESENVOLVIMENTO E O APERFEIÇOAMENTO DO FUTEBOL

1) Posse de bola, 2) Retângulo da posse de bola, 3) Quadrados em 2 direções, 4) 3 quadrados, 5) 4 gols, 6) Gol no meio, 7) Futhand, 8) Cabeça-gol, 9) Caranguejo-bol, 10) Jogo dos números, 11) Jogo da numeração, 12) Jogo dos penais, 13) Futebol de duplas, 14) Futebol sem bola, 15) Conquista de toques, 16) Jogo dos Gates, 17) Rouba bola, 18) Estafeta-condução, 19) Treino alemão, 20) Ataque/defesa, 21) Jogo da grande área, 22) Ping-pong (este jogo também pode ser enquadrado no campo dos jogos culturais, apesar de mais restrito à cultura própria dos futebolistas profissionais).

1. **Posse de bola:**

    Em um espaço predeterminado (quadra inteira de Futsal ou de Futebol *Society*, ou a área grande do campo de Futebol ou a metade dele, ou qualquer espaço limitado por sinalizadores de modo proporcional ao número de participantes e em formato retangular ou quadrado) e sem a presença do Gol/Meta.

    O grupo de jogadores/alunos/atletas será dividido em 2 times/equipes, podendo diferenciá-las com coletes/camisetas/etc., ou mantê-los com as mesmas vestimentas a fim de obrigá-los a "levantar a cabeça" para identificar os companheiros e adversários e/ou a se concentrar ainda mais.

    Cada uma das equipes tentará manter a posse de bola por meio de troca de passes com os pés entre si, podendo o professor limitar em 1, 2, 3, 4 etc. os toques na bola de cada um dos jogadores, ou ainda liberá-los para tocar/conduzir/driblar livremente.

    Da mesma forma pode, também, permitir que o passe somente seja feito após um número mínimo de toques na bola (obrigando o jogador, sobretudo o iniciante, a mantê-la consigo, a conduzir a bola e a driblar o adversário), ou somente com a perna direita ou somente com a esquerda, entre outras possibilidades a critério do professor. Pode, também, indicar que, ao chegar a um determinado número de passes (10, 15, 20 etc.), a equipe marca um ponto/gol.

    As reposições às bolas "fora" (linhas lateral e de fundo) podem ser estipuladas de diversas formas: Saídas por iniciativa do próprio jogador para ele mesmo, por meio de Tiros de Metas, de Bolas de Saída no Centro do Campo/Quadra, de Arremessos Laterais com as mãos ou Tiros Laterais com os pés, Escanteios com as mãos e/ou com os pés, ou por meio de outra forma que o professor julgar útil e importante para o bom andamento do trabalho.

    É um "Jogo Preliminar" e de nível de execução simples/fácil.

2. **Retângulo da posse de bola:**

    Em um espaço predeterminado (quadra inteira de Futsal ou de Futebol *Society*, ou a área grande do campo de Futebol ou a metade dele, ou qualquer espaço limitado por sinalizadores de modo proporcional e em formato retangular ou, ainda, apesar da denominação, quadrado) e sem a presença do Gol/Meta. Um ou dois jogadores de cada uma das equipes deverá ficar do lado de fora de uma ou de cada uma das Linhas de Fundo do campo/quadra e em local previamente marcado e determinado.

O grupo de alunos/atletas será dividido em 2 times/equipes e, como já mencionado, um ou dois jogadores de cada uma das equipes deverá ficar do lado de fora de uma ou de cada uma das Linhas de Fundo do campo/quadra e em local previamente marcado e determinado. O professor pode ou não diferenciar as equipes com coletes/camisetas/etc. ou mantê-los com as mesmas vestimentas a fim de obrigá-los a "levantar a cabeça" para identificar os adversários e companheiros e/ou a se concentrar ainda mais.

Cada uma das equipes tentará manter a posse de bola por meio de troca de passes com os pés entre si, podendo o professor limitar em 1, 2, 3, 4 etc. os toques na bola de cada um dos jogadores, ou, ainda, liberá-los para tocar/conduzir/driblar livremente.

Enquanto mantêm a posse de bola entre si, eles buscarão passar a bola para o companheiro que está fora da quadra/campo (e os adversários tentam evitar este passe), e aquele que passar a bola para o companheiro fora da quadra/campo deverá ir para o local onde ele estava, isto é, trocar de posto, ao mesmo tempo em que o que recebeu a bola entrará com ela para dentro da quadra/campo, o que caracteriza, assim, a marcação de um ponto/gol.

Ao mesmo tempo em que o objetivo do jogo é passar/tocar a bola para o colega que está fora da quadra a fim de marcar um ponto/gol, da mesma forma pode, também, permitir que o passe somente seja feito após um número mínimo de toques na bola (obrigando o jogador, sobretudo o iniciante, a conduzir a bola e a driblar o adversário), ou somente com a perna direita ou somente com a esquerda, entre outras possibilidades a critério do professor. Pode, também, indicar que, além do passe/troca ao/com o que está fora, a equipe marca um ponto/gol ao chegar a um determinado número de passes (10, 15, 20 etc.).

O professor também pode estipular um tempo máximo para que o jogador fique fora da quadra (para evitar que fique muito tempo parado, caso os passes não sejam consignados a contento e/ou a equipe demore muito tempo para efetuar o passe).

As reposições às bolas "fora" (linhas lateral e de fundo) podem ser estipuladas de diversas formas: Saídas por iniciativa do próprio jogador para ele mesmo, por meio de Tiros de Metas, de Bolas de Saída no Centro do Campo/Quadra, de Arremessos Laterais com as mãos ou Tiros Laterais com os pés, Escanteios com as mãos e/ou com os pés, ou por meio de outra forma que o professor julgar útil e importante para o bom andamento do trabalho.

É um "Jogo Preliminar" e de nível de execução médio.

3. **Quadrados em 2 direções:**

    Similar ao jogo Retângulo da posse de bola, em um espaço predeterminado (quadra inteira de Futsal ou de Futebol *Society*, ou a área grande do campo de Futebol ou a metade dele, ou qualquer espaço limitado por sinalizadores de modo proporcional e em formato de quadrado ou, ainda, apesar do nome do jogo, retangular) e sem a presença do Gol/Meta. Dois jogadores de cada uma das equipes deverão ficar aos lados da quadra/campo (em lados opostos ou um ao "lado" do outro) e na parte de fora de cada uma das laterais do campo/quadra e em local previamente marcado e determinado.

    O grupo de jogadores/alunos/atletas será dividido em 2 times/equipes e, como já mencionado, um jogador de cada uma das equipes deverá ficar do lado de fora de cada uma das laterais do campo/quadra e em local previamente marcado e determinado. O professor pode ou não diferenciar as equipes com coletes/camisetas/etc. ou mantê-los com as mesmas vestimentas, a fim de obrigá-los a "levantar a cabeça" para identificar os adversários e companheiros e/ou a se concentrar ainda mais.

    Cada uma das equipes tentará manter a posse de bola por meio de troca de passes com os pés entre si, podendo o professor limitar em 1, 2, 3, 4 etc. os toques na bola de cada um dos jogadores, ou, ainda, liberá-los para tocar/conduzir/driblar livremente.

    Enquanto mantêm a posse de bola entre si, eles buscarão passar a bola para os companheiros que estão fora da quadra/campo (e os adversários tentam evitar este passe), e aquele que passar a bola para o companheiro fora da quadra deverá ir para o local onde ele estava, isto é, trocar de posto, ao mesmo tempo em que o que recebeu a bola entrará com ela para dentro da quadra/campo, o que caracteriza, assim, a marcação de um ponto/gol.

Ao mesmo tempo em que o objetivo do jogo é passar/tocar a bola para o colega que está fora da quadra a fim de marcar um ponto/gol, da mesma forma pode também permitir que o passe somente seja feito após um número mínimo de toques na bola (obrigando o jogador, sobretudo o iniciante, a conduzir a bola e a driblar o adversário), ou somente com a perna direita ou somente com a esquerda, entre outras possibilidades a critério do professor. Pode, também, indicar que, além do passe/troca ao/com o que está fora, a equipe marca um ponto/gol ao chegar a um determinado número de passes (10, 15, 20 etc.).

O professor também pode estipular um tempo máximo para que o jogador fique fora da quadra (para evitar que fique muito tempo parado, caso os passes não sejam consignados a contento e/ou a equipe demore muito tempo para efetuar o passe).

As reposições às bolas "fora" (linhas lateral e de fundo) podem ser estipuladas de diversas formas: Saídas por iniciativa do próprio jogador para ele mesmo, por meio de Tiros de Metas, de Bolas de Saída no Centro do Campo/Quadra, de Arremessos Laterais com as mãos ou Tiros Laterais com os pés, Escanteios com as mãos e/ou com os pés, ou por meio de outra forma que o professor julgar útil e importante para o bom andamento do trabalho.

É um "Jogo Preliminar" e de nível de execução médio.

4. **3 quadrados:**

Os 3 "quadrados" (na verdade pode ser em forma de retângulo) deverão ser iguais e um ao lado do outro em sequência, como, por exemplo, uma quadra de Voleibol (sem a rede) de 9 m × 18 m, na qual há uma parte da linha de fundo da defesa que vai até a linha dos 3 m (totalizando 9 m × 6 m); a 2ª parte que vai de uma linha de 3 m até a outra linha de 3 m (também totalizando 9 m × 6 m); e o último "quadrado", que vai desta última linha de 3 m até a outra linha de fundo, igualmente formando um "quadrado" de 9 m × 6 m, totalizando 3 "quadrados" (sic) de 9 m × 6 m cada num espaço total de 9 m × 18 m; outras medidas em outros espaços obviamente poderão ser consignadas.

Em cada "quadrado" ficarão de 2 a 4 jogadores (ou mais, dependendo do tamanho do "quadrado") devidamente identificados com coletes e/ou camisetas/agasalhos/uniformes de cores diferentes; os que estão em uma das laterais podem dar somente de 1 a 3 toques cada um entre si (ou pode ser toque livre, dependendo da condição físico-técnica dos jogadores) e têm como objetivo passar a bola para o outro "quadrado" na outra lateral sem que os jogadores que estão no "quadrado" do meio interceptem o passe e assim sucessivamente, como se fosse uma espécie de "Bobinho".

Os jogadores de uma das laterais irão para o meio e passarão a ser o "Bobinho" assim que os jogadores do "quadrado" do meio conseguirem interceptar os passes e/ou quando os jogadores das laterais jogarem a bola para fora e/o quando perderem a bola para um dos membros do time do "quadrado" do meio, já que é permitido que um dos integrantes do time/quadrado do meio entre/invada o "quadrado" lateral onde estiver a bola; se esta for enviada para a outra lateral, este "invasor" deverá voltar para o "quadrado" do meio e ele ou outro da sua equipe poderá entrar/invadir no outro "quadrado" lateral para onde foi a bola e assim sucessivamente.

É um "Jogo Preliminar" e de nível de execução difícil/complexo.

5. **4 gols:**

Em um espaço predeterminado (quadra inteira de Futsal ou de Futebol *Society*, ou a área grande do campo de Futebol ou a metade dele ou o campo todo, ou qualquer espaço limitado por sinalizadores de modo proporcional e em formato retangular ou, ainda, quadrado) e com a presença do Gol/Meta. Serão formados 4 Gols/Metas, um em cada lateral e em cada linha de fundo do espaço e com a presença de um goleiro em cada um dos Gols/Metas.

O grupo de jogadores/alunos/atletas será dividido em 2 times/equipes, podendo o professor diferenciar ou não as equipes com coletes/camisetas/etc. ou mantê-los com as mesmas vestimentas, a fim de obrigá-los a "levantar a cabeça" para identificar os adversários e companheiros e/ou a se concentrar ainda mais.

Cada uma das equipes tentará manter a posse de bola por meio de troca de passes com os pés entre si, podendo o professor limitar em 1, 2, 3, 4 etc. os toques na bola de cada um dos jogadores.

Pode, ainda, liberá-los para tocar/conduzir/driblar livremente e, ao mesmo tempo em que mantêm a posse de bola entre si, eles buscarão marcar/concluir os gols nas Metas predeterminadas para cada equipe, enquanto os adversários, obviamente, devem defender os respectivos Gols/Metas preestabelecidos, e assim sucessivamente.

Ao mesmo tempo em que o objetivo do jogo é marcar o gol em 1, 2, 3 e até nas 4 Metas, da mesma forma pode, também, permitir que a conclusão a gol somente seja feita após um número mínimo de toques na bola (obrigando o jogador, sobretudo o iniciante, a conduzir a bola e a driblar o adversário), ou somente com a perna direita ou somente com a esquerda, entre outras possibilidades a critério do professor. Pode, também, indicar que a equipe somente pode chutar/concluir a gol após ultrapassar um determinado número de passes (10, 15, 20 etc.).

O professor também pode estipular um tempo ou número máximo de toques para que cada equipe efetue a conclusão a gol, induzindo a uma rápida e a um maior número possível de conclusões a gol durante o trabalho/atividade.

As reposições às bolas "fora" (linhas lateral e de fundo) podem ser estipuladas de diversas formas: Saídas por iniciativa do próprio jogador para ele mesmo, por meio de Tiros de Metas, de Bolas de Saída no Centro do Campo/Quadra, de Arremessos Laterais com as mãos ou Tiros Laterais com os pés, Escanteios com as mãos e/ou com os pés, ou por meio de outra forma que o professor julgar útil e importante para o bom andamento do trabalho.

É um "Jogo Pré-Desportivo" e de nível de execução médio.

6. **Gol no meio:**

Semelhante ao jogo "4 gols", em um espaço predeterminado (quadra inteira de Futsal ou de Futebol *Society*, ou a área grande do campo de Futebol ou a metade dele ou o campo todo, ou qualquer espaço limitado por sinalizadores de modo proporcional e em formato retangular ou, ainda, quadrado) e com a presença do Gol/Meta. Será formado 1 Gol/Meta sem a rede e bem no meio do campo/quadra/espaço e com a presença de um goleiro para defender os 2 lados ou 2 goleiros, um para cada lado do Gol/Meta.

O grupo de jogadores/alunos/atletas será dividido em 2 times/ equipes, podendo o professor diferenciar ou não as equipes com coletes/camisetas/etc., ou mantê-los com as mesmas vestimentas, a fim de obrigá-los a "levantar a cabeça" para identificar os adversários e companheiros e/ou a se concentrar ainda mais.

Cada uma das equipes tentará manter a posse de bola por meio de troca de passes com os pés entre si, podendo o professor limitar em 1, 2, 3, 4 etc. os toques na bola de cada um dos jogadores. Pode, ainda, liberá-los para tocar/conduzir/driblar livremente e, ao mesmo tempo em que mantêm a posse de bola entre si, eles buscarão marcar/concluir os gols no lado ou lados predeterminados para cada equipe, enquanto os adversários, obviamente, devem defender os respectivos lados do Gol/Meta preestabelecidos, e assim sucessivamente.

Ao mesmo tempo em que o objetivo do jogo é marcar o gol em 1 ou nos 2 lados da Meta, da mesma forma pode, também, permitir que a conclusão a gol seja somente com a cabeça, ou que seja feita somente após um número mínimo de toques na bola (obrigando o jogador, sobretudo o iniciante, a conduzir a bola e a driblar o adversário), ou somente com a perna direita ou com a esquerda, entre outras possibilidades a critério do professor. Pode, também, indicar que a equipe somente pode chutar/concluir a gol após ultrapassar um determinado número de passes (10, 15, 20 etc.).

O professor também pode estipular um tempo ou número máximo de toques para que cada equipe efetue a conclusão a gol, induzindo a uma rápida e a um maior número possível de conclusões a gol durante o trabalho/atividade.

As reposições às bolas "fora" (linhas lateral e de fundo) podem ser estipuladas de diversas formas: Saídas por iniciativa do próprio jogador para ele mesmo, por meio de Tiros de Metas, de Bolas de Saída no Centro do Campo/Quadra, de Arremessos Laterais com as mãos ou Tiros Laterais com os pés, Escanteios com as mãos e/ou com os pés, ou por meio de outra forma que o professor julgar útil e importante para o bom andamento do trabalho.

É um "Jogo Pré-Desportivo" e de nível de execução médio.

7. Futhand:

Em um espaço predeterminado (quadra inteira de Futsal ou de Futebol *Society*, ou a área grande do campo de Futebol ou a metade dele ou o campo todo, ou qualquer espaço limitado por sinalizadores de modo proporcional e em formato retangular ou, ainda, quadrado) e com a presença dos 2 Gols/Metas, um em cada linha de fundo do espaço com a respectiva área do goleiro e com a presença deste em cada um dos Gols/Metas.

O grupo de jogadores/alunos/atletas será dividido em 2 times/equipes, podendo o professor diferenciar ou não as equipes com coletes/camisetas/etc., ou mantê-los com as mesmas vestimentas, a fim de obrigá-los a "levantar a cabeça" para identificar os adversários e companheiros e/ou a se concentrar ainda mais.

Cada uma das equipes tentará manter a posse de bola por meio de troca de passes com as mãos entre si, podendo o professor limitar em 3, 4, 5 ou mais segundos que cada um dos jogadores pode manter a posse, bem como 1, 2, 3 ou mais passadas que o jogador pode dar neste período. Ao mesmo tempo em que mantêm a posse de bola entre si, eles buscarão marcar/concluir os gols nas Metas predeterminadas para cada equipe, enquanto os adversários, obviamente, devem defender os respectivos Gols/Metas preestabelecidos, e assim sucessivamente.

Ocorre que a marcação dos gols não poderá ser com as mãos, mas, sim, com os pés e de dentro da área de ataque e em apenas 1 ou no máximo 2 toques com o pé/corpo/cabeça na bola, podendo o jogador que estiver com a bola nas mãos colocá-la ele mesmo no solo para chutá-la, ou, ainda, deverá passar para que outro arremate com os pés/corpo/cabeça, em um toque só e sempre de dentro da área de ataque.

Ao mesmo tempo em que o objetivo do jogo é marcar o gol com os pés de dentro da área enquanto os passes são dados com as mãos, entre outras possibilidades a critério do professor, pode-se obrigar que o passe continue sendo com a mão, mas a recepção deve ser com os pés/corpo/cabeça, a fim de estimular o domínio de bola. Pode-se também fazer o contrário, isto é, o passe com os pés/corpo/cabeça e a recepção com as mãos; passes com as mãos e logo em seguida ou simultaneamente com saltos; com passe "senta-levanta"; saltitando com uma perna só; com ou sem a presença de um goleiro fixo; somente valendo a posse de bola (neste caso deixa de ser um jogo "Pré-desportivo" e passa a ser um jogo "Preliminar"), e muitas outras variações indicadas para que a equipe trabalhe os aspectos que o professor julgar necessário.

O professor também pode estipular um tempo ou número mínimo e/ou máximo de toques para que cada equipe efetue a conclusão a gol, induzindo a "leitura tática" do jogo, ou, ainda, a uma rápida e a um maior número possível de conclusões a gol durante o trabalho/atividade.

As reposições às bolas "fora" (linhas lateral e de fundo) podem ser estipuladas de diversas formas: Saídas por iniciativa do próprio jogador para ele mesmo, por meio de Tiros de Metas, de Bolas de Saída no Centro do Campo/Quadra, de Arremessos Laterais com as mãos ou Tiros Laterais com os pés, Escanteios com as mãos e/ou com os pés, ou por meio de outra forma que o professor julgar útil e importante para o bom andamento do trabalho.

É um "Jogo Pré-Desportivo" e de nível de execução simples/fácil.

8. **Cabeça-gol:**

    Similar ao Futhand, em um espaço predeterminado (quadra inteira de Futsal ou de Futebol *Society*, ou a área grande do campo de Futebol ou a metade dele ou o campo todo, ou qualquer espaço limitado por sinalizadores de modo proporcional e em formato retangular ou, ainda, quadrado) e com a presença dos 2 Gols/Metas, um em cada linha de fundo do espaço com a respectiva área do goleiro e com a presença deste em cada um dos Gols/Metas.

    O grupo de jogadores/alunos/atletas será dividido em 2 times/equipes, podendo o professor diferenciar ou não as equipes com coletes/camisetas/etc., ou mantê-los com as mesmas vestimentas, a fim de obrigá-los a "levantar a cabeça" para identificar os adversários e companheiros e/ou a se concentrar ainda mais.

    Cada uma das equipes tentará manter a posse de bola por meio de troca de passes com as mãos entre si, podendo o professor limitar em 3, 4, 5 ou mais segundos que cada um dos jogadores pode manter a posse, bem como 1, 2, 3 ou mais passadas que o jogador pode dar neste período. Ao mesmo tempo em que mantêm a posse de bola entre si, eles buscarão marcar/concluir os gols nas Metas predeterminadas para cada equipe, enquanto os adversários, obviamente, devem defender os respectivos Gols/Metas preestabelecidos, e assim sucessivamente.

Ocorre que a marcação dos gols não poderá ser com as mãos, mas, sim, com a cabeça na bola e de qualquer parte da quadra, podendo o jogador que estiver com a bola nas mãos jogá-la para o alto para ele mesmo cabeceá-la, ou, ainda, poderá/deverá passar para que outro cabeceie em direção ao gol.

Uma excelente opção de trabalho que este jogo proporciona é fazer com que os passes deixem de ser só com as mãos e possam tanto com os pés como com as mãos ou, ainda, que os passes, inclusive os cruzamentos para o cabeceio, sejam efetuados somente com os pés em 1, 2, 3, 5 ou em toques livres.

Ao mesmo tempo em que o objetivo do jogo é marcar o gol com a cabeça de qualquer parte do espaço, enquanto os passes são dados com as mãos, entre outras possibilidades a critério do professor, pode obrigar que o passe continue sendo com a mão, mas a recepção deverá ser com os pés/corpo/cabeça, a fim de estimular o domínio de bola. Pode, também, fazer o contrário, isto é, o passe com os pés/corpo/cabeça e a recepção com as mãos. Passes com as mãos e logo em seguida ou simultaneamente com saltos; com passe "senta-levanta"; saltitando com uma perna só; com ou sem goleiro a presença de um goleiro fixo; somente passes de cabeça e somente valendo a posse de bola (neste caso deixa de ser um jogo "Pré-desportivo" e passa a ser um jogo "Preliminar"), e muitas outras variações indicadas para que a equipe trabalhe os aspectos que o professor julgar necessário.

O professor também pode estipular um tempo ou número mínimo e/ou máximo de toques para que cada equipe efetue o cabeceio a gol, induzindo a "leitura tática" do jogo, ou, ainda, a uma rápida e a um maior número possível de cabeceios a gol durante o trabalho/atividade.

As reposições às bolas "fora" (linhas lateral e de fundo) podem ser estipuladas de diversas formas: Saídas por iniciativa do próprio jogador para ele mesmo, por meio de Tiros de Metas, de Bolas de Saída no Centro do Campo/Quadra, de Arremessos Laterais com as mãos ou Tiros Laterais com os pés, Escanteios com as mãos e/ou com os pés, ou por meio de outra forma que o professor julgar útil e importante para o bom andamento do trabalho.

É um "Jogo Pré-Desportivo" e de nível de execução médio.

9. **Caranguejo-bol:**

    Em um espaço predeterminado (quadra inteira de Futsal ou de Futebol *Society*, ou a área grande do campo de Futebol ou a metade dele ou o campo todo, ou qualquer espaço limitado por sinalizadores de modo proporcional e em formato retangular ou, ainda, quadrado) e com a presença dos 2 Gols/Metas, um em cada linha de fundo do espaço e com a presença de um goleiro em cada um dos Gols/Metas.

    O grupo de jogadores/alunos/atletas será dividido em 2 times/equipes, podendo o professor diferenciar ou não as equipes com coletes/camisetas/etc., ou mantê-los com as mesmas vestimentas, a fim de obrigá-los a se concentrar ainda mais na identificação dos colegas.

    Cada uma das equipes tentará manter a posse de bola por meio de troca de passes com os pés entre si. Ao mesmo tempo em que mantêm a posse de bola entre si, eles buscarão marcar/concluir os gols nas Metas predeterminadas para cada equipe, enquanto os adversários, obviamente, devem defender os respectivos Gols/Metas preestabelecidos, e assim sucessivamente.

    A fim de imitar um "caranguejo", como denota o nome do jogo, todos os jogadores devem ficar agachados (exceto o goleiro, que pode ficar em pé ou de joelhos), apoiados simultaneamente com as mãos e com os pés e de modo que fiquem em decúbito dorsal (de "barriga para cima"), podendo se deslocar somente desta forma. Na esteira, somente podem tocar, passar, dominar e chutar a gol com os pés/pernas/cabeça (a da obrigação do apoio sobre as mãos/braços há a proibição do seu uso no jogo), de maneira que haverá um trabalho dos músculos abdominais e dorsais, das pernas e dos braços relativamente forte, bem como um estímulo para a realização com maior frequência dos chutes de voleio e semivoleio do a que ocorre em um jogo normal de Futebol.

O professor deve permitir o uso ora somente da perna direita, ora somente da esquerda, ora de ambas, bem como deve ponderar acerca da duração deste jogo em face da exaustão muscular que pode causar, da aceitação dos alunos, da segurança destes tendo em vista a exposição do rosto à boladas, às condições do piso/solo, entre outras possibilidades. Pode, ainda, alternar o caranguejo-bol ora com um jogo normal ou outro jogo especialmente criado, ora voltando ao "caranguejo-bol" e assim sucessivamente, cabendo, pois, vale frisar, ao professor refletir quanto ao número de repetições deste jogo numa mesma aula/sessão e com quais atividades afins ele alternará a execução.

É um "Jogo Pré-Desportivo" e de nível de execução simples/fácil.

10. Jogo dos números:

Em um espaço predeterminado (quadra inteira de Futsal ou de Futebol *Society*, ou a área grande do campo de Futebol ou a metade dele ou o campo todo, ou qualquer espaço limitado por sinalizadores de modo proporcional e em formato retangular ou, ainda, quadrado) e com a presença dos 2 Gols/Metas, um em cada linha de fundo do espaço e com ou sem a presença de um goleiro em cada um dos Gols/Metas.

O grupo de jogadores/alunos/atletas será dividido em 2 times/equipes, podendo o professor diferenciar ou não as equipes com coletes/camisetas/etc., ou mantê-los com as mesmas vestimentas, e cada time ficará na intersecção entre as linhas de fundo e de modo equidistante da bola, que estará no meio do campo/quadra.

Cada jogador receberá um número (de 1 a 10, de 1 a 15, conforme o número de participantes), isto é, tanto a equipe A, como a equipe B terão o mesmo número de jogadores e cada uma delas terá um jogador número 1, 2, 3, e assim sucessivamente; e bola estará, como dito, no meio do campo/quadra.

Todos a postos, assim que o professor falar/gritar um número, por exemplo, o 5, o nº 5 de cada equipe deverá correr em direção à bola para disputar a sua posse e em seguida tentar marcar um gol na Meta do adversário, conclusão a gol esta que poderá ser de qualquer parte do espaço, ou somente de dentro da área, ou somente com a perna esquerda ou com a direita, somente após ou antes de um determinado tempo ou de n° de toques na bola etc., conforme o que o professor determinar.

O professor também pode chamar 2, 3 até 4 duplas simultaneamente para disputar uma jogada com um bola apenas, ou, ainda, se houver mais de uma bola, chamar 1, 2 ou quantas duplas for possível em face ao número existente de bolas para que disputem "internamente/dentro da dupla" a bola no sentido de driblar e de marcar um gol. Pode, também, tirar o gol e somente estar em jogo a posse de bola (neste caso deixa de ser um jogo "Pré-desportivo" e passa a ser um jogo "Preliminar").

É um "Jogo Pré-Desportivo" e de nível de execução simples/fácil.

11. Jogo da numeração:

Atenção porque este jogo, apesar da semelhança do nome, é diferente do Jogo dos números!

Em um espaço predeterminado (quadra inteira de Futsal ou de Futebol *Society*, ou a área grande do campo de Futebol ou a metade dele, ou qualquer espaço limitado por sinalizadores de modo proporcional e em formato retangular ou, ainda, quadrado) e sem a presença do Gol/Meta.

O grupo de jogadores/alunos/atletas será composto por apenas 1 time/equipe, e cada jogador receberá um número em sequência (de 1 a 15, de 1 a 20 etc.) ou uma letra do alfabeto.

O objetivo da equipe é a troca de passes com os pés entre si e de modo a respeitar a sequência numérica preestabelecida, podendo o professor limitar em 1, 2, 3 etc. os toques na bola de cada um dos jogadores, ou, ainda determinar que seja somente com a perna direita ou esquerda.

Quando a bola estiver, por exemplo, com o jogador n° 1, o jogador n° 2 deverá se apresentar e falar em voz alta seu respectivo número a fim de receber o passe, e tão logo isto ocorra, o n° 3 deverá fazer o mesmo e assim sucessivamente. Quando a bola chegar ao último jogador numerado, o jogador n° 1 se apresenta novamente.

Enquanto a bola passa de pé em pé/n° em n°, todos os jogadores deverão correr por todos os espaços do campo/quadra em diferentes ritmos, de frente, lateralmente, de costas, intercalando saltitos, saltitando numa depois na outra perna, "sentar-levantar", bem como o professor pode colocar na "corrente" 2 ou mais bolas, a fim de estimular a atenção dos alunos, já que não há adversário.

O professor pode, ainda, estipular um tempo máximo em que a bola deverá percorre toda a "corrente", da mesma forma que pode "provocar" os alunos a "baterem recordes" de tempo de passagem da bola na "corrente", entre outras possibilidades e variações. Pode, ainda, formar 2 ou mais equipes e promover uma "competição" entre elas no sentido de ver quem faz melhor/em menos tempo etc.

É um "Jogo Preliminar" e de nível de execução simples/fácil.

12. Jogo dos penais:

Em um espaço predeterminado (quadra inteira de Futsal ou de Futebol *Society*, ou a área grande do campo de Futebol ou a metade dele ou o campo todo, ou qualquer espaço limitado por sinalizadores de modo proporcional e em formato retangular ou, ainda, quadrado) e com a presença dos 2 Gols/Metas, um em cada linha de fundo do espaço e com a presença de um goleiro em cada um dos Gols/Metas.

O grupo de jogadores/alunos/atletas será dividido em 2 times/equipes, podendo o professor diferenciar ou não as equipes com coletes/camisetas/etc., ou mantê-los com as mesmas vestimentas, e cada time ficará posicionado em coluna na intersecção entre as linhas de fundo e de modo equivalente e equidistante das 2 bolas, que estarão em ambas as marcas penais.

Todos a postos, assim que o professor autorizar, o 1º de cada coluna se deslocará em velocidade em direção à bola que está na marca de pênalti a fim de marcar um gol por meio de um chute. Uma vez consignado o gol, o jogador deve pegar a bola, colocá-la na marca penal e deve retornar em velocidade para sua coluna, que está no outro lado do campo e, assim que bater/tocar na mão do companheiro, este estará autorizado a sair em direção à bola para executar a cobrança do pênalti no sentido de marcar um gol, e assim sucessivamente, até que todos "chutem/cobrem" o pênalti, vencendo a equipe a qual todos tenham marcado primeiramente os gols ou, ainda, a que marcar mais gols que a outra ao final da rodada/corrente.

Quanto à pergunta: e se o jogador errar o pênalti, o que ocorre? O jogador que errar deverá ir atrás da bola onde ela estiver, dado que o goleiro sendo da outra equipe certamente não devolverá a bola, deverá colocá-la novamente na marca penal e efetuar outra vez a cobrança; se errar novamente, ele deverá repetir a ação, mas, neste caso poderá colocar a bola 0,5 m ou 1 metro à frente da marca penal de modo a ficar mais perto do gol e assim sucessivamente até que chegue o mais próximo possível do Gol/Meta e possa marcar o gol mais facilmente, ressaltando que o goleiro adversário deverá ficar sempre em cima da linha de meta do Gol/Meta. Não é necessário aplicar esta dinâmica se a opção for pela contagem de gols por equipe ao final de cada rodada/corrente, como se explica a seguir.

Nesta outra possibilidade, fica estipulado/permitido somente 1 chute para cada jogador da equipe, vencendo aquela que anotar o maior número de gols na série. O número de séries a serem disputadas também é alvo da ponderação do professor, que decidirá acerca do número adequado e aconselhável, bem como pode determinar se o chute será com o pé direito ou com o pé esquerdo e de que lado/linha de fundo cada equipe partirá em direção à bola para efetuar o chute.

Apesar de ser um jogo em que não há uma dinâmica de jogo em sentido estrito, a presença do gol indica que se trata de um "Jogo Pré-desportivo" e de nível de execução simples/fácil.

13. **Futebol de duplas:**

Em um espaço predeterminado (quadra inteira de Futsal ou de Futebol *Society*, ou a área grande do campo de Futebol ou a metade dele ou o campo todo, ou qualquer espaço limitado por sinalizadores de modo proporcional e em formato retangular ou, ainda, quadrado) e com a presença dos 2 Gols/Metas, um em cada linha de fundo do espaço com ou sem a respectiva área do goleiro e com a presença deste em cada um dos Gols/Metas.

O grupo de jogadores/alunos/atletas será dividido em 2 times/equipes, podendo o professor diferenciar ou não as equipes com coletes/camisetas/etc., ou mantê-los com as mesmas vestimentas, a fim de obrigá-los a "levantar a cabeça" para identificar os adversários e companheiros e/ou a se concentrar ainda mais, e "cada jogador" (exceto o goleiro, que, neste caso, não poderá jogar como jogador de linha) da equipe é formado por uma dupla, que jogarão, correrão, marcarão etc., sempre de mãos e/ou braços dados.

Cada uma das equipes tentará manter a posse de bola por meio de troca de passes com os pés entre si, podendo o professor limitar em 1, 2, 3, ou mais toques na bola, ou, permitir toque livre para cada "jogador/dupla". Ao mesmo tempo em que mantêm a posse de bola entre si, eles buscarão marcar/concluir os gols nas Metas predeterminadas para cada equipe, enquanto os adversários, obviamente, devem defender os respectivos Gols/Metas preestabelecidos, e assim sucessivamente.

Vale salientar uma vez mais que "cada jogador" da equipe, como diz a própria denominação do jogo, corresponde a uma "dupla", que deverá se deslocar, driblar, dominar, chutar, marcar etc., sempre de mãos/braços dados formando, assim, efetivamente, um jogador cada dupla.

O professor pode estipular um tempo ou número mínimo e/ou máximo de toques para que cada equipe efetue a conclusão a gol, bem como pode retirar os Gols/Metas, passar os goleiros para a linha e somente jogar a posse de bola (neste caso deixa de ser um jogo "Pré-desportivo" e passa a ser um jogo "Preliminar"), entre outras variações.

As reposições às bolas "fora" (linhas lateral e de fundo) podem ser estipuladas de diversas formas: Saídas por iniciativa do próprio jogador para ele mesmo, por meio de Tiros de Metas, de Bolas de Saída no Centro do Campo/Quadra, de Arremessos Laterais com as mãos ou Tiros Laterais com os pés, Escanteios com as mãos e/ou com os pés, ou por meio de outra forma que o professor julgar útil e importante para o bom andamento do trabalho.

É um "Jogo Pré-Desportivo" e de nível de execução simples/fácil.

14. Futebol sem bola:

Em um espaço predeterminado (quadra inteira de Futsal ou de Futebol *Society*, ou a área grande do campo de Futebol ou a metade dele ou o campo todo, ou qualquer espaço limitado por sinalizadores de modo proporcional e em formato retangular ou, ainda, quadrado) e com a presença dos 2 Gols/Metas, um em cada linha de fundo do espaço com ou sem a respectiva área do goleiro e sem a presença deste nos Gols/Metas.

O grupo de jogadores/alunos/atletas será dividido em 2 times/equipes, podendo o professor diferenciar ou não as equipes com coletes/camisetas/etc., ou mantê-los com as mesmas vestimentas, a fim de obrigá-los a "levantar a cabeça" para identificar os adversários e companheiros e/ou a se concentrar ainda mais.

Cada uma das equipes tentará manter a posse de bola por meio de troca de passes entre si da bola, que será a própria pessoa e seu respectivo nome. Para passar a bola, o jogador deverá "falar em voz alta" o nome de qualquer um de seus companheiros e assim sucessivamente. Esta equipe "perde a bola" quando um adversário apenas toca/encosta (não precisa agarrar e deve ter cuidado e respeito com estes toques) com a mão no jogador que está "com a posse de bola". Ao mesmo tempo em que mantêm a "posse de bola" entre si, eles buscarão marcar/concluir os gols nas Metas predeterminadas para cada equipe, gol este que consiste na passagem do "jogador de posse de bola" pela linha das traves do Gol/Meta sem que nenhum adversário toque/encoste nele (uma espécie de *touch down* do Futebol Americano, só que sem a bola). Enquanto isso, os adversários devem, obviamente, tentar defender os respectivos Gols/Metas preestabelecidos e, assim que um "marcador" tocar com a mão no corpo do jogador adversário de "posse de bola", ele deve passar ao "ataque" em direção ao Gol adversário, passando a bola, justamente, "chamando/nominando" (*sic*) em voz alta o nome de um dos seus companheiros, de preferência de algum que esteja longe/distante de um adversário, e assim sucessivamente.

Vale salientar uma vez mais que, neste jogo, como diz a sua própria denominação, não há bola, e esta será o "nome" do jogador designado inicialmente pelo professor e para os que sucessivamente na sequência o que estava de posse de bola passá-la ou de quem "recuperar" a aludida posse.

O professor pode estipular um tempo ou número mínimo e/ou máximo para que cada equipe efetue a conclusão a gol, bem como pode retirar os Gols/Metas, entre outras variações.

O professor deve ficar atento para que os jogadores não saiam do espaço predeterminado e outras variações podem ser inseridas, uma vez julgadas úteis, producentes e/ou importante/interessante para o bom andamento do trabalho.

Como não há bola e, obviamente, por ser um jogo em que não há uma dinâmica de jogo em sentido estrito, mesmo assim a presença do gol indica que pode ser considerado um "Jogo Pré-desportivo" e de nível de execução de simples/fácil a médio.

15. Conquista de toques:

Em um espaço predeterminado (quadra inteira de Futsal ou de Futebol *Society*, ou a área grande do campo de Futebol ou a metade dele ou o campo todo, ou qualquer espaço limitado por sinalizadores de modo proporcional e em formato retangular ou, ainda, quadrado) e com a presença dos 2 Gols/Metas, um em cada linha de fundo do espaço com a respectiva área do goleiro e com a presença deste em cada um dos Gols/Metas.

O grupo de jogadores/alunos/atletas será dividido em 2 times/equipes, podendo o professor diferenciar ou não as equipes com coletes/camisetas/etc., ou mantê-los com as mesmas vestimentas, a fim de obrigá-los a "levantar a cabeça" para identificar os adversários e companheiros e/ou a se concentrar ainda mais no trabalho.

Cada uma das equipes tentará manter a posse de bola por meio de troca de passes com os pés entre si, e cada jogador de ambas as equipes iniciam o jogo coletivo somente podendo dar no máximo 2 toques na bola, sob pena da perda da posse da bola. Ao mesmo tempo em que mantêm esta posse entre si, eles buscarão marcar/concluir os gols nas Metas predeterminadas para cada equipe, enquanto os adversários, obviamente, devem defender os respectivos Gols/Metas preestabelecidos, e assim sucessivamente.

Ocorre que a marcação de 1 gol permite à equipe que marcou este gol aumentar o limite de toques na bola de cada jogador para 3, isto é, neste caso, haverá uma equipe que continuará com o limite de 2 toques para cada jogador e outra que passará a ter o limite de 3 toques também para cada jogador. Na medida em que o jogo prosseguir, se a equipe que marcou o gol e que adquiriu o direito de dar 3 toques como limite marcar novamente 1 gol, os seus jogadores passarão a ter o direito de tocar livremente na bola; e, ao marcar novamente mais 1 gol (seria o 3° gol), somente nesta situação a contagem do jogo passa a ser 1 x 0, devendo este time que está vencendo por 1 x 0 voltar ao limite de 2 toques na bola para cada jogador, e assim sucessivamente.

O professor pode determinar outros limites de n° de toques, como, por exemplo, iniciar em 2, passar para 4 e depois para livres, ou, ainda, começar no 3, passar para 5, depois para o livre; pode, ainda, adaptar este jogo e tirar os gols, estabelecendo que somente a posse de bola (neste caso deixa de ser um jogo "Pré-desportivo" e passa a ser um jogo "Preliminar"), ou seja, toda vez que uma equipe atingir 10 ou 13 ou 15 ou 20 passes entre si sem a perda da posse da bola, dependendo do que for estipulado, esta equipe adquire o direito de aumentar o n° limite de toques para cada jogador, entre outras variações indicadas para que a equipe trabalhe os aspectos que o professor julgar necessário: uma equipe joga ora com mais, ora com menos jogadores; os jogadores somente tocam na bola ora com a perna direita, ora com a perna esquerda; em número maior de subdivisões de equipes e em espaços menores etc.

O professor também pode estipular um tempo mínimo antes de concluir e/ou máximo para que cada equipe efetue a conclusão a gol, induzindo a "leitura tática" do jogo, ou, ainda, a uma rápida e a um maior número possível de conclusões a gol durante o trabalho/atividade.

As reposições às bolas "fora" (linhas lateral e de fundo) podem ser estipuladas de diversas formas: Saídas por iniciativa do próprio jogador para ele mesmo, por meio de Tiros de Metas, de Bolas de Saída no Centro do Campo/Quadra, de Arremessos Laterais com as mãos ou Tiros Laterais com os pés, Escanteios com as mãos e/ou com os pés, ou por meio de outra forma que o professor julgar útil e importante para o bom andamento do trabalho.

É um "Jogo Pré-Desportivo" e de nível de execução médio.

16. **Jogo dos Gates (Gate = Portão em inglês; neste jogo são pequenos e vários "portões" em formato de golzinhos de 1 a 2 m de largura cada um dispostos em todo o campo/quadra):**

Em um espaço predeterminado (quadra inteira de Futsal ou de Futebol *Society*, ou a área grande do campo de Futebol ou a metade dele, ou qualquer espaço limitado por sinalizadores de modo proporcional e em formato retangular ou quadrado), sem a presença do Gol/Meta e com a marcação de diversos gates/golzinhos de 1 a 2 m de largura cada um e espalhados por diversos pontos do espaço.

O grupo de jogadores/alunos/atletas será dividido em 2 times/equipes, podendo diferenciá-las com coletes/camisetas/etc., ou mantê-los com as mesmas vestimentas, a fim de obrigá-los a "levantar a cabeça" e/ou a se concentrar ainda mais.

Cada uma das equipes tentará manter a posse de bola por meio de troca de passes com os pés entre si, podendo o professor limitar em 1, 2, 3, 4 etc. os toques na bola de cada um dos jogadores, ou, ainda, liberá-los para tocar/conduzir/driblar livremente; à equipe adversária compete, obviamente, defender os respectivos "portõezinhos/gates/golzinhos" preestabelecidos, e assim sucessivamente.

O objetivo dos jogadores da equipe de posse de bola é passá-la para um companheiro de modo que a bola cruze por dentro do golzinho/portão/gate antes de chegar ao colega; a cada passe executado desta forma, isto é, com a bola saindo de um jogador, passando por dentro do gate/portão/golzinho e chegando a um companheiro de equipe sem que nenhum adversário toque na bola (pode-se ter uma tolerância em face a simples "raspões" nos adversários antes de chegar ao companheiro), computa-se 1 ponto para esta equipe, e assim sucessivamente

Da mesma forma, além do objetivo primordial do jogo, o professor pode também permitir que o passe somente seja feito após um número mínimo de toques na bola (obrigando o jogador, sobretudo o iniciante, a conduzir a bola e a driblar o adversário), ou somente com a perna direita ou somente com a esquerda, com n° de jogadores a menos ou a mais, entre outras possibilidades. Pode, também, indicar que, mesmo que não haja a passagem da bola entre o "golzinho/gate", que cada passe normal seja contado e quando se chegar a um determinado número (10, 15, 20 passes etc.), a equipe marca mais um ponto/gol, além daqueles possíveis em face ao "portãozinho/gate", conforme já descrito. Pode, ainda, além disso, colocar Gols/Metas grandes e com goleiros, possibilitando a marcação de gols literalmente falando (neste caso, deixa de ser um jogo "Preliminar" e passa a ser um jogo "Pré-desportivo").

As reposições às bolas "fora" (linhas lateral e de fundo) podem ser estipuladas de diversas formas: Saídas por iniciativa do próprio jogador para ele mesmo, por meio de Tiros de Metas, de Bolas de Saída no Centro do Campo/Quadra, de Arremessos Laterais com as mãos ou Tiros Laterais com os pés, Escanteios com as mãos e/ou com os pés, ou por meio de outra forma que o professor julgar útil e importante para o bom andamento do trabalho.

É um "Jogo Preliminar" e de nível de execução médio.

17. Rouba bola:

Em um espaço predeterminado (quadra inteira de Futsal ou de Futebol *Society*, ou a área grande do campo de Futebol ou a metade dele, ou qualquer espaço limitado por sinalizadores de modo proporcional e em formato retangular ou quadrado) e sem a presença do Gol/Meta.

Este jogo proporciona diversas variações em seu formato e depende do número de bolas disponíveis. Pode-se, então, inicialmente, colocar cada jogador que está com bola no espaço preestabelecido e determinar que, ao sinal, comecem a conduzir cada um a sua bola livremente sem bater uma na outra e sem que os jogadores se encostem um no outro, revezando sempre com os alunos que estão aguardando no lado de fora sem a bola.

Num segundo momento, pode-se colocar cada jogador que está com bola no espaço preestabelecido e determinar que, ao 1º sinal, comecem a conduzir cada um a sua bola livremente sem bater uma na outra e sem que os jogadores se encostem um no outro e, no 2º sinal, além dos jogadores conduzirem e protegerem suas bolas, poderão "roubar" a bola do outro, jogando-a para longe ou para fora do espaço indicado, fazendo com que gradualmente o número de jogadores seja reduzido até "sobrar" o campeão.

O professor pode reduzir ou aumentar o espaço; pode determinar, também, somente o uso do pé direito ou do pé esquerdo.

Outra variação interessante pode ser aquela em que se coloca todos os jogadores com bola no espaço ao mesmo tempo em que há mais 1, 2, 3 ou mais jogadores sem a bola, a fim de que a "roubem" a bola de qualquer um dos que estão com ela, e assim sucessivamente.

É um "Jogo Preliminar" e de nível de execução simples/fácil.

18. Estafeta-condução (Estafeta = *staffetta* = mensageiro):

Em um espaço predeterminado (quadra inteira de Futsal ou de Futebol *Society*, ou a área grande do campo de Futebol ou a metade dele ou o campo todo, ou qualquer espaço limitado por sinalizadores de modo proporcional e em formato retangular ou, ainda, quadrado) e com ou sem a presença de Gols/Metas, e com ou sem a presença de goleiros.

O grupo de jogadores/alunos/atletas será dividido em 2 ou mais times/equipes com o mesmo n° de jogadores para cada, podendo o professor diferenciar ou não as equipes com coletes/camisetas/etc., ou mantê-los com as mesmas vestimentas, e cada time ficará posicionado em colunas (2 ou mais) uma ao lado da outra na linha de fundo ou na linha lateral ou em outra linha predeterminada dependendo da direção escolhida.

Todos a postos e com uma bola à frente com o 1° da coluna, assim que o professor autorizar, este 1° de cada coluna se deslocará em velocidade em direção a um ponto estipulado conduzindo a bola com os pés e retornará também em velocidade, entregando a bola ao 2° e assim consecutivamente até que o último execute a condução. Vence a disputa sempre a equipe que seus membros completarem o percurso primeiramente.

As variações são inúmeras, que podem ser somente condução com o pé esquerdo ou com o pé direito, pode ser conduzindo a bola e correndo lateralmente, de costas, saltando somente com uma ou com ambas as pernas, agachando-se e rolando a bola com as mãos e levantando-se e conduzindo-a com os pés de modo alternado, com os jogadores partindo das posições sentado, deitado em decúbito ventral ou dorsal, saltitando em uma ou nas 2 pernas etc. Pode ser partindo de pé, corre, senta, levanta e volta, corre, deita, levanta e volta, em 2 a 2 passando a bola, com chutes a gol, entre inúmeras possibilidades com e sem bola. Trata-se de uma excelente atividade para o trabalho físico-técnico que visa ao desenvolvimento das valências Velocidade e Potência.

É um "Jogo Preliminar" e de nível de execução simples/fácil.

19. Treino alemão:

Em um espaço predeterminado (quadra inteira de Futsal ou de Futebol *Society*, ou a área grande do campo de Futebol ou a metade dele ou o campo todo, ou qualquer espaço limitado por sinalizadores de modo proporcional e em formato retangular ou, ainda, quadrado) e com a presença de 1 Gol/Meta na linha de fundo do espaço com a respectiva área do goleiro, com a presença deste no Gol/Meta e com a devida sinalização do meio de campo/quadra quer seja com a própria risca, que seja com cones ou, ainda, com sinalizadores.

O grupo de jogadores/alunos/atletas será dividido em 3 times/equipes (A, B e C), podendo o professor diferenciar ou não as equipes com coletes/camisetas/etc., ou mantê-los com as mesmas vestimentas, a fim de obrigá-los a "levantar a cabeça" para identificar os adversários e companheiros e/ou a se concentrar ainda mais no trabalho.

Como há apenas 1 Gol/Meta, ficará 1 goleiro neutro, que pode ir revezando com outros da posição, e o professor ficará no meio de campo comandando o trabalho e distribuindo as bolas para a disputa entre a equipe A que ataca e a B que defende o Gol/Meta, enquanto a equipe C fica de fora do jogo atrás da linha de fundo do Gol/Meta, esperando atentamente a sua vez para entrar em campo, já que esta entrada é iminente.

Conforme exposto, a equipe A ataca e a B defende, no que se pode denominar meia-linha, isto é, o ataque contra a defesa. Se a equipe A marcar 1 gol, o jogo recomeça com o professor no meio de campo/quadra soltando a bola para a equipe A que marcou o gol, enquanto imediatamente a C deve entrar na defesa no lugar da B que deverá sair rapidamente do campo/quadra pelas laterais e em direção à linha de fundo do Gol/Meta onde está o goleiro, onde aguardará sua vez de voltar.

Assim, neste caso e circunstâncias, estará a equipe A no ataque, a C na defesa e a B na linha de fundo fora do campo/quadra aguardando o próximo desfecho. Se a equipe C recuperar a bola e um de seus jogadores conseguir ultrapassar a linha divisória do meio conduzindo a bola, imediatamente esta equipe C passará a atacar, a equipe A que estava no ataque sairá de campo/quadra e a equipe B rapidamente entra defendendo o Gol/Meta.

Se a equipe B que entrou na defesa recuperar a bola, mas não conseguir passar o meio e a C retomar a bola, o jogo ataque × defesa continua normalmente até que ou a C marque o gol e a A retorne como defensora, ou até que a B conduza a bola e passe o meio se tornando atacante, e a A sempre entrará como defensora.

A fim de dinamizar ainda mais, o professor pode estipular tempo mínimo de posse antes de concluir a gol, ou tempo máximo para a conclusão a gol sem a perda da posse de bola; pode limitar em 2, 3, 4 ou mais toques por jogador além do tradicional "toques livres"; pode determinar a troca das equipes logo após um sinal de apito, portanto, sem que o gol ou a passagem pelo meio tenham se caracterizado; pode estipular que a troca das equipes ocorra no caso de Escanteio ou de Tiro de Meta, entre outras e diversas possibilidades.

As reposições após os gols ou passagem do meio-campo serão promovidas pelo professor no meio de campo/quadra ou em outra parte em que ele julgar útil para o trabalho, e as bolas "fora" (linhas lateral e de fundo, além das faltas...) podem ser estipuladas de diversas formas, mas, de preferência, de acordo com as regras de regência do assunto, isto é, ou por meio de Tiro de Metas, de Arremessos Laterais com as mãos ou Tiros Laterais com os pés, e de Escanteios com as mãos ou com os pés, de acordo com o "Futebol" (Campo, *Society*, Futsal, Areia) que se esteja treinando, além dos tiros livres diretos e indiretos.

É um "Jogo Pré-desportivo" e de nível de execução difícil/complexo.

20. **Ataque/defesa:**

Em um espaço predeterminado (quadra inteira de Futsal ou de Futebol *Society*, ou a área grande do campo de Futebol ou a metade dele ou o campo todo, ou qualquer espaço limitado por sinalizadores de modo proporcional e em formato retangular ou, ainda, quadrado) e com a presença dos 2 Gols/Metas, um em cada linha de fundo do espaço e com ou sem a presença de um goleiro em cada um dos Gols/Metas.

O grupo de jogadores/alunos/atletas será dividido em 4 colunas, podendo o professor diferenciar ou não os jogadores entre si, ou mantê-los com as mesmas vestimentas, e 2 colunas ficarão posicionadas na intersecção entre as linhas de fundo e lateral, sendo cada jogador com uma bola, e as outras 2 colunas ficarão nas laterais de defesa correspondentes às colunas com bola, próximo à intersecção entre a linha lateral e a do meio, e na outra lateral, na mesma direção haverá um golzinho de 1 m a 2 m de largura.

Conforme mencionado, nas laterais 2 colunas ficarão sem bola, ao passo que as que estão na linha de fundo estarão cada jogador com uma bola, e o objetivo do jogador da linha de fundo é conduzir a bola até o outro lado da quadra a fim de marcar um gol de dentro da área.

Ao sinal do professor, tão logo o jogador com bola saia da linha de fundo conduzindo a bola, o 1° jogador da 1ª coluna de defesa sairá em direção ao meio da quadra no sentido de se opor a este atacante e, também simultaneamente, o 1° jogador da outra coluna sairá também para o meio da quadra para ser o defensor de cobertura, de retaguarda.

Se o jogador com bola ultrapassar o 1° defensor (que somente pode defender na 1ª meia-quadra) e passar para a outra quadra, aí o 2° defensor (o da retaguarda) é quem protegerá o gol.

Se o defensor recuperar a bola, ele tem 2 opções: ou tenta marcar um ponto chutando a bola diretamente no golzinho da sua meia--quadra, ou passa a bola para que o defensor que está na outra meia-quadra (um defensor sempre deve ficar na sua meia-quadra e nunca pode invadir a outra), mas deve ficar atento para o fato de que o jogador que era atacante (que saiu com a bola) passa a defender estes golzinhos e, se recuperá-la, pode ir ao ataque novamente; daí o nome ataque/defesa, justo porque a qualquer momento as posições de atacante e defensor podem se inverter.

Finalizada a jogada, ou dado o sinal pelo professor, os 3 jogadores que estavam em cena voltam às suas colunas de origem, e uma nova jogada é reiniciada a partir da outra coluna (ora sai um jogador com bola de uma coluna, ora sai da outra oposta), e assim sucessivamente.

A fim de que todos possam vivenciar todas as situações, o professor deve alterar o posicionamento das colunas em sentido horário ou, se preferir, anti-horário.

Ressalta-se que este jogo Ataque/Defesa não é sinônimo de uma atividade Ataque contra Defesa dentro da dinâmica normal de um jogo de Futebol!

É um "Jogo Pré-desportivo" e de nível de execução difícil/complexo.

21. **Jogo da grande área:**

Em um espaço predeterminado (quadra inteira de Futsal ou de Futebol *Society*, ou a área grande do campo de Futebol ou a metade dele ou o campo todo, ou qualquer espaço limitado por sinalizadores de modo proporcional e em formato retangular ou, ainda, quadrado) e com a presença de 1 Gol/Meta na linha de fundo do espaço com a respectiva área do goleiro e com a presença deste no Gol/Meta.

Serão 3 atacantes que ficarão de costas para o Gol/Meta e, além do goleiro, mais 3 defensores (todos os jogadores participantes deverão se revezar em todas as posições/funções que a dinâmica do jogo solicita) que ficarão inicialmente posicionados no espaço que, levando-se em conta um campo de Futebol, compreende entre a área pequena e a marca penal. Os 3 defensores marcam os 3 atacantes, que receberão a bola que virá alternadamente de 5 ou mais diferentes pontos, e cada um terá um jogador incumbido de fazer o passe e devidamente numerado, partindo de uma das laterais (próximo à risca da grande área) e formando uma espécie de "meia-lua" até chegar na outra lateral, a saber (referencial para quem olha o Gol/Meta de frente): n° 1 = na lateral direita, próximo à intersecção da linha da grande área com a linha e fundo; n° 2 = na meia-direita, próximo ao "bico" da grande área; n° 3 = na parte central, dentro da meia-lua da grande área; n° 4 = na meia-esquerda, próximo ao "bico" da grande área; n° 5 = na lateral direita, próximo à intersecção da linha da grande área com a linha e fundo, de modo a ficar em local correspondente/oposto ao n° 1.

O comando é do professor que, ao falar/gritar um dos 5 números, o jogador ali posicionado com a bola fará o passe para um dos jogadores de ataque que, ao recebê-la, juntamente com seus 2 colegas, e mesmo com a marcação em cima dos 3 defensores, tentarão manter a bola, driblar, passar, concluir a gol, enfim, um jogo entre atacantes e defensores.

O professor deverá deixar a jogada prosseguir por um determinado/razoável tempo e/ou pelo período que entender necessário para, logo em seguida, falar/gritar outro número, de onde será passada a bola para os atacantes, iniciando uma nova "rodada" ataque × defesa. Tão logo o professor fale/grite um novo número, a bola que estava em jogo deve ser "abandonada" pelos jogadores e deve ser recuperada por outro ou pelo jogador que está no sinalizador, a fim de que, quando o seu número for chamado novamente, ele já esteja pronto com a bola para efetuar o passe aos atacantes, e assim sucessivamente.

Entre as variações possíveis, está o limite de tempo e/ou de toques para que a equipe conclua a gol, o limite de tempo e/ou de toques que cada jogador possa dar, a superioridade numérica da defesa ou a superioridade numérica do ataque, somente jogar/concluir com a perna direita ou somente jogar/concluir com a perna esquerda.

É um "Jogo Pré-desportivo" e de nível de execução difícil/complexo.

22. **Ping-pong (este jogo também se enquadra no campo dos jogos culturais, apesar de mais restrito à cultura própria dos futebolistas profissionais; Conferir Capítulo 12):**

Em um espaço reduzido, que pode ser a metade da quadra de Voleibol ou a parte que se refere à zona de saque do Tênis, ou qualquer espaço limitado por sinalizadores de modo proporcional e em formato retangular ou, ainda, quadrado, e com uma divisória entre cada metade da quadra na dimensão de 0,5 m a 1 m de altura, que pode ser uma rede de Tênis, ou cones enfileirados lado a lado, ou, ainda, um "Banco Sueco", ou se não tiver nenhum, somente uma linha no chão.

Cada equipe pode ser composta por 1, 2, 3, até 6 jogadores por equipe, dependendo do espaço limitado. Como denota o próprio nome do jogo, é semelhante ao jogo de Tênis de Mesa e também a um jogo de Voleibol, isto é, deve-se tentar fazer com que a bola "pingue" mais de uma vez na quadra do adversário de modo que este não consiga devolver, ou, se conseguir, que jogue a bola para fora ou na rede, e assim sucessivamente.

Não é permitido o uso das mãos/braços, exceto no início do ponto/saque para jogar a bola ao alto e após um "pingo" no chão ou diretamente no ar para sacar; o saque continuará sendo dado por aquele que continuar marcando ponto (o inicial pode ser por sorteio ou por cortesia, oferecido ao adversário), deve ser dado da linha de fundo com a bola no alto, como mencionado, ou saindo do chão.

Somente a primeira bola vinda do saque pode tocar no chão e cada equipe somente pode dar no máximo até 3 toques antes de devolver (exceto com as mãos/pernas, é permitido devolver com qualquer parte do corpo) e, se tiver 2 ou mais jogadores por equipe, cada um somente pode dar 1 toque por vez cada um; após uma devolução correta, também somente a primeira bola pode tocar no solo, caso contrário, o ponto e o saque serão do adversário; pode, se quiser, devolver diretamente para a outra quadra sem a necessidade do toque no chão e em apenas 1 toque, em 2, ou em até 3 toques para cada equipe, como mencionado.

Pode ser combinado entre as equipes que, ou os jogadores podem dar mais de um toque, ou que valerá um toque no chão em qualquer ponto da disputa do ponto, ou que não haja nenhum toque no chão, ou que sejam permitidos mais de 3 toques por equipe, entre outras variações.

É um "Jogo Preliminar" e de nível de execução médio.

CONSIDERAÇÕES IMPORTANTES

Estes jogos podem ser conhecidos por outros nomes, dependendo da região do Brasil (e até do mundo, até porque na maioria deles o idioma é outro e a tradução/versão para o Português poderá ser outra), bem como é indicado ao professor que ele estude e aplique diferentes variações dentro de uma mesma dinâmica, no sentido de ter mais subsídios para trabalhar.

Os jogos especialmente criados para a aprendizagem, o desenvolvimento e o aperfeiçoamento do Futebol devem ser utilizados após uma detida análise do grupo de alunos e/ou de jogadores, nível de desempenho etc.; e, no que diz respeito à estrutura de uma aula, podem ser usados tanto como atividades ligadas ao aquecimento, como dentro da parte principal propriamente dita, ou, ainda, dentro desta estrutura de aula, serem utilizados no quesito "atividades moderadas" (Conferir Capítulo 4).

Por fim, de boa nota reiterar que todos os jogos retromencionados são atividades que se enquadram perfeitamente no conceito do método de trabalho denominado "Natural/Resolutivo/Indireto", dado que, de uma forma ou de outra, estão presentes situações de jogo concretas que apresentam problemas relacionados ao jogo que devem ser resolvidas pelos jogadores e passíveis de que ocorram durante uma partida, isto é, vale frisar, existe a necessidade de solução de problemas ligados ao jogo de Futebol em si e propriamente dito (Conferir Capítulo 15).

Apesar de não serem jogos especialmente criados em sentido estrito, os jogos reduzidos de Futebol e respectivas dinâmicas simples e puras também são úteis sobremaneira, bem como se subsumem também ao conceito de trabalho denominado Método "Natural/Resolutivo/Indireto".

Pode-se citar como exemplo de jogos reduzidos 1 contra 1 (1 × 1), 2 × 1, 2 × 2, 3 × 2, 3 × 3 etc., conduzindo, driblando e passando com ou sem os Gols/Metas, com ou sem limites de toques na bola em espaço maior ou menor, entre outra possibilidades.

Vale destacar que estas atividades, além de simples, são de fácil execução, tornando-se, portanto, um excelente instrumento de trabalho para que o professor possa promover o aprendizado, o desenvolvimento, o aprimoramento e o aperfeiçoamento do Futebol com eficácia, proficiência e com motivação.

Trata-se, pois, de ferramenta de trabalho de grande utilidade colocada à disposição dos profissionais da área e, como tal, deve ser usada pelos professores no sentido da excelência e da qualidade do seu trabalho.

REFERÊNCIAS BIBLIOGRÁFICAS

ANDRADE JUNIOR, J. R. *Futsal:* Aquisição, Iniciação e Especialização. Curitiba: Juruá, 2009.

APOLO, A. *Futsal – Metodologia e Didática na Aprendizagem.* 2. ed. São Paulo: Phorte, 2007.

BROTTO, F. O. *Jogos Cooperativos:* Se o Importante é Competir, o Fundamental é Cooperar. São Paulo: CEPEUSP, 1995.

FERNANDES, J. L. *Futebol:* Ciência, Arte ou Sorte! Treinamento para Profissionais – Alto Rendimento Preparação Física, Técnica, Tática e Avaliação. São Paulo: Pedagógica e Universitária, 1994.

FERNANDES, J. L. *Futebol:* da Escolhinha de Futebol ao Futebol Profissional. São Paulo: EPU, 2004.

FONSECA, G. M. M.; SILVA, M. A. *Jogos de Futsal:* da Aprendizagem ao Treinamento. Caxias do Sul/RS: EDUCS, 2002.

GODIK, M. A. *Futebol:* Preparação dos Futebolistas de Alto Nível. Rio de Janeiro: Grupo Palestra Sport, 1996.

LOPES, Alexandre Apolo da Silveira Menezes; SILVA, Sheila Aparecida Pereira dos Santos. *Método Integrado de Ensino no Futebol.* São Paulo: Phorte, 2009.

MARTINS, P. S. *Curso de Futebol de Base na Base. Aulas/Palestras no.* Graduação/ Curso de Educação Física – UNISA/Universidade de Santo Amaro/SP e Alphaville Tênis Clube/SP e Clube Alto dos Pinheiros/SP. Apontamentos. São Paulo, 2007 a 2011.

MELO, R. S. *Futebol:* 1000 Exercícios. Rio de Janeiro: Sprint, 2007.

MELO R. S.; MELO L. *Ensinando Futsal.* Rio de Janeiro: Sprint, 2007.

MUTTI, D. *Futsal:* Da Iniciação ao Alto Nível. 2. ed. São Paulo: Phorte, 2003.

PAGANELLA, M. A. *Futebol, Futsal e Futebol Society, Aulas de.* Graduação/Curso de Educação Física – UNISA/Universidade de Santo Amaro/SP e UNIÍTALO/Centro Universitário Ítalo-Brasileiro/SP. Apontamentos. São Paulo, 2010-2011.

PAULO, E. A. *Futebol – Treinamento Global em Forma de Jogos Reduzidos.* Jundiaí/ SP: Fontoura, 2009.

RIGUEIRA, A. *Futebol Prático:* Preparação Física, Técnica e Tática. Viçosa/MG: Universidade de Viçosa, 1998, vol. I.

SILVA, P. A. da. *3000 Exercícios e Jogos para Educação Física Escolar.* Rio de Janeiro: Sprint, 2007.

14 CONCEITOS GERAIS E FUNDAMENTOS TÉCNICOS OFENSIVOS E DEFENSIVOS PRÓPRIOS DO GOLEIRO DE FUTEBOL

Conceitualmente falando, o Goleiro pode ser considerado como o primeiro atacante e o último defensor de uma equipe de Futebol, nada obstante a grande e marcante diferença que há da sua posição/função em relação às demais.

Por sua vez, Fundamento, como diz o próprio nome, significa a base, a essência de algo e, no caso do Futebol, os Fundamentos são as ações, especialmente as individuais, que cada aluno/atleta/jogador deve realizar quando estiver de posse de bola (ofensivo), ou quando a referida posse da bola for do adversário (defensivo) (Conferir também Capítulos 8 e 9).

Na abordagem que se segue, são enumerados os Fundamentos Técnicos Ofensivos e os Defensivos próprios do Goleiro de Futebol, extensivo aos outros ramos da modalidade, isto é, o Futsal, o Futebol *Society* e o Futebol de Areia, respeitadas as suas respectivas peculiaridades.

No que diz respeito à parte defensiva, além dos Fundamentos Defensivos propriamente ditos próprios do Goleiro de Futebol, estão destacadas as possibilidades/combinações por meio das quais é factível ao Goleiro executar cada uma das defesas.

No que tange aos Fundamentos Ofensivos, além dos inerentes ao Goleiro (reposições) que requerem o uso das mãos, é perceptível a presença de Fundamentos Ofensivos similares aos dos jogadores de linha (reposições com os pés), até porque é permitido por regra que o goleiro atue como jogador de linha em diversas e diferentes circunstâncias do jogo.

Quanto aos aspectos físicos e psicológicos (Conferir Capítulos 7 e 11) próprios do Goleiro, também estão enumeradas algumas situações e contextualizações que devem ser observadas pelo professor, lembrando que, no caso do Futsal, Futebol *Society* e Futebol de Areia, a estatura (altura) e a envergadura são também importantes, apesar de não serem tão significativas quanto para o Futebol que, pelas dimensões da Trave/Meta (7,32 m × 2,44 m), requer que estas características ligadas ao biotipo estejam presentes.

No que concerne aos aspectos táticos (Conferir Capítulo 10), o Goleiro deverá se posicionar sempre em relação à bola, aos companheiros e aos adversários de modo conjugado e de acordo com as circunstâncias da jogada. Por exemplo, se a sua equipe está no ataque, o Goleiro deverá se adiantar até próximo à meia-lua da grande área e do lado correspondente onde está a bola no momento do ataque (direita ou esquerda), a fim de facilitar uma saída com os pés em caso de conta-ataque contra si.

Em outro exemplo, se o ataque vier pelo lado esquerdo da sua defesa é próximo ao Gol e do lado esquerdo que o Goleiro deve ficar para "fechar o ângulo"; já se for um escanteio contra ele neste mesmo lado deverá se posicionar do lado direito da Trave, pois o tempo maior que a bola leva para percorrer do ponto de escanteio até o Gol facilita o deslocamento de frente e não de costas.

Por fim, em todas as "bolas paradas" (bolas oriundas do já mencionado escanteio, ou de arremessos laterais, ou, ainda, de cobranças de faltas frontais e laterais de curta, média e longa distância) há um posicionamento tático correto e adequado a ser adotado em relação ao local de onde a bola parte e tendo em vista a localização em que se encontram os companheiros e adversários, cabendo, pois, ao professor mostrar e indicar estes detalhes ao Goleiro em busca do melhor resultado prático e do mais eficaz efeito positivo para a sua equipe.

FUNDAMENTOS TÉCNICOS OFENSIVOS PRÓPRIOS DO GOLEIRO DE FUTEBOL

1º. Reposições de bola com as mãos
1. Pelo alto com uma ou com as duas mãos.
2. Por baixo (rasteira) com uma das mãos ou com as duas mãos.
3. A meia-altura com uma ou com as duas mãos.

2º. Reposições de bola com os pés
1. Chute ou passe de Pivô – origem do chute/passe: bola rasteira/no chão.
2. Chute ou passe de Cruzamento – origem do chute/passe: bola rasteira/no chão.
3. Chute ou passe de Sem-pulo – origem do chute/passe: bola do/no alto na posse do Goleiro com as mãos.
4. Chute ou passe de Bate-pronto – origem do chute/passe: bola do/no alto na posse do Goleiro com as mãos.
5. Chute ou passe de Voleio – origem do chute/passe: bola do/no alto na posse do Goleiro com as mãos.
6. Chute ou passe de Semivoleio – origem do chute/passe: bola do/no alto na posse do Goleiro com as mãos.
7. Chute ou passe Simples – origem do chute/passe: bola rasteira/no chão.

FUNDAMENTOS TÉCNICOS DEFENSIVOS PRÓPRIOS DO GOLEIRO DE FUTEBOL

1º. Fundamentos/Tipos/Formas de Defesas propriamente ditas
1. Defesa Frontal Alta.
2. Defesa Frontal Média.
3. Defesa Frontal Baixa.
4. Defesa Frontal Rasteira.
5. Defesa Lateral Alta.
6. Defesa Lateral Média.

7. Defesa Lateral Baixa.
8. Defesa Lateral Rasteira.
9. Saídas nos pés do Atacante.
10. Saídas em Cruzamentos.
11. Defesa com o Corpo.
12. Defesa com os Pés.

2º. Tipos/Formas de Execução da Defesa: os Fundamentos/Formas/Tipos de Defesas são executados por meio de:

1. Um Encaixe.
2. Uma Empunhadura.
3. Uma Espalmada.
4. Uma Rebatida.
5. Uma Defesa em 2 Tempos.
6. Um "Soco" na bola com uma ou duas mãos.

ASPECTOS FÍSICOS E PSICOLÓGICOS INERENTES AO GOLEIRO

1. Coragem.
2. Concentração.
3. Atenção.
4. Motivação/Ânimo.
5. Controle Emocional.
6. Serenidade/Sobriedade/Comedimento.
7. Liderança.
8. Potência.
9. Força.
10. Velocidade de Reação de membros e de deslocamento a curta distância.
11. Agilidade.
12. Flexibilidade.
13. Coordenação óculo-manual e óculo-pedal.
14. Coordenação espaço-tempo.

CONSIDERAÇÕES IMPORTANTES

O professor deverá pesquisar e/ou ele mesmo deverá criar e propor exercícios aos seus alunos/jogadores por meio dos processos pedagógicos e/ou situações retiradas da dinâmica de jogo (incluindo jogos criados) tanto para a aprendizagem, como para o desenvolvimento e o aperfeiçoamento dos Fundamentos Técnicos Ofensivos e Defensivos próprios do Goleiro de Futebol.

Ao se trabalhar estes Fundamentos Técnicos Ofensivos e Defensivos próprios do Goleiro e suas respectivas possibilidades de aplicação, importantes subsídios estão sendo dados aos que gostam de jogar no Gol/Meta no sentido de uma boa e segura execução destes. Além disso, eventualmente, jogadores não especializados também podem atuar nesta posição/condição/função em diversas e diferentes circunstâncias de um jogo/treino/aula.

Este trabalho tem o inegável condão de estimular a confiança e a autoestima do aluno/jogador, importantes e relevantes para o sucesso não apenas dos que gostam de jogar no Gol/Meta, mas, também, para que todos tomem conhecimento das peculiaridades e das dificuldades que a posição/função de Goleiro exige e requer.

Neste sentido, todos os alunos/jogadores devem ter a exata noção da execução e da aplicabilidade de cada Fundamento (recomenda-se que a todos os alunos/jogadores "de linha" seja proposto um mínimo de vivência nesta posição/função, a fim de que eles experimentem e comprovem — e valorizem — "in loco" o quão difícil são as suas tarefas e obrigações), sobretudo os defensivos e, para isto, o professor deve fazer uso de atividades ligadas aos métodos de trabalho que existem para a aprendizagem, o desenvolvimento e o aprimoramento, em especial o Construído/Repetitivo/Direto e o Natural/Resolutivo/Indireto, além dos Global e Analítico, os quais estão devida e detidamente abordados no Capítulo 15.

REFERÊNCIAS BIBLIOGRÁFICAS

ABELHA, J. L. *Treinamento de Goleiro:* Técnico e Físico. São Paulo: Ícone, 1999.

LOPES, Alexandre Apolo da Silveira Menezes; SILVA, Sheila Aparecida Pereira dos Santos. *Método Integrado de Ensino no Futebol.* São Paulo: Phorte, 2009.

MARTINS, P. S. *Curso de Futebol de Base na Base. Aulas/Palestras no.* Graduação/ Curso de Educação Física – UNISA/Universidade de Santo Amaro/SP e Alphaville Tênis Clube/SP e Clube Alto dos Pinheiros/SP. Apontamentos. São Paulo, 2007 a 2011.

MELO, R. S. *Futebol:* 1000 Exercícios. Rio de Janeiro: Sprint, 2007.

MELO, R. S. *Qualidades Físicas e Psicológicas e Exercícios do Atleta de Futebol.* Rio de Janeiro: Sprint, 1997.

MUTTI, D. *Futsal:* Da Iniciação ao Alto Nível. 2. ed. São Paulo: Phorte, 2003.

PAGANELLA, M. A. *Futebol, Futsal e Futebol Society, Aulas de.* Graduação/Curso de Educação Física – UNISA/Universidade de Santo Amaro/SP e UNIÍTALO/Centro Universitário Ítalo-Brasileiro/SP. Apontamentos. São Paulo, 2010-2011.

PAULO, E. A. *Futebol – Treinamento Global em Forma de Jogos Reduzidos.* Jundiaí/ SP: Fontoura, 2009.

RIGUEIRA, A. *Futebol Prático:* Preparação Física, Técnica e Tática. Viçosa/MG: Universidade de Viçosa, 1998, vol. I.

SALES, R. M. *Futsal & Futebol:* Bases Metodológicas. São Paulo: Ícone, 2011.

SILVA, P. A. da. *3000 Exercícios e Jogos para Educação Física Escolar.* Rio de Janeiro: Sprint, 2007.

VOSER, R. C; GUIMARÃES, M. G; RIBEIRO, E. R. *Futebol:* História, Técnicas e Treino de Goleiros. Porto Alegre: EDIPUCRS, 2006.

MÉTODOS DE TRABALHO NO FUTEBOL

Método pode ser entendido como o caminho por meio do qual se pode chegar a um objetivo, um fim, um resultado. No caso do Futebol, pode-se promover a aprendizagem, o desenvolvimento e o aperfeiçoamento do Futebol por intermédio, basicamente, de 2 métodos, quais sejam: 1) Método Construído/Repetitivo/Direto; 2) Método Natural/Resolutivo/Indireto.

As denominações e conceituações do Método Construído/Repetitivo/Direto e do Método Natural/Resolutivo/Indireto advêm e têm como ponto de partida os conhecidos (presume-se que assim o seja para os estudiosos...) Métodos Parcial/Analítico e Global.

A opção por uma nova denominação a partir de agora tem por fundamento o fato de que sintetiza melhor o que cada método realmente significa e, por conseguinte, como se aplica e desenvolve no decorrer do Trabalho. Por não haver uma só palavra que represente cada um dos dois métodos, foram escolhidas três palavras para dar significado a cada um dos métodos, vale repetir: 1º = Método Construído/Repetitivo/Direto; 2º) Método Natural/Resolutivo/Indireto.

O Método Construído/Repetitivo/Direto (derivado do Parcial/Analítico), como diz o próprio nome, nada mais é do que transmitir de forma direta aos alunos/atletas o modo pelo qual são executados os gestos técnicos do Futebol, desde os fundamentos técnicos, passado pelos aspectos físicos, até chegar ao campo tático, sem exclusão dos fatores psicológicos e emocionais.

Neste método, o professor demonstra o gesto executando diretamente ou com algum colaborador para fazê-lo, ou mostra via imagens na TV, DVD, Vídeos e/ou outras Mídias como o fundamento deve ser executado, fazendo com que os alunos/atletas "repitam/reproduzam" 2 vezes, quais sejam, 1ª) a repetição do gesto propriamente dito, e 2ª) a repetição em um número de vezes tal que permita a memorização do respectivo fundamento.

Neste caso, as repetições deverão ser consignadas de modo consistente (diversas vezes) e variado (consistência e variabilidade), isto é, repetições por intermédio de exercícios diferentes em face de um mesmo fundamento a ser trabalhado como objetivo principal.

Por exemplo, o "chute simples": o professor, por meio de uma sequência pedagógica, mostra a sua execução, demonstra ao aluno/atleta como ele deve se posicionar e enquadrar o corpo, braços, trajetória da perna, ponto de impacto do pé na bola etc. A seguir, propõe diversos exercícios com diferentes dinâmicas, que façam com que eles repitam, treinem e memorizem a ação motora proposta, e assim sucessivamente, sempre visando à melhora do desempenho e, neste caso, de preferência sem a presença de oponentes, a fim de que a atenção esteja voltada apenas à memorização do que foi proposto.

Isto vale para todos os fundamentos técnicos, como, por exemplo, o cabeceio, os domínios, o drible, todos os tipos de chutes e tudo o mais que diz respeito ao Futebol dentro das 4 linhas. Neste caso, os gestos técnicos são trabalhados separadamente, fragmentados, apesar de ser indicada a presença de exercícios que utilizem combinações de mais de um fundamento (Ex. de combinações sem oponentes: receber uma bola de alguém e efetuar um domínio, em seguida dar um passe a alguém mais à frente que devolve, executa a recepção para então realizar o "chute simples" a Gol) que certamente serão utilizados no decorrer de um jogo.

Por ser um fundamento, a sua utilização é obrigatória, apesar de a qualidade da sua execução ser relativa; explica-se: no caso, por exemplo, de um "passe simples", tanto a Seleção brasileira de Futebol Profissional, como crianças iniciantes, quando estiverem jogando, "passarão" (ou pelo menos tentarão passar) a bola aos seus companheiros, dado que esta ação motora é inerente ao jogo, assim como o é a condução de bola, o chute a Gol, a marcação, o posicionamento tático, e tudo o que se refere ao jogo de Futebol em si. Já quanto à precisão e qualidade deste passe, cada um terá a sua em face ao estágio em que se encontra, seja jogador de seleção, seja iniciante.

No que concerne ao Método Natural/Resolutivo/Indireto, a proposta de trabalho para a aprendizagem, o desenvolvimento e o aperfeiçoamento do Futebol se dá por outra via, qual seja, a que propõe situações de jogo propriamente ditas que visem e estimulem à solução/resolução de problemas de jogo com a presença de oponentes, tais como passar corretamente a bola sob marcação, cabecear com precisão estando marcado, marcar e recuperar a bola com eficiência, entre tantas outras situações-problema de jogo.

Desta maneira, "natural e indiretamente" o professor pode fazer com que seus alunos/atletas atinjam o objetivo proposto pela atividade, já que devem "resolver" uma dada situação de jogo usando a sua capacidade de raciocínio.

Por exemplo, se o professor deseja trabalhar o "passe simples" por meio do Método Construído/Repetitivo/Direto, ele deverá colocar um à frente do outro e sem oponentes passando a bola entre eles, parados, em movimento frontal, lateral, em triângulos, enfim, em diversas formações; já no Método Natural/Resolutivo/Indireto, a presença de um oponente é fundamental para o trabalho, isto é, 2 contra 1, 2 contra 2, 3 contra 1, 3 contra 2, 3 contra 3, coletivo em 2 toques, ou seja, o passe simples será naturalmente trabalhado pelos alunos/jogadores, já que eles deverão manter a posse de bola entre si, enquanto outros tentam recuperá-las e assim sucessivamente, algo que, por óbvio, se dará por intermédio de passes simples e gerais, além dos dribles, conduções e recepções.

Na maioria das vezes em que houver oponentes haverá uma situação de jogo a ser solucionada e resolvida, o que caracteriza a naturalidade, a resolução, o modo indireto de tentar atingir o objetivo por intermédio de uma atividade proposta.

É o caso dos jogos da cultura popular e corporal, e/ou dos jogos especialmente criados para a aprendizagem, o desenvolvimento e o aperfeiçoamento do Futebol, ou ainda, uma situação propriamente dita de jogo, como, por exemplo, cobranças de escanteio nas quais há o atacante tentando marcar o gol, e ao mesmo tempo há o goleiro e o defensor tentando evitá-los, além dos jogos reduzidos.

Ambos os métodos devem ser utilizados a seu tempo e a seu modo, dado que um não é melhor que o outro, mas se completam e têm o condão de se complementarem mutuamente de maneira eficaz, bastando, para tanto, que o professor leve em consideração o local, a idade, o tempo, o período, o objetivo da aula/treino, entre outras variáveis.

Apenas para elucidar, mais um exemplo prático: a) para se trabalhar o "chute simples" a Gol pelo Método Construído/Repetitivo/Direto, os jogadores deverão chutar a gol de diferentes pontos fora da área observando mais a execução e a direção do chute, sendo que não há oponentes "atrapalhando" no momento de se consignar o chute; b) por seu turno, para se trabalhar o "chute simples" a Gol pelo Método Natural/Resolutivo/Indireto, o professor poderá propor um jogo coletivo no qual somente valerá o gol que tenha como origem um chute de fora da área e que se for marcado por intermédio de um "chute simples" valerá 2 gols/pontos (o mesmo vale para o cabeceio, por exemplo).

Nestas duas situações/exemplos, o objeto do trabalho é o "chute simples", contudo, o método, a forma de trabalhá-lo, é diferente, mas, de qualquer maneira, ambas as formas são eficazes, já que numa o aluno/jogador aprende/treina/se prepara para resolver um problema futuro de jogo (chutar a gol), e, noutra, tenta resolvê-la utilizando-se, justamente, do gesto que treinou para solucionar o problema que a situação de jogo exige e se apresenta: ou aprende para jogar ou joga para aprender.

CONSIDERAÇÕES IMPORTANTES

Reitera-se que um método não é melhor que outro, mas, sim, complementares, cabendo, assim, ao professor pesquisar as atividades correlatas e em condições de serem aplicadas e aptas a produzir os devidos efeitos positivos.

Salienta-se que sempre deve-se levar em conta os fatores ligados ao público, ao objetivo, à Entidade e/ou à fase em que o trabalho se encontra, ao momento de sua aplicação e, sobretudo, ao equilíbrio e balanço no seu uso.

REFERÊNCIAS BIBLIOGRÁFICAS

ALCARAZ, C. F.; TORRELLES, A. S. *Escolas de Futebol. Manual para Organização e Treinamento.* 3. ed. Porto Alegre: Artmed, 2003.

ANDRADE JUNIOR, J. R. *Futsal:* Aquisição, Iniciação e Especialização. Curitiba: Juruá, 2009.

APOLO, A. *Futsal – Metodologia e Didática na Aprendizagem.* 2. ed. São Paulo: Phorte, 2007.

BORSARI, J. R. *Futebol de Campo.* São Paulo: Pedagógica e Universitária, 1989.

COLETIVO DE AUTORES. *Metodologia do Ensino de Educação Física.* São Paulo: Cortez, 1992.

FERNANDES, J. L. *Futebol:* Ciência, Arte ou Sorte! Treinamento para Profissionais – Alto Rendimento Preparação Física, Técnica, Tática e Avaliação. São Paulo: Pedagógica e Universitária, 1994.

FERNANDES, J. L. *Futebol:* da Escolhinha de Futebol ao Futebol Profissional. São Paulo: EPU, 2004.

FONSECA, C. *Futsal:* O Berço do Futebol Brasileiro. São Paulo: Aleph, 2007 (V1 – Princípios Teóricos para Treinadores).

FREIRE, J. B. *Pedagogia do Futebol.* Rio de Janeiro: Nei Pereira, 1998.

FRISSELLI, A.; MANTOVANI, M. *Futebol Teoria e Prática.* São Paulo: Phorte, 1999.

GALLAHUE D. L., OZMUN J. C. *Compreendendo o Desenvolvimento Motor – Bebês, Crianças, Adolescentes e Adultos.* São Paulo: Phorte, 2005.

GODIK, M. A. *Futebol:* Preparação dos Futebolistas de Alto Nível. Rio de Janeiro: Grupo Palestra Sport, 1996.

KRÖGER, C. *Escola Bola.* São Paulo: Phorte, 2002.

KUNZ, E. *Transformação Didático-Pedagógica do Esporte.* Ijuí/RS: Unijuí, 1996.

LEAL, J. C. *Futebol – Arte e Ofício.* Rio de Janeiro: Sprint, 2001.

LIBÂNEO, J. C. *Didática.* São Paulo: Cortez, 1994.

LOPES, Alexandre Apolo da Silveira Menezes; SILVA, Sheila Aparecida Pereira dos Santos. *Método Integrado de Ensino no Futebol.* São Paulo: Phorte, 2009.

MAGILL, R. A. *Aprendizagem Motora:* Conceitos e Aplicações. São Paulo: Edgard Blucher, 1990.

MARTINS, P. S. *Curso de Futebol de Base na Base. Aulas/Palestras no.* Graduação/ Curso de Educação Física – UNISA/Universidade de Santo Amaro/SP e Alphaville Tênis Clube/SP e Clube Alto dos Pinheiros/SP. Apontamentos. São Paulo, 2007 a 2011.

MELO, R. S. *Futebol:* 1000 Exercícios. Rio de Janeiro: Sprint, 2007.

MELO R. S.; MELO L. *Ensinando Futsal.* Rio de Janeiro: Sprint, 2007.

MUTTI, D. *Futsal:* Da Iniciação ao Alto Nível. 2. ed. São Paulo: Phorte, 2003.

NORIEGA, M. *Os 11 Maiores Técnicos do Futebol Brasileiro.* São Paulo: Contexto, 2009.

PAGANELLA, M. A. *Futebol, Futsal e Futebol Society, Aulas de.* Graduação/Curso de Educação Física – UNISA/Universidade de Santo Amaro/SP e UNIÍTALO/Centro Universitário Ítalo-Brasileiro/SP. Apontamentos. São Paulo, 2010-2011.

PAULO, E. A. *Futebol – Treinamento Global em Forma de Jogos Reduzidos.* Jundiaí/ SP: Fontoura, 2009.

SILVA, P. A. da. *3000 Exercícios e Jogos para Educação Física Escolar.* Rio de Janeiro: Sprint, 2007.

POSTURAS E CONDUTAS ADEQUADAS, APROPRIADAS, EDUCADAS E EQUILIBRADAS DO PROFESSOR DE FUTEBOL

O professor de Futebol deve sobremaneira observar os aspectos ligados à ética, à moral, à educação, à ordem, aos bons costumes, ao bom senso e ao minucioso estudo e análise ponderada como vetores primordiais a nortear o seu trabalho. Isto porque, entre outros, o seu ofício envolve relacionamentos interpessoais com seus comandados e também com seus "adversários" (grifados para deixar bem claro que adversário não é sinônimo de "inimigo") de jogo, sem os quais, por óbvio, não haveria disputa, além de todos os outros que de modo inerente estão envolvidos na atividade/trabalho.

A par dos fatores diretamente relacionados à infraestrutura, organização e desenvolvimento do trabalho no Futebol, existem os aspectos que dizem respeito às atividades dentro de campo/quadra propriamente dito. Deste modo, é certo que ao lado da ética, moral, educação, ordem, estudo, bom senso, ponderação e bons costumes já mencionados, o professor de Futebol deve também obediência à adequadas, apropriadas e equilibradas regras de condutas e posturas ao se posicionar perante toda a sociedade.

Neste sentido, seguem algumas indicações importantes de posturas e condutas por meio das quais o professor deve agir e pautar, vale frisar, suas condutas, posturas e procedimentos, em especial, neste contexto, "no trabalho de vestiário e dentro das 4 linhas em aula e/ou treino e/ou jogo":

MANUAL PRÁTICO DO PROFESSOR/TÉCNICO DE FUTEBOL

Posturas e condutas gerais adequadas, apropriadas, educadas e equilibradas do professor de Futebol

1. Conhecer amplamente as regras do jogo.
2. Conhecer amplamente o regulamento da competição.
3. Conhecer bem as características gerais e o perfil psicológico dos seus alunos/jogadores.
4. Estudar as características físicas, técnicas, táticas e psicológicas dos adversários.
5. Elaborar com antecedência os planos de ações táticas defensivas e ofensivas gerais, setoriais e de "bolas paradas".
6. Preparar a equipe para alternâncias táticas durante o jogo.
7. Treinar as variações táticas possíveis para sua equipe.
8. Não confiar somente na memória.
9. Ter sempre em mente que o trabalho do Técnico e/ou professor aparece e se torna notório diante da demonstração de organização, ordenação e coordenação de tarefas simples:
    a) Ter a equipe "na mão", isto é, todos os jogadores em estrita obediência à Instituição, à hierarquia e aos colegas.
    b) Aceitar as limitações dos seus atletas.
    c) Preparar a documentação e divulgar a escalação em tempo oportuno.
    d) Propor aquecimentos variados e adequados às diferentes condições enfrentadas.
    e) Dirigir-se sempre de modo respeitoso à arbitragem.
    f) Adotar uma postura educada e equilibrada na orientação da equipe durante o jogo.
    g) Manter uma conduta humilde e educada ao final do jogo independentemente do resultado.
    h) Dialogar constantemente com os alunos/jogadores e demais membros da comissão técnica.

Modelos de Ações, Posturas e Condutas

1. Antes do jogo

a) Conferir pessoal e minuciosamente a situação clínica, física e psicológica de todos os jogadores.

b) Averiguar se as características do material esportivo escolhido são compatíveis e condizentes para a partida (número, cores, modelos, tamanhos etc.).

c) Checar os materiais de primeiros socorros.

d) Mostrar e explicar as características físicas, técnicas, táticas, psicológicas e as estatísticas do adversário, indicando os seus pontos fortes e fracos.

e) Chamar a atenção de todos os atletas que não sairão jogando para que fiquem atentos para uma possível entrada no jogo.

f) Reiterar os sistemas defensivos e ofensivos que foram adotados pela equipe.

g) Solicitar sugestões e ouvir os atletas, mas sem deixar nem abdicar da palavra final.

h) Consignar os devidos ajustes na equipe e promover as modificações táticas que julgar necessário com ou sem fatos novos.

i) Transmitir com clareza e de modo apropriado as informações, instruções e decisões tomadas.

j) Orientar local, forma e comando do aquecimento.

2. Durante o jogo

a) Observar a distribuição tática do adversário.

b) Avaliar se o posicionamento adotado por sua equipe surtiu o efeito esperado e se está compatível com o desenrolar da partida.

c) Analisar a atuação individual dos jogadores e os respectivos destaques no desempenho de suas funções.

d) Identificar os pontos positivos e negativos das equipes.

e) Ajustar o que julgar necessário por meio de informações e instruções claras e objetivas.

3. **No intervalo do jogo**
   a) Analisar as estatísticas do jogo.
   b) Permitir e ficar atento à troca de ideias entre os atletas sobre a partida.
   c) Conferir pessoal e minuciosamente a situação clínica, física e psicológica de todos os jogadores.
   d) Avaliar e informar os atletas sobre o desempenho técnico-tático das equipes, tanto por setores, como destaques e/ou deficiências individuais.
   e) Ouvir as sugestões dos atletas, mas sem deixar nem abdicar da palavra final.
   f) Promover as alterações técnicas e táticas necessárias.
   g) Motivar os alunos/jogadores com palavras de estímulo.

4. **Após o jogo**
   a) Cumprimentar os alunos/jogadores, comissão técnica e também os adversários e a arbitragem.
   b) Reunir o grupo e reforçar os aspectos positivos e incentivando a conduta socioesportiva.
   c) Explanar rapidamente sobre a partida e seus respectivos aspectos, evitando abordar possíveis falhas individuais.
   d) Informar-se detidamente e com interesse real sobre as condições físicas, clínicas, médicas e psicológicas nas quais se encontram/terminaram os atletas.
   e) Orientar e/ou encaminhar para o devido atendimento médico, se necessário.
   f) Informar sobre o programa de trabalho seguinte, quando e onde será o próximo encontro, treino ou jogo.

CONSIDERAÇÕES IMPORTANTES

É fundamental para o sucesso do trabalho o respeito e a observância a estes preceitos, sem exclusão de outros intrínsecos e não expressos, porém, sempre ligados à ética, à moral, à educação, à ordem, aos bons costumes e ao bom senso.

No mesmo diapasão, é importante e relevante que o professor preste atenção a sinais, fatos e detalhes que à primeira vista se apresentam de maneira imperceptível ao grande público e/ou que são desconhecidos aos leigos, mas, que notados e percebidos a tempo, podem auxiliar na solução de determinados problemas e contendas. Trata-se de um "modus operandi" que ressalta a consciência "Profissional do Profissional" e que faz uma boa diferença em favor da qualidade do seu trabalho.

Esta acepção pode ser observada em exemplos, tais como qual a reação que um aluno teve a uma determinação/ordem/substituição, ou de saber e entender o porquê do seu rendimento não estar à altura de anteriores, entre outras e inúmeras possibilidades que somente o profissional pode e deve perceber.

Trata-se de um "modus operandi" que ressalta e enaltece o "Profissionalismo do Profissional" e que certamente fará uma grande diferença em favor da qualidade do seu Trabalho.

REFERÊNCIAS BIBLIOGRÁFICAS

MARTINS, P. S. *Curso de Futebol de Base na Base. Aulas/Palestras no.* Graduação/Curso de Educação Física – UNISA/Universidade de Santo Amaro/SP e Alphaville Tênis Clube/SP e Clube Alto dos Pinheiros/SP. Apontamentos. São Paulo, 2007 a 2011.

PAGANELLA, M. A. *Futebol, Futsal e Futebol Society, Aulas de.* Graduação/Curso de Educação Física – UNISA/Universidade de Santo Amaro/SP e UNIÍTALO/Centro Universitário Ítalo-Brasileiro/SP. Apontamentos. São Paulo, 2010-2011.

17 FASES DO DESENVOLVIMENTO DO FUTEBOL PELAS FAIXAS ETÁRIAS

A fim de que o trabalho que se refere ao crescimento e ao desenvolvimento físico, motor, psíquico, cognitivo, técnico e tático das crianças e adolescentes até chegar à fase adulta seja adequado e apropriado, é necessária a divisão das turmas em faixas etárias.

Neste sentido, entre outros aspectos significativos e relevantes, três são os fatores essenciais e fundamentais que devem receber atenção especial do professor ao longo do tempo e do trabalho planejado, quais sejam: o Crescimento, o Desenvolvimento e a Motivação.

Tendo por base e pautando-se o trabalho nestes três fatores, certamente os treinos e/ou aulas serão mais dinâmicos, atraentes e homogêneos e, provável e certamente, o resultado final será mais eficaz e produzirá efeitos muito mais positivos e benéficos do que sem a respectiva observância aqui apregoada.

Até porque cada fase do desenvolvimento requer uma forma, um tipo, uma maneira diferente de trabalho, de atividades, de exigência, de linguagem, de comunicação, de número de sessões e respectivo tempo de duração, sem exclusão de outros aspectos correlacionados a este contexto, de modo que, vale reiterar, cada situação deve se dar e se adaptar ao seu devido e correto tempo.

Tendo por base e pautando-se o trabalho nestes três fatores, certamente os treinos e/ou aulas serão mais dinâmicos, atraentes e homogêneos e, provável e certamente, o resultado final será mais eficaz e produzirá efeitos muito mais positivos e benéficos do que sem a respectiva observância aqui apregoada, conforme a seguir denotado.

⇒ **Crescimento:** como o Futebol é um esporte de contato, com uma acentuada diferença de tamanho, de porte e força física ou, ainda, de sexos, sobretudo após a puberdade entre os participantes, existe, por óbvio, uma maior probabilidade de lesões nas bolas divididas e até mesmo em lances casuais, como, por exemplo, um choque eventual ou um chute mais forte de um jogador com mais força física em face de um ainda em fase de desenvolvimento anterior. Assim, os choques, encontros, boladas e outras jogadas similares podem causar problemas até mesmo graves aos menores em disputas com os maiores, algo que, a par de outros exemplos correlatos, são situações que poderão trazer consequências não muito positivas para o trabalho, prejudicando sobremodo o seu desenvolvimento.

⇒ **Desenvolvimento:** em algumas vezes é possível notar que uma criança apresenta uma maturação precoce no desenvolvimento do domínio motor, externado por meio da demonstração de boa técnica, boa coordenação motora, bom "timing" (tempo de bola), sem exclusão de outras. No entanto, quase sempre a maturação precoce não se apresenta simultaneamente nos domínios cognitivo e socioafetivo. Na prática, o que se vê é um menino ou menina que "jogam bem", semelhantes a crianças maiores, mas, que, em geral, têm dificuldades para assimilar exercícios mais elaborados, têm capacidades físicas menores que os "mais velhos" e têm uma menor compreensão do contexto e das regras sociais do grupo dos "maiores". Contudo, como "jogam bem", muitas vezes são alçados à presença dos "mais velhos", o que pode acarretar no que se denomina "queima de etapa", o que pode trazer, ao final de todo o processo de crescimento e desenvolvimento do referido jogador, um inerente prejuízo na formação final do alicerce do jogador/aluno. Poderá ficar um vácuo, um espaço, poderá faltar alguma coisa, sobretudo no que tange aos aspectos físicos e psicológicos, além dos fatores técnicos e táticos. Compete, pois, ao professor avaliar o estágio em que cada aluno está, bem como analisar, ponderar e estudar os efeitos positivos (para o próprio jogador e para todos os grupos envolvidos) de se promover um aluno "menor" para um grupo de alunos "maiores" e por quanto tempo, quantas sessões, períodos etc., a fim de manter sempre em evidência a motivação do próprio aluno e de todos os membros da sociedade/comunidade envolvidos.

⇒ **Motivação:** é certo cogitar que, normalmente, uma atividade própria para uma criança de 12 anos não irá motivar uma de 6 anos, ou mesmo um adolescente de 16 ou 17 anos. Às vezes, pode ocorrer o contrário, isto é, uma atividade que por si só motiva a todas as idades, como é o caso do clássico exemplo do jogo coletivo. Desta forma, é necessário e importante que o professor tenha em seu "acervo" um grande número de atividades e respectivas dinâmicas e, sobretudo, em quais circunstâncias e em quais contextos sua aplicação produzirá efeitos positivos para os alunos, seja no que diz respeito ao crescimento, seja no que se refere ao desenvolvimento, seja no que tange à motivação. Por isso, o respeito a cada fase é indispensável, bem como é obrigatório ao professor que se prepare para ofertar e oferecer estímulos e atividades adequados, apropriados e compatíveis com o estágio e grau de maturidade e de desenvolvimento em que se encontra cada turma de alunos, assegurando, assim, experiências técnicas, táticas, motoras, cognitivas e emocionais/afetivas compatíveis e condizentes com o "status quo" em que os alunos estão. Uma vez observadas e respeitadas estas fases e estágios, certamente o professor realmente irá contribuir de modo correto para a evolução, progresso e aprimoramento dos seus alunos como atletas/jogadores e, por extensão, tão ou mais importantes, como pessoas e cidadãos éticos e do bem.

CATEGORIAS DO FUTEBOL (POR EXEMPLO, "ANO-BASE" 2012)

▸ **Principal/adulto:** Nascidos de 1991 "para trás": 1990, 1989, 1988, 1987, 1986 etc. (pessoas com 18 anos completos, maiores de idade, portanto, também podem ingressar nesta categoria, desde que bem avaliados e de modo que não se "queime etapas", conforme retrodescrito).
▸ **Sub 20:** Nascidos em 1992, 1993 e 1994
▸ **Sub 17:** Nascidos em 1995 e 1996.
▸ **Sub 15:** Nascidos em 1997 e 1998.
▸ **Sub 13:** Nascidos em 1999 e 2000.

- **Sub 11:** Nascidos em 2001 e 2002.
- **Sub 9:** Nascidos em 2003 e 2004.
- **Sub 7:** Nascidos em 2005.

Obs.: Somente as Categorias Principal/Adulto, Sub 20, Sub 17 e Sub 15 participam de competições oficiais pelas respectivas Federações; cada Entidade, Instituição ou Associações podem adotar outras classificações de acordo com suas necessidades. Vale registrar que todas as dimensões (Campo, Gols/Metas, bolas, tempo de jogo etc.) devem ser reduzidas e/ou aumentadas proporcionalmente à medida que os alunos são mais novos ou mais avançados no tempo.

CATEGORIAS DO FUTSAL (POR EXEMPLO, "ANO-BASE" 2012)

- **Principal/adulto:** Nascidos de 1991 "para trás": 1990, 1989, 1988, 1987, 1986 etc. (pessoas com 18 anos completos, maiores de idade, portanto, também podem ingressar nesta categoria, desde que bem avaliados e de modo que não se "queime etapas", conforme retrodescrito).
- **Sub 20:** Nascidos em 1992, 1993 e 1994.
- **Sub 17:** Nascidos em 1995 e 1996.
- **Sub 15:** Nascidos em 1997 e 1998.
- **Sub 13:** Nascidos em 1999 e 2000.
- **Sub 11:** Nascidos em 2001 e 2002.
- **Sub 9:** Nascidos em 2003 e 2004.
- **Sub 7:** Nascidos em 2005.

Obs.: Todas as categorias participam de competições oficiais pelas respectivas Federações. Algumas Instituições e Federações adotam também as Categorias Sub 6 (Nascidos 2006; neste caso, os alunos do Sub 6 também podem integrar e fazer parte da Categoria Sub 7) e Sub 5 (Nascidos em 2007), algo que não é muito recomendado, vale dizer, quanto mais novos, mais o trabalho deve ser lúdico e menos voltado para exigências de *performance* e de competitividade. Apesar de o Futebol de Areia/Praia/*Beach Soccer* ainda não ter consolidado este aspecto do seu trabalho, é indicado que este modelo de divisão de faixas etárias seja observado.

CATEGORIAS DO FUTEBOL *SOCIETY* (POR EXEMPLO, "ANO-BASE" 2012)

- **Principal/adulto:** Nascidos de 1991 "para trás": 1990, 1989, 1988, 1987, 1986 etc. (pessoas com 18 anos completos, maiores de idade, portanto, também podem ingressar nesta categoria, desde que bem avaliados e de modo que não se "queime etapas", conforme retrodescrito).
- **Sub 20:** Nascidos em 1992, 1993 e 1994.
- **Sub 17:** Nascidos em 1995 e 1996.
- **Sub 15:** Nascidos em 1997 e 1998.
- **Sub 13:** Nascidos em 1999 e 2000.
- **Sub 11:** Nascidos em 2001 e 2002.
- **Sub 9:** Nascidos em 2003 e 2004.
- **Sub 7:** Nascidos em 2005.

Obs.: Todas as Categorias participam de competições oficiais pelas respectivas Federações. Algumas Instituições e Federações adotam também as Categorias Sub 6 (Nascidos 2006; neste caso, os alunos do Sub 6 também podem integrar e fazer parte da Categoria Sub 7) e Sub 5 (Nascidos em 2007), algo que não é muito recomendado, vale dizer, quanto mais novos, mais o trabalho deve ser lúdico e menos voltado para exigências de *performance* e de competitividade. Apesar de o Futebol de Areia/Praia/*Beach Soccer* ainda não ter consolidado este aspecto do seu trabalho, é indicado que este modelo de divisão de faixas etárias seja observado.

CONSIDERAÇÕES IMPORTANTES

É de boa nota destacar que o constante, frequente e persistente estudo e atualização no tema são imprescindíveis para um bom professor, para um ótimo profissional e para a excelência, credibilidade e qualidade indubitável do trabalho, razão pela qual se recomenda um estudo, análise, avaliação e aplicação dos itens expostos, demonstrados, explicados e exemplificados no 17.2. O DESENVOLVIMENTO DO FUTEBOL NAS DIFERENTES FAIXAS ETÁRIAS QUADRO DE ESTUDO COMPARATIVO em face aos aspectos que se referem ao desenvolvimento do Futebol nas diferentes faixas etárias, além da consulta às Referências Bibliográficas retroindicadas.

O DESENVOLVIMENTO DO FUTEBOL NAS DIFERENTES FAIXAS ETÁRIAS. DIVISÃO DO TRABALHO EM FACE DOS RESPECTIVOS ASPECTOS A DESENVOLVER: QUADROS DE ESTUDO COMPARATIVO

ASPECTOS FÍSIO-MOTORES

⇒ **6 a 8 anos**
- Trabalho voltado para a Formação Física de Base/Básica, e para a formação motriz global.
- Estímulo a atividades ligadas às formas básicas de movimento (andar, correr, saltar, girar, subir, lançar, rolar etc.).
- Coordenação Motora Global.
- Desenvolvimento psicomotor corporal, espacial e com vistas ao aumento do repertório motor por meio de diversificadas vivências.
- Estruturação corporal e noções de dominância lateral.
- Domínio espacial e temporal.
- Movimentos naturais.
- Ênfase ao lúdico e ao gosto pela atividade sem abdicar da disciplina.
- Satisfazer necessidade e alternâncias de movimento (equilíbrio dinâmico).
- Mínima exigência acerca de desempenho e/ou *performance*.
- Não utilizar exercícios físicos como punição.
- Início do trabalho voltado para a lateralidade, postura e respiração correta.
- Evitar a rotina e/ou sempre as mesmas atividades.
- Consistência e variabilidade nos exercícios e nas repetições, e proposições de atividades que apresentem e/ou que necessitam de resoluções motoras.
- Bola como elemento motivador.

⇒ **9 a 11 anos**
- Continuação do trabalho voltado para a Formação Física de Base/Básica e para a formação motriz global geral.
- Noção temporal (aspectos qualitativos e quantitativos – início, meio e fim; simultaneidade e sucessão de movimentos).

- Início do estímulo aos trabalhos aeróbios.
- Trabalhar a Flexibilidade.
- Trabalhar a Potência de modo indireto.
- Trabalhar a Velocidade de modo indireto, inclusive a de reação.
- Coordenação Motora Global.
- Desenvolvimento psicomotor corporal, espacial e com vistas ao aumento do repertório motor por meio de vivências.
- Variabilidade e combinações nas estruturas de movimento e suas respectivas exigências.
- Transferências de pesos (saltos, rolamentos giros etc.).
- Fortalecimento muscular por meio de exercícios naturais.
- Pouca exigência acerca de desempenho e/ou *performance*.
- Não utilizar exercícios físicos como punição.
- Evitar a rotina e/ou sempre as mesmas atividades.
- Consistência e variabilidade nos exercícios e nas repetições, e proposições de atividades que apresentem e/ou que necessitam de resoluções motoras.
- Bola como elemento motivador.

⇒ **12 a 14 anos**
- Continuação do trabalho voltado para a Formação Física de Base/Básica e início do trabalho voltado para a especificidade.
- Formação Motriz específica (início do trabalho especializado).
- Continuação e consolidação do trabalho voltado para o desenvolvimento psicomotor corporal, espacial com vistas ao aumento e à melhora do repertório motor por meio de vivências.
- Início do trabalho voltado para o desenvolvimento das 3 capacidades físicas: Resistência, força/potência e velocidade, e respectivos componentes, além do trabalho voltado para a flexibilidade e a coordenação.
- Exercícios construídos imitando gesto esportivo executados com consistência e variabilidade, e exercícios físicos aplicados por meio de situações de jogo/resolução de problemas ligados ao Futebol.
- Agilidade: mudança de direção, saltos, rolamentos e giros (vários eixos e planos).

- Trabalhar a Potência de modo direto e indireto.
- Trabalhar a Velocidade de modo direto e indireto.
- Fase em que se acentuam as diferenças entre os sexos.
- Fase do "estirão" de crescimento.
- Variabilidade e combinações nas estruturas de movimento.
- Coordenação Motora Geral e Específica.
- Transferências de pesos (saltos, rolamentos giros etc.).
- Fortalecimento muscular por meio de exercícios naturais e específicos.
- Razoável exigência acerca de desempenho e/ou *performance*.
- Com prudência e discernimento, pode utilizar exercícios físicos como punição.
- Evitar a rotina e/ou sempre as mesmas atividades.
- Bola como elemento motivador.

⇒ **15 a 17 anos**
- Lapidação e/ou finalização do trabalho voltado para a Formação Física de Base/Básica
- Formação motriz específica (continuação do trabalho voltado para a especificidade).
- Continuação do trabalho voltado para o desenvolvimento das 3 capacidades físicas: Resistência, força/potência e velocidade, e respectivos componentes.
- Desenvolvimento final da Coordenação Motora Geral e continuação da Específica.
- Exercícios construídos imitando gesto esportivo executados com consistência e variabilidade, e exercícios físicos aplicados por meio de situações de jogo/resolução de problemas ligados ao Futebol.
- Trabalhar com mais frequência a Flexibilidade.
- Agilidade: mudança de direção, saltos, rolamentos e giros (vários eixos e planos).
- Trabalhar a Potência de modo direto e indireto.
- Trabalhar a Velocidade de modo direto e indireto.
- Periodizar os treinos de acordo com o calendário de competição.

- Sugestões de circuitos e trabalhos intervalados.
- Trabalhos aeróbios e anaeróbios um pouco mais fortes (corridas, tiros etc.).
- Fortalecimento muscular por meio de exercícios naturais e específicos.
- Maior exigência acerca de desempenho e/ou *performance*.
- Fase de início da consolidação do repertório motor.
- Fase de início do trabalho específico e diferenciado em face das diversas funções e posições de jogo.
- De modo coerente e sensato, pode repetir atividades num menor espaço de tempo.
- Bola como elemento motivador.

⇒ **18 a 20 anos**
- Formação motriz específica (continuação e aperfeiçoamento do trabalho voltado para a especificidade).
- Continuação, aperfeiçoamento e manutenção do trabalho voltado para o desenvolvimento das 3 capacidades físicas: Resistência, força/potência e velocidade, e respectivos componentes.
- Desenvolvimento, aprimoramento e manutenção da Coordenação Motora Específica.
- Exercícios construídos imitando gesto esportivo efetuados com consistência e variabilidade, e exercícios físicos aplicados por meio de situações de jogo/resolução de problemas ligados ao Futebol.
- Trabalhar de modo mais frequente a Flexibilidade.
- Agilidade: mudança de direção, saltos, rolamentos e giros (vários eixos e planos).
- Trabalhar a Potência de modo direto.
- Trabalhar a Velocidade de modo direto.
- Periodizar os treinos de acordo com o calendário de competição.
- Sugestões de circuitos e trabalhos intervalados.
- Trabalhos aeróbios e anaeróbios mais fortes e frequentes (corridas, tiros etc.).
- Fortalecimento muscular por meio de exercícios naturais e com mais intensidade por meio dos específicos.

- Exigência mais acentuada acerca de desempenho e/ou *performance*.
- Fase de consolidação do repertório motor.
- Fase de desenvolvimento do trabalho específico e diferenciado em face às diversas funções e posições de jogo.
- De modo coerente e sensato, pode repetir atividades num menor espaço de tempo.

ASPECTOS TÉCNICOS: fundamentos técnicos individuais ofensivos e defensivos

⇒ **6 a 8 anos**
- Início da aprendizagem dos fundamentos técnicos apenas e tão somente de modo global, individualizado e por meio de informações gerais: levar, conduzir, driblar, passar, tocar, passar, parar, receber, chutar, cercar, marcar, retomar, com atividades lúdicas, de pouca duração e intensidade, além de recreativas, porém, sem abdicar da disciplina e da organização.
- Preferência pelo método Natural/Resolutivo/Indireto.
- Utilizar bolas com peso, tamanho, espessura e dimensão menores e adequados a esta idade e fase de crescimento.
- Ênfase ao lúdico.
- Usar chute a gol como motivação para o grupo.
- Utilizar, na medida do possível, uma bola para cada um, para cada dois ou para cada três.
- Usar eventualmente alguns jogos culturais e/ou os especialmente criados do nível simples/fácil.
- Jogar para aprender e, na medida do possível, estimular e proporcionar a possibilidade de que joguem descalços (*barefoot*).

⇒ **9 a 11 anos**
- Continuação do trabalho voltado para a aprendizagem dos fundamentos técnicos de modo global: levar, conduzir, driblar, passar, tocar, passar, parar, receber, chutar, cercar, marcar, retomar, com atividades de preferência lúdicas, de regular duração e intensidade, além de recreativas, e sem abdicar da disciplina e organização, e

- já começando a mostrar as diferenças e subdivisões dos grupos de Fundamentos.
- Início da aprendizagem das subdivisões dos fundamentos técnicos (conduções, dribles, passes, domínios, cabeceios, marcação, finalizações etc.), por meio de processos pedagógicos/método Construído/Repetitivo/Direto, sem deixar de usar o método Natural/Resolutivo/Indireto.
- Início do trabalho voltado para o entendimento do gesto técnico, isto é, das partes para o todo.
- Utilizar a maior quantidade de materiais possíveis (cones, cordas, estacas, bolas, discos).
- Início do trabalho combinado de vários fundamentos.
- Utilizar bolas com peso, espessura e dimensão menores e adequados a esta idade e fase de crescimento.
- Usar chute a gol como motivação.
- Utilizar, se possível, uma bola para cada um, cada dois, três etc.
- Usar os jogos culturais e/ou os especialmente criados do nível simples/fácil e alguns do nível médio.
- Jogar para aprender e, na medida do possível, estimular e proporcionar a possibilidade de que joguem descalços (*barefoot*).

⇒ **12 a 14 anos**
- Início do trabalho voltado para o desenvolvimento dos fundamentos técnicos de modo mais específico em face aos respectivos grupos de fundamentos: manipulações, passes, domínios, conclusões a gol e marcação, com atividades lúdicas e diretas, de regular duração e intensidade, além de recreativas, porém, sem abdicar da disciplina e da organização, e já mostrando com mais ênfase as diferenças e subdivisões de cada grupo/gênero de Fundamentos.
- Início do trabalho dos fundamentos técnicos de modo associado às exigências físicas e específicas do Futebol.
- Combinar de modo mais frequente e com mais intensidade os vários fundamentos em situações de jogo e em face às exigências físicas e específicas do Futebol, utilizando sempre o método Natural/resolutivo/indireto (do todo para as partes) e o método Construído/repetitivo/direto (das partes para o todo).

- Utilização de materiais diversos, incluindo bolas de borrachas.
- Fase das correções de erros, como uso unilateral do corpo, estimulando, assim, o uso bilateral do corpo (direita e esquerda).
- Fase na qual se começa a "limpar" a técnica.
- Utilizar bolas com peso, tamanho e espessura menores e adequados a esta idade e fase de crescimento.
- Usar chute a gol como motivação para o grupo.
- Utilizar, na medida do possível, uma bola para cada um, cada dois, para cada três ou até quatro.
- Usar os jogos culturais ou os especialmente criados do nível simples/fácil e do nível médio.
- Aprender os fundamentos para jogar melhor.

⇒ **15 a 17 anos**

- Continuação do trabalho de desenvolvimento dos fundamentos técnicos de modo mais específico em face aos respectivos grupos de fundamentos: manipulações, passes, domínios, conclusões a gol e marcação, com atividades diretas, de maior duração e intensidade, porém, sem abdicar do lado lúdico, da disciplina e organização.
- Trabalhar com mais ênfase as diferenças e subdivisões de cada grupo de Fundamentos, "particularizando-os" de modo mais indicativo, enfatizando a preparação diferenciada e mais específica e para cada setor.
- Continuação do trabalho dos fundamentos técnicos de modo associado às exigências físicas e específicas do Futebol.
- Combinar de modo bem mais frequente e com um pouco mais de intensidade os fundamentos em situações de jogo e em face das exigências físicas e específicas do Futebol.
- Utilização de materiais diversos, incluindo bolas de borrachas.
- Fase indicada para acentuar correções, como cabeceio e uso unilateral dos pés.
- Fase de aperfeiçoamento técnico e início do estudo dos "recursos técnicos".
- Continuidade na "limpeza" da técnica iniciada na fase anterior.

- Utilizar bolas com peso, tamanho e espessura menores e adequados a esta idade e fase, porém, iniciando a adaptação à chamada bola oficial.
- Ao usar o chute a gol como motivação para o grupo, inserir a execução de outros fundamentos e com diversos graus de dificuldade antes do chute propriamente dito.
- Utilizar, na medida do possível, uma bola para cada um, cada dois ou para cada três ou até quatro.
- Usar os jogos culturais e/ou os especialmente criados do nível simples/fácil, do nível médio e alguns do nível difícil.
- Aprimorar os fundamentos para jogar melhor.

⇒ **18 a 20 anos**
- Aprimoramento dos fundamentos técnicos em face dos respectivos grupos de fundamentos: manipulações, passes, domínios, conclusões a gol e marcação, com atividades diretas, de maior duração e intensidade e sem abdicar da disciplina e da organização.
- Trabalhar com ênfase as diferenças e subdivisões de cada grupo/gênero de Fundamentos, "particularizando-os" de modo mais indicativo, enfatizando a preparação diferenciada e mais específica e para cada setor.
- Continuar e aperfeiçoar o trabalho dos fundamentos técnicos de modo associados às exigências físicas e específicas do Futebol.
- Combinar de modo bem mais frequente e com mais intensidade os fundamentos em situações de jogo e em face das exigências físicas e específicas do Futebol.
- Utilização de materiais diversos, incluindo bolas de borrachas.
- Fase indicada para corrigir detalhadamente erros e defeitos na execução do gesto, inclusive o uso unilateral do corpo e os cabeceios.
- Finalização da "limpeza" da técnica iniciada na fase anterior.
- Fase de aperfeiçoamento técnico e continuação do estudo dos "recursos técnicos".
- Utilizar bolas a chamada bola oficial/de adultos.

- Ao usar o chute a gol como motivação para o grupo, inserir a execução de outros fundamentos e com diversos graus de dificuldade antes do chute propriamente dito.
- Utilizar, na medida do possível, uma bola para cada um, cada dois ou cada três, ou até quatro.
- Usar os jogos culturais e/ou os especialmente criados do nível médio, do nível difícil e alguns do nível simples/fácil.
- Aperfeiçoar a execução dos fundamentos para jogar melhor.

ASPECTOS TÁTICOS: sistemas, estratégia, organização, ocupação, compactação, função, posição e característica

⇒ **6 a 8 anos**
- Estimular o aluno a participar do jogo.
- Combater o comportamento flutuante.
- Introduzir os objetivos do jogo: marcar gols (ataque) evitar gols (defesa).
- Propiciar a vivência do jogo em todas as posições e funções sem preocupação com a *performance*.
- Trabalhar em espaço reduzido e com número menor de jogadores.
- Início do entendimento das regras elementares e essenciais para a dinâmica de jogo.
- Período não competitivo.

⇒ **9 a 11 anos**
- Estimular o aluno a participar do jogo.
- Iniciar a definição pelos quatro setores: Gol, defesa, meio-campo e ataque, além das laterais.
- Ensinar os conceitos de sistemas táticos e iniciar o entendimento dos sistemas básicos e elementares para o bom andamento do jogo (p. ex. o 4 × 3 × 3).
- Início da compreensão da importância de cada parte para o sucesso do conjunto.
- Início do estudo dos princípios defensivos no contexto coletivo.

- Iniciar o trabalho voltado para os sistemas por meio de educativos táticos para cada setor (início do uso do método direto/construído/repetitivo).
- Propiciar a vivência do jogo em todas as posições e funções sem preocupação com a *performance*.
- Início do estudo das regras elementares e essenciais para a dinâmica de jogo.
- Período não competitivo.

⇒ **12 a 14 anos**

- Iniciar a compreensão dos conceitos de posição e função, bem como de suas respectivas definições, aplicações e execuções.
- Fase ideal para o entendimento global das posições e das funções e do início da especialização em uma ou duas posições/funções similares em suas exigências.
- Continuar o estudo dos conceitos de sistemas táticos e o entendimento dos sistemas básicos e elementares para o bom andamento do jogo.
- Início da aprendizagem de novos sistemas táticos.
- Continuação da compreensão da importância de cada parte para o sucesso do conjunto.
- Continuar o estudo dos princípios defensivos no contexto coletivo.
- Continuar o trabalho voltado para os sistemas por meio de educativos táticos para cada setor (uso do método construído).
- Propiciar a vivência do jogo em todas as posições e funções já com certa preocupação com a *performance* e com vistas à identificação e à especialização em uma ou duas posições/funções similares em suas exigências.
- Observar, analisar, identificar e respeitar as características individuais, como temperamento, biotipo, personalidade, aptidão etc.
- Início do desenvolvimento tático individual contextualizado (funções individuais, setoriais e globais em campo).
- Trabalho defensivo individual e contextualizado, compactação, início de jogadas combinadas e transição das jogadas defesa/ataque e vice-versa.

- Início da aprendizagem de mais de um sistema tático de jogo, a fim da correta compreensão das variáveis quanto a sua utilização.
- Continuação do estudo das regras essenciais para a dinâmica de jogo.
- Início do período de competições.

⇒ **15 a 17 anos**
- Período de ótima assimilação tática.
- Continuidade do trabalho para a compreensão dos conceitos de posição e função gerais e específicos, e de suas respectivas definições, aplicações e execuções.
- Continuação do trabalho agora com vistas à *performance*, capacitação e à especialização em uma ou duas posições/funções similares em exigências.
- Variação dos sistemas e complexidade nas jogadas combinadas com mais frequência e intensidade.
- Treinamento voltado para a memorização do trabalho inter e intra-setores, inclusive laterais.
- Continuar o estudo dos princípios defensivos no contexto coletivo.
- Continuar o trabalho voltado para os sistemas por meio de educativos táticos para cada setor com uso do método construído.
- Consolidar a aprendizagem de mais de um sistema de jogo, a fim da correta compreensão das variáveis quanto a sua utilização, facilitando a variação de sistema de acordo com o resultado.
- Fase ideal para continuar o entendimento global das posições e das funções e para iniciar a consolidação e a fixação da compreensão das especificidades de uma ou duas posições/funções similares em exigências.
- Aprendizagem acerca dos Princípios/características do Futebol brasileiro:
- Bola no chão; Constrói vindo da defesa para o ataque (construir vindo de trás); Trocar ponto de ataque, viradas de jogo; Passes diagonais, minimizando os toques na bola (1, 2, no máx.); Manter a posse de bola.
- Enfatizar o trabalho para as Transições ofensivas e defensivas.

- Início do entendimento da utilidade e importância das jogadas ensaiadas de "bola parada" ou mesmo da "bola em jogo".
- Entendimento pleno das regras, e das reações dos jogadores e dos árbitros.

⇒ 18 a 20 anos

- Período de ótima assimilação tática e de memorização dos diversos sistemas, funções e posições.
- Ênfase e continuidade no/do trabalho voltado para a consolidação, memorização e fixação dos conceitos de posição e função gerais e específicos, e de suas respectivas definições, aplicações e execuções.
- Continuação do trabalho voltado à *performance*, capacitação, especialização e à correta execução da função em face à posição e suas respectivas exigências.
- Continuação do trabalho ligado à variação dos sistemas e à complexidade nas jogadas combinadas, de modo frequente e intenso.
- Continuação do trabalho voltado para a memorização das situações inter e intra-setores, inclusive laterais.
- Continuação e consolidação da aprendizagem de mais de um sistema de jogo, a fim da correta compreensão das variáveis quanto a sua utilização, facilitando a variação de sistema.
- Fase ideal para fixar o entendimento global das posições e das funções e para consolidar a compreensão das especificidades de uma ou duas posições/funções similares em exigências.
- Início do entendimento da utilidade e importância das jogadas ensaiadas de "bola parada" ou mesmo da "bola em jogo", e do seu treinamento mais acentuados.
- Aprender e compreender a forma de jogar de outros países e culturas em face e em comparação com a maneira de jogar do brasileiro em geral.
- Entendimento pleno das regras, e das reações dos jogadores e dos árbitros.

ASPECTOS PSICOLÓGICOS/OBSERVAÇÕES GERAIS

⇒ **6 a 8 anos**

- Efetiva participação e integração dos pais e/ou responsáveis.
- Reforço positivo das ações e das conquistas pessoais.
- Manter sempre a autoridade e a disciplina de modo firme, porém, calmo, tranquilo e sereno.
- Tratar todos igualmente, de modo adequado e em respeito à individualidade de cada um.
- Linguagem comedida e adequada ao se chamar a atenção para ações que não forem positivas, sobretudo as que se referem aos aspectos disciplinares.
- Seriedade × bom humor: trabalho sério não significa trabalhar de mau humor.
- Fase de iniciação com inclusão: ficar atento, prestar muita atenção e utilizar atividades de inclusão e não de exclusão.
- Trabalhar com vistas ao estímulo ao bom ambiente, respeito, harmonia, alegria, e coleguismo.
- Respeitar os limites de cada um, bem como as suas possibilidades quanto à carga máxima de trabalho que cada um suporta.
- Fomentar o trabalho voltado para o controle emocional em face das diversas situações de jogo, em especial, as de conflito.
- Premiação para todos.
- Sessões 2 vezes por semana duração 1h.
- Corrigir um erro de cada vez.
- Não utilizar exercício físico como punição.
- "Não!" para a rotina.
- Consistência, Variabilidade, Situações de jogo/Resolução de problemas ligados ao jogo.
- Predominância do método natural/resolutivo.
- Adequar a motivação à faixa etária.
- *Barefoot* (jogar com os pés descalços quando possível).
- Desenvolver o gosto pela modalidade por meio de atividades prazerosas.
- Jogar para aprender.

⇒ **9 a 11 anos**
- Efetiva participação e integração dos pais e/ou responsáveis.
- Reforço positivo das ações e das conquistas pessoais.
- Manter sempre a autoridade e a disciplina de modo firme, porém, calmo, tranquilo e sereno.
- Tratar todos igual, adequadamente e em respeito à individualidade.
- Linguagem comedida e adequada ao se chamar a atenção para ações que não forem positivas, sobretudo as que se referem aos aspectos disciplinares.
- Seriedade × bom humor: trabalho sério não significa trabalhar de mau humor.
- Fase de iniciação com inclusão: prestar muita atenção e utilizar atividades de inclusão e não de exclusão.
- Trabalhar com vistas ao estímulo ao bom ambiente, respeito, alegria e coleguismo.
- Respeitar os limites e possibilidades quanto à carga de trabalho que cada um suporta.
- Fomentar o trabalho voltado para o controle emocional em face das diversas situações de jogo, em especial, as de conflito.
- Sessões 2 vezes por semana de 1h a 1h30.
- Corrigir um erro de cada vez.
- Não utilizar exercício físico como punição.
- "Não!" para a rotina.
- Consistência, Variabilidade, Resolução de problemas de jogo.
- Predominância do método natural.
- Adequar a motivação à faixa etária.
- Aluno precisa da "aprovação" do grupo.
- *Barefoot*.
- Desenvolver o gosto pela modalidade por meio de atividades prazerosas.
- Jogar para aprender.
- Premiar todos em Competições informais.

⇒ **12 a 14 anos**
- Manter a participação e integração dos pais e/ou responsáveis.
- Reforço positivo das ações e das conquistas pessoais.
- Manter sempre a autoridade e a disciplina de modo firme, porém, calmo, tranquilo e sereno.
- Tratar todos igual, adequadamente e em respeito à individualidade.
- Linguagem comedida e adequada ao se chamar a atenção para ações que não forem positivas, sobretudo as que se referem aos aspectos disciplinares.
- Seriedade × bom humor: trabalho sério não significa trabalhar de mau humor.
- Fase em que começa a aparecer as diferenças de *performance* e entre os sexos; utilizar atividades de inclusão sem abdicar do trabalho voltado para o desempenho.
- Fase do "estirão" no crescimento e da "baixa" estima.
- Trabalhar estimulando o bom ambiente, respeito, alegria e coleguismo.
- Respeitar os limites e possibilidades quanto à carga de trabalho.
- Fomentar o trabalho voltado para o controle emocional em face das diversas situações de jogo, em especial, as de conflito.
- Sessões 2 a 3 vezes por semana de 1h a 1h30.
- Corrigir os erros.
- Evitar utilizar exercício físico como punição.
- "Não!" para a rotina.
- Consistência, Variabilidade, Resolução de problemas de jogo.
- Usar método natural e construído.
- Adequar a motivação à faixa etária.
- Aluno precisa da "aprovação" do grupo.
- Barefoot quando possível.
- Manter o gosto pelo Futebol com atividades prazerosas sem abdicar da disciplina e busca pela *performance*.
- Aprender para jogar.
- Início das competições formais, sem excluir as médias e informais.
- Entendimento de regras e reações de jogadores e árbitros.

⇒ **15 a 17 anos**
- Fase de transição entre a participação dos pais e a independência.
- Reforço positivo das ações e das conquistas pessoais.
- Manter a autoridade e a disciplina de modo firme, porém, calmo e tranquilo.
- Tratar todos igualmente e com respeito ao indivíduo.
- Linguagem comedida e adequada para chamar atenção para ações não positivas, sobretudo as que se referem aos aspectos disciplinares.
- Trabalho sério não é sinônimo de mau humor.
- Fase das diferenças evidentes entre os sexos.
- Uso de atividades que incluam todos sem abdicar do desempenho.
- Fase intermediária e de início da consolidação no crescimento e da "autoafirmação".
- Período de transição entre a aprendizagem intuitiva e a inteligente.
- Trabalhar estimulando o bom ambiente, respeito, alegria e coleguismo.
- Respeitar os limites e possibilidades quanto à carga de trabalho.
- Fomentar o trabalho voltado para o controle emocional em face das diversas situações de jogo, em especial, as de conflito.
- Sessões 2 a 4 vezes por semana de 1h a 2h.
- Corrigir os erros.
- Com prudência, pode usar exercício físico como punição.
- "Não!" para a rotina.
- Consistência, Variabilidade, Resolução de problemas de jogo.
- Usar método natural e construído.
- Adequar a motivação à faixa etária.
- Início da periodização do trabalho com atividades nem sempre prazerosas, agora em busca da *performance*.
- Aprender para jogar.
- Continuação das competições formais agora um pouco mais intensas e frequentes, sem excluir as médias e informais.
- Entendimento de regras e reações de jogadores e árbitros.

⇒ **18 a 20 anos**
- Fase de consolidação entre a participação dos pais e a independência.
- Reforço positivo das ações pessoais.
- Manter a autoridade e a disciplina.
- Tratar todos igualmente e com respeito ao indivíduo.
- Linguagem comedida e dialogar de modo adulto.
- Trabalho sério não é sinônimo de mau humor.
- Respeitar os limites e possibilidades quanto à carga de trabalho.
- Trabalho voltado mais para o desempenho.
- Fase final da "autoafirmação" e crescimento.
- Período propício para a aprendizagem inteligente.
- Trabalhar estimulando o bom ambiente e respeito.
- Trabalhar o controle emocional em face dos conflitos.
- Observar as respostas psicológicas com atenção, sobretudo, quanto à motivação, atenção, concentração, confiança, autoestima, desenvoltura, coragem, liderança, introspecção, extroversão, entre outras.
- Consolidação do intelecto e da inteligência emocional.
- Repouso, descanso e alimentação adequados após o treinamento, a fim da obtenção do devido "feed back" do trabalho, de preferência que a resposta seja positiva.
- Sessões 2 a 5 vezes por semana de 1h a 2h.
- Corrigir os erros.
- Com prudência, pode usar exercício físico como punição.
- "Não!" para a rotina.
- Consistência, Variabilidade, Resolução de problemas de jogo.
- Usar método natural e construído.
- Adequar a motivação à faixa etária.
- Periodização do trabalho com atividades que visam à *performance*.
- Aprender para jogar.
- Período apto para as competições formais mais intensas e frequentes.
- Entendimento de regras e reações de jogadores e árbitros.

O DESENVOLVIMENTO DO FUTEBOL NAS DIFERENTES FAIXAS ETÁRIAS. DIVISÃO DO TRABALHO EM FACE DAS FAIXAS ETÁRIAS: QUADROS DE ESTUDO COMPARATIVO

6 A 8 ANOS

⇒ **Aspectos físio-motores**
- Trabalho voltado para a Formação Física de Base/Básica, e para a formação motriz global.
- Estímulo a atividades ligadas às formas básicas de movimento (andar, correr, saltar, girar, subir, lançar, rolar etc.).
- Coordenação Motora Global.
- Desenvolvimento psicomotor corporal, espacial e com vistas ao aumento do repertório motor por meio de vivências.
- Estruturação corporal e noções de dominância lateral.
- Domínio espacial e temporal.
- Movimentos naturais.
- Ênfase ao lúdico e ao gosto pela atividade sem abdicar da disciplina.
- Satisfazer necessidade de movimento (equilíbrio dinâmico).
- Mínima exigência acerca de desempenho e/ou *performance*.
- Não utilizar exercícios físicos como punição.
- Início do trabalho voltado para a lateralidade, postura e respiração correta.
- Evitar a rotina e/ou sempre as mesmas atividades.
- Consistência e variabilidade nos exercícios e nas repetições, e proposições de atividades que apresentem e/ou que necessitam de resoluções motoras.
- Bola como elemento motivador.

⇒ **Aspectos técnicos**
- Início da aprendizagem dos fundamentos técnicos apenas e tão somente de modo global, individualizado e por meio de informações gerais: levar, conduzir, driblar, passar, tocar, passar, parar, receber, chutar, cercar, marcar, retomar, com atividades lúdicas,

de pouca duração e intensidade, além de recreativas, porém, sem abdicar da disciplina e da organização.
- Preferência pelo método Natural/Resolutivo/Indireto.
- Utilizar bolas com peso, tamanho, espessura e dimensão menores e adequados a esta idade e fase de crescimento.
- Ênfase ao lúdico.
- Usar chute a gol como motivação para o grupo.
- Utilizar, na medida do possível, uma bola para cada um, para cada dois ou para cada três.
- Usar eventualmente alguns jogos culturais e/ou os especialmente criados do nível simples/fácil.
- Jogar para aprender e, na medida do possível, estimular e proporcionar a possibilidade de que joguem descalços (*barefoot*).

⇒ **Aspectos táticos**
- Estimular o aluno a participar do jogo.
- Combater o comportamento flutuante.
- Introduzir os objetivos do jogo: marcar gols (ataque), evitar gols (defesa).
- Propiciar a vivência do jogo em todas as posições e funções sem preocupação com a *performance*.
- Trabalhar em espaço reduzido e com número menor de jogadores.
- Início do entendimento das regras elementares e essenciais para a dinâmica de jogo.
- Período não competitivo.

⇒ **Aspectos psicológicos/observações gerais**
- Efetiva participação e integração dos pais e/ou responsáveis.
- Reforço positivo das ações e das conquistas pessoais.
- Manter sempre a autoridade e a disciplina de modo firme, porém, calmo, tranquilo e sereno.
- Tratar todos igualmente, de modo adequado e em respeito à individualidade de cada um.

- Linguagem comedida e adequada ao se chamar a atenção para ações que não forem positivas, sobretudo as que se referem aos aspectos disciplinares.
- Seriedade × bom humor: trabalho sério não significa trabalhar de mau humor.
- Fase de iniciação com inclusão: ficar atento, prestar muita atenção e utilizar atividades de inclusão e não de exclusão.
- Trabalhar com vistas ao estímulo ao bom ambiente, respeito, harmonia, alegria e coleguismo.
- Respeitar os limites de cada um, bem como as suas possibilidades quanto à carga máxima de trabalho que cada um suporta.
- Fomentar o trabalho voltado para o controle emocional em face das diversas situações de jogo, em especial, as de conflito.
- Premiação para todos.
- Sessões 2 vezes por semana duração 1h.
- Corrigir um erro de cada vez.
- Não utilizar exercício físico como punição.
- "Não!" para a rotina.
- Consistência, Variabilidade, Situações de jogo/Resolução de problemas ligados ao jogo.
- Predominância do método natural/resolutivo.
- Adequar a motivação à faixa etária.
- *Barefoot* (jogar com os pés descalços quando possível).
- Desenvolver o gosto pela modalidade por meio de atividades prazerosas.
- Jogar para aprender.

9 A 11 ANOS

⇒ **Aspectos físio-motores**

- Continuação do trabalho voltado para a Formação Física de Base/Básica, e para a formação motriz global geral.
- Noção temporal (aspectos qualitativos e quantitativos – início, meio e fim; simultaneidade e sucessão de movimentos).
- Início do estímulo aos trabalhos aeróbios.

- Trabalhar a Flexibilidade.
- Trabalhar a Potência de modo indireto.
- Trabalhar a Velocidade de modo indireto, inclusive a de reação.
- Coordenação Motora Global.
- Desenvolvimento psicomotor corporal, espacial e com vistas ao aumento do repertório motor por meio de vivências.
- Variabilidade e combinações nas estruturas de movimento e suas respectivas exigências.
- Transferências de pesos (saltos, rolamentos giros etc.).
- Fortalecimento muscular por meio de exercícios naturais.
- Pouca exigência acerca de desempenho e/ou *performance*.
- Não utilizar exercícios físicos como punição.
- Evitar a rotina e/ou sempre as mesmas atividades.
- Consistência e variabilidade nos exercícios e nas repetições, e proposições de atividades que apresentem e/ou que necessitam de resoluções motoras.
- Bola como elemento motivador.

⇒ **Aspectos técnicos**
- Continuação do trabalho voltado para a aprendizagem dos fundamentos técnicos de modo global: levar, conduzir, driblar, passar, tocar, passar, parar, receber, chutar, cercar, marcar, retomar, com atividades de preferência lúdicas, de regular duração e intensidade, além de recreativas, e sem abdicar da disciplina e organização, e já começando a mostrar as diferenças e subdivisões dos grupos de Fundamentos.
- Início da aprendizagem das subdivisões dos fundamentos técnicos (conduções, dribles, passes, domínios, cabeceios, marcação, finalizações etc.), por meio de processos pedagógicos/método Construído/Repetitivo/Direto, sem deixar de usar o método Natural/Resolutivo/Indireto.
- Início do trabalho voltado para o entendimento do gesto técnico, isto é, das partes para o todo.
- Utilizar a maior quantidade de materiais possíveis (cones, cordas, estacas, bolas, discos).

- Início do trabalho combinado de vários fundamentos.
- Utilizar bolas com peso, espessura e dimensão menores e adequados a esta idade e fase de crescimento.
- Usar chute a gol como motivação.
- Utilizar, se possível, uma bola para cada um, cada dois, três etc.
- Usar os jogos culturais e/ou os especialmente criados do nível simples/fácil e alguns do nível médio.
- Jogar para aprender e, na medida do possível, estimular e proporcionar a possibilidade de que joguem descalços (*barefoot*).

⇒ **Aspectos táticos**
- Estimular o aluno a participar do jogo.
- Iniciar a definição pelos quatro setores: Gol, defesa, meio-campo e ataque, além das laterais.
- Ensinar os conceitos de sistemas táticos e iniciar o entendimento dos sistemas básicos e elementares para o bom andamento do jogo (por exemplo o 4 × 3 × 3).
- Início da compreensão da importância de cada parte para o sucesso do conjunto.
- Início do estudo dos princípios defensivos no contexto coletivo.
- Iniciar o trabalho voltado para os sistemas por meio de educativos táticos para cada setor (início do uso do método direto/construído/repetitivo).
- Propiciar a vivência do jogo em todas as posições e funções sem preocupação com a *performance*.
- Início do estudo das regras elementares e essenciais para a dinâmica de jogo.
- Período não competitivo.

⇒ **Aspectos psicológicos/observações gerais**
- Efetiva participação e integração dos pais e/ou responsáveis.
- Reforço positivo das ações e das conquistas pessoais.
- Manter sempre a autoridade e a disciplina de modo firme, porém, calmo, tranquilo e sereno.
- Tratar todos de forma igual, adequadamente e em respeito à individualidade.

- Linguagem comedida e adequada ao se chamar a atenção para ações que não forem positivas, sobretudo as que se referem aos aspectos disciplinares.
- Seriedade × bom humor: trabalho sério não significa trabalhar de mau humor.
- Fase de iniciação com inclusão: prestar muita atenção e utilizar atividades de inclusão e não de exclusão.
- Trabalhar com vistas ao estímulo ao bom ambiente, respeito, alegria e coleguismo.
- Respeitar os limites e possibilidades quanto à carga de trabalho que cada um suporta.
- Fomentar o trabalho voltado para o controle emocional em face das diversas situações de jogo, em especial, as de conflito.
- Sessões 2 vezes por semana de 1h a 1h30.
- Corrigir um erro de cada vez.
- Não utilizar exercício físico como punição.
- "Não!" para a rotina.
- Consistência, Variabilidade, Resolução de problemas de jogo.
- Predominância do método natural.
- Adequar a motivação à faixa etária.
- Aluno precisa da "aprovação" do grupo.
- *Barefoot.*
- Desenvolver o gosto pela modalidade por meio de atividades prazerosas.
- Jogar para aprender.
- Premiar todos em Competições informais.

12 A 14 ANOS

⇒ **Aspectos físio-motores**
- Continuação do trabalho voltado para a Formação Física de Base/Básica e início do trabalho voltado para a especificidade.
- Formação Motriz específica (início do trabalho especializado).

- Continuação e consolidação do trabalho voltado para o desenvolvimento psicomotor corporal, espacial com vistas ao aumento e à melhora do repertório motor por meio de vivências.
- Início do trabalho voltado para o desenvolvimento das 3 capacidades físicas: Resistência, força/potência e velocidade, e respectivos componentes, além do trabalho voltado para a flexibilidade e a coordenação.
- Exercícios construídos imitando gesto esportivo executados com consistência e variabilidade, e exercícios físicos aplicados por meio de situações de jogo/resolução de problemas ligados ao Futebol.
- Agilidade: mudança de direção, saltos, rolamentos e giros (vários eixos e planos).
- Trabalhar a Potência de modo direto e indireto.
- Trabalhar a Velocidade de modo direto e indireto.
- Fase em que se acentuam as diferenças entre os sexos.
- Fase do "estirão" de crescimento.
- Variabilidade e combinações nas estruturas de movimento.
- Coordenação Motora Geral e Específica.
- Transferências de pesos (saltos, rolamentos giros etc.).
- Fortalecimento muscular por meio de exercícios naturais e específicos.
- Razoável exigência acerca de desempenho e/ou *performance*.
- Com prudência e discernimento, pode utilizar exercícios físicos como punição.
- Evitar a rotina e/ou sempre as mesmas atividades.
- Bola como elemento motivador.

⇒ **Aspectos técnicos**
- Início do trabalho voltado para o desenvolvimento dos fundamentos técnicos de modo mais específico em face dos respectivos grupos de fundamentos: manipulações, passes, domínios, conclusões a gol e marcação, com atividades lúdicas e diretas, de regular duração e intensidade, além de recreativas, porém, sem abdicar da disciplina e da organização, e já mostrando com mais ênfase as diferenças e subdivisões de cada grupo/gênero de Fundamentos.

- Início do trabalho dos fundamentos técnicos de modo associado às exigências físicas e específicas do Futebol.
- Combinar de modo mais frequente e com mais intensidade os vários fundamentos em situações de jogo e em face das exigências físicas e específicas do Futebol, utilizando sempre o método Natural/resolutivo/indireto (do todo para as partes) e o método Construído/repetitivo/direto (das partes para o todo).
- Utilização de materiais diversos, incluindo bolas de borrachas.
- Fase das correções de erros, como uso unilateral do corpo, estimulando, assim, o uso bilateral do corpo (direita e esquerda).
- Fase na qual se começa a "limpar" a técnica.
- Utilizar bolas com peso, tamanho e espessura menores e adequados a esta idade e fase de crescimento.
- Usar chute a gol como motivação para o grupo.
- Utilizar, na medida do possível, uma bola para cada um, cada dois, para cada três ou até quatro.
- Usar os jogos culturais ou os especialmente criados do nível simples/fácil e do nível médio.
- Aprender os fundamentos para melhor jogar.

⇒ **Aspectos táticos**
- Iniciar a compreensão dos conceitos de posição e função, bem como de suas respectivas definições, aplicações e execuções.
- Fase ideal para o entendimento global das posições e das funções e do início da especialização em uma ou duas posições/funções similares em suas exigências.
- Continuar o estudo dos conceitos de sistemas táticos e o entendimento dos sistemas básicos e elementares para o bom andamento do jogo.
- Início da aprendizagem de novos sistemas táticos
- Continuação da compreensão da importância de cada parte para o sucesso do conjunto.
- Continuar o estudo dos princípios defensivos no contexto coletivo.
- Continuar o trabalho voltado para os sistemas por meio de educativos táticos para cada setor (uso do método construído).

- Propiciar a vivência do jogo em todas as posições e funções já com certa preocupação com a *performance* e com vistas à identificação e à especialização em uma ou duas posições/funções similares em suas exigências.
- Observar, analisar, identificar e respeitar as características individuais, como temperamento, biotipo, personalidade, aptidão etc.
- Início do desenvolvimento tático individual contextualizado (funções individuais, setoriais e globais em campo).
- Trabalho defensivo individual e contextualizado, compactação, início de jogadas combinadas e transição das jogadas defesa/ataque e vice-versa.
- Início da aprendizagem de mais de um sistema tático de jogo, a fim da correta compreensão das variáveis quanto a sua utilização.
- Continuação do estudo das regras essenciais para a dinâmica de jogo.
- Início do período de competições.

⇒ **Aspectos psicológicos/observações gerais**
- Manter a participação e integração dos pais e/ou responsáveis.
- Reforço positivo das ações e das conquistas pessoais.
- Manter sempre a autoridade e a disciplina de modo firme, porém, calmo, tranquilo e sereno.
- Tratar todos igual, adequadamente e em respeito à individualidade.
- Linguagem comedida e adequada ao se chamar a atenção para ações que não forem positivas, sobretudo as que se referem aos aspectos disciplinares.
- Seriedade × bom humor: trabalho sério não significa trabalhar de mau humor.
- Fase em que começa a aparecer as diferenças de *performance* e entre os sexos; utilizar atividades de inclusão sem abdicar do trabalho voltado para o desempenho.
- Fase do "estirão" no crescimento e da "baixa" estima.
- Trabalhar estimulando o bom ambiente, respeito, alegria e coleguismo.
- Respeitar os limites e possibilidades quanto à carga de trabalho.

- Fomentar o trabalho voltado para o controle emocional em face das diversas situações de jogo, em especial, as de conflito.
- Sessões 2 a 3 vezes por semana de 1h a 1h30.
- Corrigir os erros.
- Evitar utilizar exercício físico como punição.
- "Não!" para a rotina.
- Consistência, Variabilidade, Resolução de problemas de jogo.
- Usar método natural e construído.
- Adequar a motivação à faixa etária.
- Aluno precisa da "aprovação" do grupo.
- *Barefoot* quando possível.
- Manter o gosto pelo Futebol com atividades prazerosas sem abdicar da disciplina e busca pela *performance*.
- Aprender para jogar.
- Início das competições formais, sem excluir as médias e informais.
- Entendimento de regras e reações de jogadores e árbitros.

15 A 17 ANOS

⇒ **Aspectos físio-motores**

- Lapidação e/ou finalização do trabalho voltado para a Formação Física de Base/Básica
- Formação motriz específica (continuação do trabalho voltado para a especificidade).
- Continuação do trabalho voltado para o desenvolvimento das 3 capacidades físicas: Resistência, força/potência e velocidade, e respectivos componentes.
- Desenvolvimento final da Coordenação Motora Geral e continuação da Específica.
- Exercícios construídos imitando gesto esportivo executados com consistência e variabilidade, e exercícios físicos aplicados por meio de situações de jogo/resolução de problemas ligados ao Futebol.
- Trabalhar com mais frequência a Flexibilidade.

- Agilidade: mudança de direção, saltos, rolamentos e giros (vários eixos e planos).
- Trabalhar a Potência de modo direto e indireto.
- Trabalhar a Velocidade de modo direto e indireto.
- Periodizar os treinos de acordo com o calendário de competição.
- Sugestões de circuitos e trabalhos intervalados.
- Trabalhos aeróbios e anaeróbios um pouco mais fortes (corridas, tiros etc.).
- Fortalecimento muscular por meio de exercícios naturais e específicos.
- Maior exigência acerca de desempenho e/ou *performance*.
- Fase de início da consolidação do repertório motor.
- Fase de início do trabalho específico e diferenciado em face das diversas funções e posições de jogo.
- De modo coerente e sensato, pode repetir atividades num menor espaço de tempo.
- Bola como elemento motivador.

⇒ **Aspectos técnicos**
- Continuação do trabalho de desenvolvimento dos fundamentos técnicos de modo mais específico em face aos respectivos grupos de fundamentos: manipulações, passes, domínios, conclusões a gol e marcação, com atividades diretas, de maior duração e intensidade, porém, sem abdicar do lado lúdico, da disciplina e organização.
- Trabalhar com mais ênfase as diferenças e subdivisões de cada grupo de Fundamentos, "particularizando-os" de modo mais indicativo, enfatizando a preparação diferenciada e mais específica, e para cada setor.
- Continuação do trabalho dos fundamentos técnicos de modo associados às exigências físicas e específicas do Futebol.
- Combinar de modo bem mais frequente e com um pouco mais de intensidade os fundamentos em situações de jogo e em face das exigências físicas e específicas do Futebol.
- Utilização de materiais diversos, incluindo bolas de borrachas.

- Fase indicada para acentuar correções, como cabeceio e uso unilateral dos pés.
- Fase de aperfeiçoamento técnico e início do estudo dos "recursos técnicos".
- Continuidade na "limpeza" da técnica iniciada na fase anterior.
- Utilizar bolas com peso, tamanho e espessura menores e adequados a esta idade e fase, porém, iniciando a adaptação à chamada bola oficial.
- Ao usar o chute a gol como motivação para o grupo, inserir a execução de outros fundamentos e com diversos graus de dificuldade antes do chute propriamente dito.
- Utilizar, na medida do possível, uma bola para cada um, cada dois ou para cada três ou até quatro.
- Usar os jogos culturais e/ou os especialmente criados do nível simples/fácil, do nível médio e alguns do nível difícil.
- Aprimorar os fundamentos para melhor jogar.

⇒ **Aspectos táticos**
- Período de ótima assimilação tática.
- Continuidade do trabalho para a compreensão dos conceitos de posição e função gerais e específicos, e de suas respectivas definições, aplicações e execuções.
- Continuação do trabalho agora com vistas à *performance*, à capacitação e à especialização em uma ou duas posições/funções similares em exigências.
- Variação dos sistemas e complexidade nas jogadas combinadas com mais frequência e intensidade.
- Treinamento voltado para a memorização do trabalho inter e intra-setores, inclusive laterais.
- Continuar o estudo dos princípios defensivos no contexto coletivo.
- Continuar o trabalho voltado para os sistemas por meio de educativos táticos para cada setor com uso do método construído.
- Consolidar a aprendizagem de mais de um sistema de jogo, a fim da correta compreensão das variáveis quanto a sua utilização, facilitando a variação de sistema de acordo com o resultado.

- Fase ideal para continuar o entendimento global das posições e das funções e para iniciar a consolidação e a fixação da compreensão das especificidades de uma ou duas posições/funções similares em exigências.
- Aprendizagem acerca dos Princípios/características do Futebol brasileiro: Bola no chão; Constrói vindo da defesa para o ataque (construir vindo de trás); Trocar ponto de ataque, viradas de jogo; Passes diagonais, minimizando os toques na bola (1, 2, no máximo); Manter a posse de bola.
- Enfatizar o trabalho para as Transições ofensivas e defensivas.
- Início do entendimento da utilidade e importância das jogadas ensaiadas de "bola parada" ou mesmo da "bola em jogo".
- Entendimento pleno das regras, e das reações dos jogadores e dos árbitros.

⇒ **Aspectos psicológicos/observações gerais**
- Fase de transição entre a participação dos pais e a independência.
- Reforço positivo das ações e das conquistas pessoais.
- Manter a autoridade e a disciplina de modo firme, porém, calmo e tranquilo.
- Tratar todos igualmente e com respeito ao indivíduo.
- Linguagem comedida e adequada para chamar atenção para ações não positivas, sobretudo as que se referem aos aspectos disciplinares.
- Trabalho sério não é sinônimo de mau humor.
- Fase das diferenças evidentes entre os sexos – Uso de atividades que incluam todos sem abdicar do desempenho.
- Fase intermediária e de início da consolidação no crescimento e da "autoafirmação".
- Período de transição entre a aprendizagem intuitiva e a inteligente.
- Trabalhar estimulando o bom ambiente, respeito, alegria e o coleguismo.
- Respeitar os limites e possibilidades quanto à carga de trabalho.
- Fomentar o trabalho voltado para o controle emocional em face das diversas situações de jogo, em especial, as de conflito.

- Sessões 2 a 4 vezes por semana de 1h a 2h.
- Corrigir os erros.
- Com prudência, pode usar exercício físico como punição.
- "Não!" para a rotina.
- Consistência, Variabilidade, Resolução de problemas de jogo.
- Usar método natural e construído.
- Adequar a motivação à faixa etária.
- Início da periodização do trabalho com atividades nem sempre prazerosas, agora em busca da *performance*.
- Aprender para jogar.
- Continuação das competições formais agora um pouco mais intensas e frequentes, sem excluir as médias e informais.
- Entendimento de regras e reações de jogadores e árbitros.

15 A 17 ANOS

⇒ **Aspectos físio-motores**

- Formação motriz específica (continuação e aperfeiçoamento do trabalho voltado para a especificidade).
- Continuação, aperfeiçoamento e manutenção do trabalho voltado para o desenvolvimento das 3 capacidades físicas: Resistência, força/potência e velocidade, e respectivos componentes.
- Desenvolvimento, aprimoramento e manutenção da Coordenação Motora Específica.
- Exercícios construídos imitando gesto esportivo efetuados com consistência e variabilidade, e exercícios físicos aplicados por meio de situações de jogo/resolução de problemas ligados ao Futebol.
- Trabalhar de modo mais frequente a Flexibilidade.
- Agilidade: mudança de direção, saltos, rolamentos e giros (vários eixos e planos).
- Trabalhar a Potência de modo direto.
- Trabalhar a Velocidade de modo direto.
- Periodizar os treinos de acordo com o calendário de competição.
- Sugestões de circuitos e trabalhos intervalados.

- Trabalhos aeróbios e anaeróbios mais fortes e frequentes (corridas, tiros etc.).
- Fortalecimento muscular por meio de exercícios naturais e com mais intensidade por meio dos exercícios específicos.
- Exigência mais acentuada acerca de desempenho e/ou *performance*.
- Fase de consolidação do repertório motor.
- Fase de desenvolvimento do trabalho específico e diferenciado em face das diversas funções e posições de jogo.
- De modo coerente e sensato, pode repetir atividades em um menor espaço de tempo.

⇒ **Aspectos técnicos**
- Aprimoramento dos fundamentos técnicos em face dos respectivos grupos de fundamentos: manipulações, passes, domínios, conclusões a gol e marcação, com atividades diretas, de maior duração e intensidade, e sem abdicar da disciplina e da organização.
- Trabalhar com ênfase às diferenças e subdivisões de cada grupo/ gênero de Fundamentos, "particularizando-os" de modo mais indicativo, enfatizando a preparação diferenciada e mais específica e para cada setor.
- Continuar e aperfeiçoar o trabalho dos fundamentos técnicos de modo associados às exigências físicas e específicas do Futebol.
- Combinar de modo bem mais frequente e com mais intensidade os fundamentos em situações de jogo e em face das exigências físicas e específicas do Futebol.
- Utilização de materiais diversos, incluindo bolas de borrachas.
- Fase indicada para corrigir detalhadamente erros e defeitos na execução do gesto, inclusive o uso unilateral do corpo e os cabeceios.
- Finalização da "limpeza" da técnica iniciada na fase anterior.
- Fase de aperfeiçoamento técnico e continuação do estudo dos "recursos técnicos".
- Utilizar bolas como a chamada bola oficial/de adultos.

- Ao usar o chute a gol como motivação para o grupo, inserir a execução de outros fundamentos e com diversos graus de dificuldade antes do chute propriamente dito.
- Utilizar, na medida do possível, uma bola para cada um, cada dois ou cada três ou até quatro.
- Usar os jogos culturais e/ou os especialmente criados do nível médio, do nível difícil e alguns do nível simples/fácil.
- Aperfeiçoar a execução dos fundamentos para jogar melhor.

⇒ **Aspectos táticos**

- Período de ótima assimilação tática e de memorização dos diversos sistemas, funções e posições.
- Ênfase e continuidade no/do trabalho voltado para a consolidação, memorização e fixação dos conceitos de posição e função gerais e específicos, e de suas respectivas definições, aplicações e execuções.
- Continuação do trabalho voltado à *performance*, capacitação, especialização e à correta execução da função em face da posição e suas respectivas exigências.
- Continuação do trabalho ligado à variação dos sistemas e à complexidade nas jogadas combinadas, de modo frequente e intenso.
- Continuação do trabalho voltado para a memorização das situações inter e intra-setores, inclusive laterais.
- Continuação e consolidação da aprendizagem de mais de um sistema de jogo, a fim da correta compreensão das variáveis quanto a sua utilização, facilitando a variação de sistema.
- Fase ideal para fixar o entendimento global das posições e das funções e para consolidar a compreensão das especificidades de uma ou duas posições/funções similares em exigências.
- Início do entendimento da utilidade e importância das jogadas ensaiadas de "bola parada" ou mesmo da "bola em jogo", e do seu treinamento mais acentuados.
- Aprender e compreender a forma de jogar de outros países e culturas em face e em comparação com a maneira de jogar do brasileiro em geral.

- Entendimento pleno das regras, e das reações dos jogadores e dos árbitros.

⇒ **Aspectos psicológicos/observações gerais**
- Fase de consolidação entre a participação dos pais e a independência.
- Reforço positivo das ações pessoais.
- Manter a autoridade e a disciplina.
- Tratar todos igualmente e com respeito ao indivíduo.
- Linguagem comedida e dialogar de modo adulto.
- Trabalho sério não é sinônimo de mau humor.
- Respeitar os limites e possibilidades quanto à carga de trabalho.
- Trabalho voltado mais para o desempenho.
- Fase final da "autoafirmação" e crescimento.
- Período propício para a aprendizagem inteligente.
- Trabalhar estimulando o bom ambiente e respeito.
- Trabalhar o controle emocional em face dos conflitos.
- Observar as respostas psicológicas com atenção, sobretudo, quanto à motivação, atenção, concentração, confiança, autoestima, desenvoltura, coragem, liderança, introspecção, extroversão, entre outras.
- Consolidação do intelecto e da inteligência emocional.
- Repouso, descanso e alimentação adequados após o treinamento, a fim da obtenção do devido "feedback" do trabalho, de preferência que a resposta seja positiva.
- Sessões 2 a 5 vezes por semana de 1h a 2h.
- Corrigir os erros.
- Com prudência, pode usar exercício físico como punição.
- "Não!" para a rotina.
- Consistência, Variabilidade, Resolução de problemas de jogo.
- Usar método natural e construído.
- Adequar a motivação à faixa etária.
- Periodização do trabalho com atividades que visam à *performance*.

- Aprender para jogar.
- Período apto para as competições formais mais intensas e frequentes.
- Entendimento de regras e reações de jogadores e árbitros.

REFERÊNCIAS BIBLIOGRÁFICAS

ALCARAZ, C. F.; TORRELLES, A. S. *Escolas de Futebol. Manual para Organização e Treinamento*. 3. ed. Porto Alegre: Artmed, 2003.

ANDRADE JUNIOR, J. R. *Futsal:* Aquisição, Iniciação e Especialização. Curitiba: Juruá, 2009.

AOKI, M. S. *Fisiologia, Treinamento e Nutrição Aplicados ao Futebol*. Jundiaí: Fontoura, 2002.

APOLO, A. *Futsal – Metodologia e Didática na Aprendizagem*. 2. ed. São Paulo: Phorte, 2007.

BARBANTI, V. *Treinamento Físico:* Bases Científicas. 3. ed. São Paulo: CRL Baliero, 1996.

BARROS, T. L. de; GUERRA, I. *Ciência do Futebol*. Barueri: Manole, 2004.

BRANDÃO, M.; MACHADO, A. *Coleção Psicologia do Esporte e do Exercício:* Teoria e Aplicação. V. 1. São Paulo: Atheneu, 2007.

COLETIVO DE AUTORES. *Metodologia do Ensino de Educação Física*. São Paulo: Cortez, 1992.

FERNANDES, J. L. *Futebol:* Ciência, Arte ou Sorte! Treinamento para Profissionais – Alto Rendimento Preparação Física, Técnica, Tática e Avaliação. São Paulo: Pedagógica e Universitária, 1994.

FERNANDES, J. L. *Futebol:* da Escolhinha de Futebol ao Futebol Profissional. São Paulo: EPU, 2004.

FRISSELLI, A.; MANTOVANI, M. *Futebol – Teoria e Prática*. São Paulo: Phorte, 1999.

GALLAHUE D. L., OZMUN J. C. *Compreendendo o Desenvolvimento Motor – Bebês, Crianças, Adolescentes e Adultos*. São Paulo: Phorte, 2005.

KISS, M. A. P. D. M. *Esporte e Exercício – Avaliação e Prescrição*. São Paulo: Roca, 2003.

KRÖGER, C. *Escola Bola*. São Paulo: Phorte, 2002.

LE BOULCH, J. *O Desenvolvimento Psicomotor:* do Nascimento até 6 anos. Porto Alegre: Artes Médicas/Artmed, 1992.

LOPES, Alexandre Apolo da Silveira Menezes; SILVA, Sheila Aparecida Pereira dos Santos. *Método Integrado de Ensino no Futebol.* São Paulo: Phorte, 2009.

MAGILL, R. A. *Aprendizagem Motora:* Conceitos e Aplicações. São Paulo: Edgard Blucher, 1990.

MARTINS, P. S. *Curso de Futebol de Base na Base. Aulas/Palestras no.* Graduação/Curso de Educação Física – UNISA/Universidade de Santo Amaro/SP e Alphaville Tênis Clube/SP e Clube Alto dos Pinheiros/SP. Apontamentos. São Paulo, 2007 a 2011.

MEINEL, K. *Motricidade I e II.* Rio de Janeiro: Ao Livro Técnico, 1984.

MELO, R. S. *Qualidades Físicas e Psicológicas e Exercícios do Atleta de Futebol.* Rio de Janeiro: Sprint, 1997.

MELO R. S.; MELO L. *Ensinando Futsal.* Rio de Janeiro: Sprint, 2007.

MUTTI, D. *Futsal:* Da Iniciação ao Alto Nível. 2. ed. São Paulo: Phorte, 2003.

PAGANELLA, M. A. *Futebol, Futsal e Futebol Society, Aulas de.* Graduação/Curso de Educação Física – UNISA/Universidade de Santo Amaro/SP e UNIÍTALO/Centro Universitário Ítalo-Brasileiro/SP. Apontamentos. São Paulo, 2010-2011.

SALES, R. M. *Futsal & Futebol:* Bases Metodológicas. São Paulo: Ícone, 2011.

VOSER, R. C. GIUSTI, J. G. *O Futsal e a Escola:* Uma Perspectiva Pedagógica. Porto Alegre: Artmed, 2002.

PROTOCOLO DE AVALIAÇÃO TÉCNICA NO FUTEBOL. AVALIAÇÃO DOS FUNDAMENTOS TÉCNICOS INDIVIDUAIS OFENSIVOS E DEFENSIVOS DOS JOGADORES DE LINHA E DO GOLEIRO

"Avaliar/avaliação", segundo ensinam os dicionários, significa determinar o valor, mensurar, fazer ideia, apreciar o merecimento, calcular, estimar. Por sua vez, "protocolo" quer dizer algo predeterminado, preestabelecido, procedimento que deve ser seguido conforme etapas anteriormente designadas. E "parâmetro" é o elemento que serve de base, de fundamento, de espelho, de comparação, ou seja, é o padrão que serve de referência e de paradigma.

No âmbito do Futebol profissional, sobretudo, no que se refere às categorias de base, é certo e seguro afirmar que fazer testes para avaliar quem são os melhores jogadores por meio de "peneiras" (processo de escolhas de jogadores) é bastante subjetivo (o que não deixa de ter valor!), o que pode levar a injustiças e/ou a erros na avaliação.

Durante a realização de uma "peneira" por meio do formato tradicional (somente um jogo/coletivo), um jogador atacante que estiver numa equipe fraca tecnicamente terá poucas condições de demonstrar seu Futebol, pois ficará mais difícil da bola chegar até ele (neste caso, mesmo a observação subjetiva poderá ficar comprometida).

O mesmo poderá ocorrer com um bom goleiro que estiver numa equipe com a defesa relativamente forte. Este também terá poucas possibilidades de demonstrar sua qualidade.

Há que se mencionar, também, aqueles jogadores talentosos, mas, introspectivos ou inseguros, que em situação de jogo com companheiros com quem não tenha prévio entrosamento/conhecimento não conseguem, pelo menos num primeiro momento, se soltar e se sentir à vontade, mesmo que sejam capazes e bons tecnicamente.

Existe, ainda, a possibilidade de ser o jogador "bom de bola", mas, apenas e tão somente não estar num bom dia e, como consequência, desconcentrado e desligado do contexto. Mais uma vez poder-se-ia incorrer em erros/injustiças e/ou desperdiçar um talento.

Assim, se apresenta como necessária a utilização de um protocolo de avaliação (objetiva) que permita aos avaliados demonstrar sua capacidade/qualidade para cada fundamento técnico, sem desprezar, tampouco ignorar, a avaliação em situação de jogo coletivo (subjetiva), dado que, por este prisma, uma espécie de avaliação é complementar à outra.

Com o detalhe de que o jogo pode ser realizado em campo e em número de jogadores reduzidos, fazendo com que todos tenham a condição de tocar mais vezes na bola e/ou tenham a possibilidade de uma maior participação.

A aplicação de um protocolo como este pode envolver um maior número de profissionais avaliadores (o que não significa dizer obrigatório) e, obviamente, todos os professores deverão seguir os mesmos critérios e parâmetros. O resultado será uma avaliação muito mais criteriosa e com menor possibilidade de erros.

No entanto, não apenas os futuros jogadores profissionais devem ser "objetos" de avaliação, mas, contudo, em qualquer âmbito do Futebol Não Profissional em que o professor estiver inserido tal procedimento é indicado.

Num Clube Esportivo e Social, numa Escola de Futebol, e até mesmo na própria Escola, entre outras possibilidades, a avaliação proposta tem mais o mérito de avaliar o trabalho do que propriamente a *performance* do aluno/atleta.

Melhor dizendo, nestes casos, com base nos resultados obtidos, não estar-se-á colocando em jogo uma aprovação ou não, uma reprovação ou exclusão de um futuro jogador profissional, mas, sim, pautado nos dados obtidos, o professor poderá consignar um planejamento melhor e mais adequado à sua realidade de trabalho.

No mesmo sentido, poderá desenvolver o trabalho de modo compatível com as necessidades que se apresentam, aumentando sobremaneira a eficácia e a eficiência do trabalho em face, justamente, dos resultados e objetivos que se quer atingir se comparados com os obtidos nas avaliações anteriores.

Com base nas afirmações retrodelineadas, segue, pois, sugestão de Protocolo de Avaliação dos Fundamentos Técnicos Individuais Ofensivos e Defensivos dos Jogadores de Linha e Protocolo de Avaliação dos Fundamentos Técnicos Individuais Ofensivos e Defensivos do Goleiro, salientando que compete ao professor avaliar a utilização do modelo de maneira integral, ou, se preferir, adaptá-lo à realidade em que está inserido.

O Protocolo tem 3 partes distintas, porém, complementares (o "Protocolo de Avaliação os Fundamentos Ofensivos e Defensivos dos Jogadores de Linha e do Goleiro" é o completo, isto é, compreende todos, ao passo que o Protocolo de Avaliação Técnica no Futebol é resumido, ou seja, apresenta um número menor de Fundamentos):

1º. Os Fundamentos e os respectivos parâmetros de avaliação/comparação.

2º. A estrutura física e o processo/procedimento para a avaliação.

3º. A ficha de avaliação para anotação dos dados cadastrais e da respectiva pontuação obtida; serve para o Futebol, o Futsal, o Futebol *Society* e o Futebol de Areia/Praia/*Beach Soccer*.

PROTOCOLO DE AVALIAÇÃO DOS FUNDAMENTOS TÉCNICOS INDIVIDUAIS OFENSIVOS E DEFENSIVOS DOS JOGADORES DE LINHA

1. CONDUÇÃO DE BOLA

1.1. Condução com parte externa/peito do pé e com a parte interna do pé.

1.2. Condução com a sola do pé.

Parâmetros

A – Quanto à habilidade	Pontos
1. Usa os dois pés com domínio total	3
2. Usa apenas um dos pés com domínio total	2
3. Nenhum dos pés apresenta domínio total	1
4. Durante o percurso, perde constantemente o controle da bola	0

B – Quanto ao deslocamento	Pontos
1. Olha para a bola circunstancialmente	3
2. Olha para a bola com regularidade/intervalos	2
3. Olha para a bola constantemente	1
4. Conduz a bola com dificuldade e com muitos movimentos acessórios	0

Estrutura/Processo

A – Disposição física
6 a 8 cones ou estacas colocados à distância de 2 m entre si, distribuídos de forma sequencial e em linha reta.

B – Procedimento
Conduzir a bola entre os cones ou estacas nos dois sentidos (ida e volta) durante 1 minuto, evitando tocá-los.

2. DRIBLE SIMPLES

2.1. Drible simples com a parte interna e com a parte externa do pé.

2.2. Drible com a sola do pé.

Parâmetros

A – Quanto à habilidade	Pontos
1. Usa os dois pés com domínio total e com acentuada mudança de direção	3
2. Usa apenas um dos pés com domínio total e com acentuada mudança de direção	2
3. Usa os dois pés com domínio relativo e com dificuldade em mudar a direção	1
4. Dificuldade na execução dos movimentos pertinentes ao drible	0

B – Quanto ao deslocamento	Pontos
1. Bom arranque com bola parada e boa mudança de direção com bola em movimento	3
2. Regular arranque com bola parada e regular mudança de direção com bola em movimento	2
3. Arranque com bola parada e mudança de direção com bola em movimento insatisfatórios	1
4. Não tem arranque com bola parada, nem executa a mudança de direção com bola em movimento	0

Estrutura/Processo

A – Disposição física

6 a 8 obstáculos de 1 m, de largura colocados à distância de 2 m entre si, distribuídos de forma sequencial e em linha reta (Ex.:]]]]]]).

B – Procedimento

Estando de posse de bola diante de cada obstáculo (assim que efetuar o drible, voltar à posição semelhante no obstáculo seguinte), executar o movimento do drible nos dois sentidos (ida e volta) durante 1 minuto, evitando tocá-los (Ex.: +] +] +] +] +]).

3. FINTAS (Desmarque sem a bola)

Parâmetros

A – Quanto ao deslocamento	Pontos
1. Bom arranque e boa mudança de direção	3
2. Regular arranque e regular mudança de direção	2
3. Arranque e mudança de direção insatisfatórios	1
4. Não tem arranque e não executa a mudança de direção	0

Estrutura/Processo

A – Disposição física

Num espaço de aproximadamente 40 m^2 (equivalente à quadra de defesa do Voleibol), não deve haver pontos de referência específicos e/ou concretos.

B – Procedimento
Executar fintas frontais e laterais durante 1 minuto, de modo que seja perceptível a intenção de ludibriar um adversário/marcador. Poderá haver no espaço predeterminado jogadores com bola para auxiliar os que estarão sem bola na execução da finta, bem como esta avaliação poderá ser consignada durante o jogo simulado.

4. CONTROLE DE BOLA (Embaixadinhas)

Parâmetros

A – Quanto à execução	Pontos
1. Apresenta bom domínio com os dois pés	3
2. Bom domínio com o pé dominante e regular com o outro	2
3. Executa o movimento com deficiência	1
4. Não consegue controlar a bola corretamente e apresenta movimentos acessórios em demasia	0

B – Quanto à utilização do espaço	Pontos
1. Durante a execução, situa-se sempre no espaço predeterminado	3
2. Durante a execução, sai raras vezes do espaço predeterminado	2
3. Durante a execução, sai alguma vezes do espaço predeterminado	1
4. Durante a execução, sai muitas vezes do espaço predeterminado	0

Estrutura/Processo

A – Disposição física
Um círculo de 4 a 6 m de diâmetro formado, preferencialmente, com a utilização de sinalizadores.

B – Procedimento
Controlar a bola (fazer embaixadinhas) com diferentes partes do corpo excetuando-se com braços/mãos durante 1 minuto, mantendo-se nos limites interiores do círculo.

5. PASSES COM OS PÉS

5.1. Passe simples – bola rasteira.

5.2. Passe "cavado".

5.3. Passe com a parte interna e/ou peito do pé – bola alta.

5.4. Passe de bate-pronto com a parte interna do pé – bola alta.

Parâmetros

A – Quanto à execução	Pontos
1. Usa a parte interna e a externa dos dois pés com total domínio e precisão	3
2. Usa apenas um dos pés com total domínio e precisão	2
3. Usa a parte interna e a externa dos dois pés com pouco domínio e precisão	1
4. Nenhum dos dois pés apresenta domínio e precisão	0

B – Quanto à direção	Pontos
1. Faz o passe com bola parada e em movimento com os dois pés e com total domínio e precisão	3
2. Faz o passe com bola parada e em movimento e com total domínio e precisão só com um pé	2
3. Faz o passe com bola parada e em movimento com pouco domínio e precisão	1
4. Faz o passe com dificuldade e com muitos movimentos acessórios	0

Estrutura/Processo

A – Disposição física 5.1
6 a 8 obstáculos de 1 m de largura colocados à distância de 2 m entre si, distribuídos de forma sequencial e em linha reta (Ex.:]]]]]).

B – Procedimento 5.1
Em duplas, efetuar passes em deslocamento durante 1 minuto, executando na ida com um e na volta com o outro pé, fazendo com que a bola cruze sempre entre os obstáculos sem atingi-los.

A – Disposição física 5.2
1 obstáculo de 1,5 m a 2 m de altura colocado entre os dois jogadores (Ex.: ·] ·).

B – Procedimento 5.2
Em duplas, efetuar passes "cavados", ora com o pé direito, ora com o pé esquerdo, fazendo com que a bola cruze sempre por cima do obstáculo sem atingi-lo, e fazendo com que a bola chegue ao companheiro em condições satisfatórias de domínio e recebimento.

A – Disposição física 5.3
1 obstáculo de 1,5 m a 2 m de altura colocado entre os dois jogadores (Ex.: ·] ·).

B – Procedimento 5.3
Um avaliador e/ou um jogador de frente para o outro, com as mãos, um joga a bola e o outro a devolve por meio de um passe com a parte interna e/ou com o peito do pé.
Um avaliador e/ou um jogador ao lado do outro em deslocamento para frente, e tendo como referência a disposição de materiais utilizada na avaliação do passe simples, com as mãos, um joga a bola e o outro a devolve por meio de um passe com a parte interna e/ou com o peito do pé.

A – Disposição física 5.4
Um avaliador e/ou 1 jogador de frente para outro jogador a distância de 6 m a 12 m um do outro, ou, ainda, 1 obstáculo de 1,5 m a 2 m de altura colocado entre os dois jogadores, desde que haja espaço para que a bola passe por baixo do obstáculo, como, por exemplo, uma barreira do Atletismo (Ex. 1: · sem obstáculo.; Ex. 2: ·] ·).

B – Procedimento 5.4
Um avaliador e/ou 1 jogador de frente para outro jogador, com as mãos, um joga a bola e o outro a devolve por meio de um passe de bate-pronto com a parte interna do pé.
Um jogador ao lado do outro em deslocamento para frente, um joga a bola e o outro a devolve por meio de um passe de bate-pronto com a parte interna do pé.

Obs.: Conferir nos itens 10.4 e 10.5 a possibilidade de avaliar os chutes de pivô e de cruzamento na condição de "passes", e não como chutes a gol propriamente dito; conferir, também, no item 12 a possibilidade de tratar o cabeceio como "passe" e/ou como "fundamento defensivo", além de uma forma de concluir a gol.

6. DOMÍNIOS SIMPLES COM OS PÉS

6.1. Domínio simples com a parte interna/externa/sola do pé – bola rasteira.

6.2. Domínio simples com a parte interna/externa do pé – bola alta.

Parâmetros

A – Quanto à execução	Pontos
1. Domina/executa o movimento com os dois pés e com total domínio e precisão	3
2. Domina/executa o movimento com total domínio e precisão com apenas um dos pés	2
3. Domina/executa o movimento com os dois pés e com pouco domínio e precisão	1
4. Nenhum dos dois pés apresenta domínio e precisão na execução do movimento	0

B – Quanto à utilização do espaço	Pontos
1. Durante a execução, situa-se sempre no espaço predeterminado	3
2. Durante a execução, sai raras vezes do espaço predeterminado	2
3. Durante a execução, sai poucas vezes do espaço predeterminado	1
4. Durante a execução, sai muitas vezes do espaço predeterminado	0

Estrutura/Processo

A – Disposição física 6.1 e 6.2
Demarcar com sinalizadores um quadrado com 2 m × 2 m de lado.

B – Procedimento 6.1 e 6.2
O avaliador ficará de 6 m a 12 m de distância do jogador que estará dentro do quadrado dominando as bolas jogadas/alçadas em número de 2 a 4 para cada um dos pés.

7. DOMÍNIOS COM OS PÉS

7.1. Domínio de bate-pronto com a parte interna, externa e sola do pé – bola alta.

7.2. Domínio/abafamento com o peito do pé – bola alta.

Parâmetros

A – Quanto à execução	Pontos
1. Domina/executa o movimento com os dois pés e com total domínio e precisão	3
2. Domina/executa o movimento com total domínio e precisão com apenas um dos pés	2
3. Domina/executa o movimento com os dois pés e com pouco domínio e precisão	1
4. Nenhum dos dois pés apresenta domínio e precisão na execução do movimento	0

B – Quanto à utilização do espaço	Pontos
1. Durante a execução, situa-se sempre no espaço predeterminado	3
2. Durante a execução, sai raras vezes do espaço predeterminado	2
3. Durante a execução, sai algumas vezes do espaço predeterminado	1
4. Durante a execução, sai muitas vezes do espaço predeterminado	0

Estrutura/Processo

A – Disposição física 7.1 e 7.2
Demarcar com sinalizadores um quadrado com 2 m × 2 m de lado.

B – Procedimento 7.1 e 7.2
O avaliador ficará de 6 m a 12 m de distância do jogador que estará dentro do quadrado dominando as bolas jogadas/alçadas em número de 2 a 4 para cada um dos pés.

8. DOMÍNIOS/ABAFAMENTOS

8.1. Domínio com a coxa.
8.2. Domínio com o peito.
8.3. Domínio com a cabeça.

Parâmetros

A – Quanto à execução	Pontos
1. Domina/executa o movimento com total domínio e precisão	3
2. Domina/executa o movimento com relativo domínio e precisão	2
3. Domina/executa o movimento com pouco domínio e precisão	1
4. Não apresenta domínio e precisão na execução do movimento	0

B – Quanto à utilização do espaço	Pontos
1. Durante a execução, situa-se sempre no espaço predeterminado	3
2. Durante a execução, sai raras vezes do espaço predeterminado	2
3. Durante a execução, sai poucas vezes do espaço predeterminado	1
4. Durante a execução, sai muitas vezes do espaço predeterminado	0

Estrutura/Processo

A – Disposição física 8.1, 8.2 e 8.3
Demarcar com sinalizadores um quadrado com 2 m × 2 m de lado.

B – Procedimento 8.1, 8.2 e 8.3
O avaliador ficará de 6 m a 12 m de distância do jogador que estará dentro do quadrado dominando as bolas jogadas/alçadas em número de 2 a 4 para cada uma das pernas, para o peito e para a cabeça.

9. CONCLUSÃO A GOL COM OS PÉS (Parte interna e externa)

9.1. Conclusão a gol com a parte interna e com a parte externa do pé – bola rasteira.

9.2. Conclusão a gol com a parte interna do pé – bola alta.

Parâmetros

A – Quanto à execução	Pontos
1. Usa a parte interna e a externa dos dois pés com total domínio e precisão	3
2. Usa apenas um dos pés com total domínio e precisão	2
3. Usa a parte interna e a externa dos dois pés com pouco domínio e precisão	1
4. Nenhum dos dois pés apresenta domínio e precisão	0

B – Quanto à direção	Pontos
1. Conclui a gol com bola parada e em movimento com os dois pés e com total domínio e precisão	3
2. Conclui a gol com bola parada e em movimento e com total domínio e precisão só com um pé	2
3. Conclui a gol com bola parada e em movimento com pouco domínio e precisão	1
4. Conclui a gol com dificuldade e com muitos movimentos acessórios	0

Estrutura/Processo

A – Disposição física 9.1

Com a utilização do Gol/Meta oficial, e com a fixação de 2 cordas presas no travessão (vertical/perpendicular ao solo) e com 1 corda estendida de um poste a outro (horizontal/paralelo ao solo), serão criados 6 quadrantes.

B – Procedimento 9.1

A bola estará parada e posicionada a uma distância do Gol/Meta que poderá variar de 10 a 20 metros; sempre após o comando do avaliador, que determinará o quadrante a ser atingido, o jogador efetuará de 2 a 4 conclusões simples com a perna direita e depois de 2 a 4 conclusões com a perna esquerda, sempre com a parte interna do pé – bola rasteira, e sempre visando o local indicado. O avaliador, se preferir, poderá colocar a bola em movimento para qualquer direção/sentido; porém, a fim de manter o padrão, aludido movimento da bola deverá ser sempre igual para todos os avaliados.

A – Disposição física 9.2

Com a utilização do Gol/Meta oficial, e com a fixação de 2 cordas presas no travessão (vertical/perpendicular ao solo) e com 1 corda estendida de um poste a outro (horizontal/paralelo ao solo), serão criados 6 quadrantes.

B – Procedimento 9.2

A bola será lançada no alto ao jogador que estará a uma distância do Gol/Meta que poderá variar de 10 a 20 metros; sempre após o comando do avaliador, que determinará o quadrante a ser atingido, o jogador efetuará de 2 a 4 conclusões simples com a perna direita e depois de 2 a 4 conclusões com a perna esquerda, sempre com a parte interna do pé – bola alta, e sempre visando o local indicado. O avaliador determinará se a bola sairá da Meta em direção ao jogador, ou se sairá de uma ou de outra das laterais; no entanto, a fim de manter o padrão, aludido lançamento da bola deverá sair sempre de um mesmo local/distância para todos os avaliados.

10. CHUTES COM A BOLA NO CHÃO

10.1. Chute simples.

10.2. Chute de bico.

10.3. Chute cruzado.

10.4. Chute de pivô (este chute também é considerado como um fundamento "passe").

10.5. Chute de cruzamento (este chute também é considerado como um fundamento "passe").

Parâmetros

A – Quanto à execução	Pontos
1. Usa o bico/peito/interna dos dois pés com total domínio e precisão	3
2. Usa apenas o bico/peito/interna de um dos pés com total domínio e precisão	2
3. Usa o bico/peito/interna dos dois pés com pouco domínio e precisão	1
4. Nenhum dos dois pés apresenta domínio e precisão	0

B – Quanto à direção	Pontos
1. Chuta a gol com bola parada e em movimento com os dois pés e com total domínio e precisão	3
2. Chuta a gol com bola parada e em movimento e com total domínio e precisão só com um pé	2
3. Chuta a gol com bola parada e em movimento com pouco domínio e precisão	1
4. Chuta a gol com dificuldade e com muitos movimentos acessórios	0

Estrutura/Processo

A – Disposição física 10.1, 10.2, 10.3, 10.4 e 10.5
Com a utilização do Gol/Meta oficial, e com a fixação de 2 cordas presas no travessão (vertical/perpendicular ao solo) e com 1 corda estendida de um poste a outro (horizontal/paralelo ao solo), serão criados 6 quadrantes.

B – Procedimento 10.1, 10.2, 10.3, 10.4 e 10.5
A bola estará parada e posicionada a uma distância do Gol/Meta que poderá variar de 10 a 25 metros; sempre após o comando do avaliador, que determinará o quadrante a ser atingido, o jogador efetuará de 2 a 4 chutes simples, de bico, cruzado, de pivô e de cruzamento com a perna direita e depois de 2 a 4 chutes simples, de bico, cruzado, de pivô e de cruzamento com a perna esquerda, sempre com a bola no chão e parada, e sempre visando o local indicado. O avaliador, se preferir, poderá colocar a bola em movimento para qualquer direção/sentido; porém, a fim de manter o padrão, aludido movimento da bola deverá ser sempre igual para todos os avaliados. Também poderá ser colocado um goleiro e, neste caso, o avaliador somente indicará os quadrantes dos cantos inferiores e superiores a serem atingidos. Os chutes de pivô e de cruzamento também são catalogados como fundamentos do grupo "Passes".

11. CHUTES COM A BOLA NO ALTO

11.1. Chute de sem-pulo.
11.2. Chute de bate-pronto.
11.3. Chute de voleio.
11.4. Chute de semivoleio.

Parâmetros

A – Quanto à execução	Pontos
1. Executa o movimento próprio do chute com os dois pés e com total domínio e precisão	3
2. Executa o movimento próprio do chute com total domínio e precisão com apenas um dos pés	2
3. Executa o movimento próprio do chute com os dois pés e com pouco domínio e precisão	1
4. Nenhum dos dois pés apresenta domínio e precisão na execução do chute	0

B – Quanto à direção	Pontos
1. Chuta a gol com os dois pés e com total domínio e precisão	3
2. Chuta a gol com total domínio e precisão só com um pé	2
3. Chuta a gol com pouco domínio e precisão	1
4. Chuta a gol com dificuldade e com muitos movimentos acessórios	0

Estrutura/Processo

A – Disposição física 11.1, 11.2, 11.3 e 11.4
Com a utilização do Gol/Meta oficial, e com a fixação de 2 cordas presas no travessão (vertical/perpendicular ao solo) e com 1 corda estendida de um poste a outro (horizontal/paralelo ao solo), serão criados 6 quadrantes.

B – Procedimento 11.1, 11.2, 11.3 e 11.4
A bola será lançada no alto ao jogador que estará a uma distância do Gol/Meta que poderá variar de 10 a 25 metros; sempre após o comando do avaliador, que determinará o quadrante a ser atingido, o jogador efetuará de 2 a 4 chutes de sem-pulo, de bate-pronto, de voleio e de semivoleio com a perna direita e depois de 2 a 4 chutes de sem-pulo, de bate-pronto, de voleio e de semivoleio com a perna esquerda, sempre com a bola alta, e sempre visando o local indicado. O avaliador determinará se a bola sairá da Meta em direção ao jogador, ou se sairá de uma ou de outra das laterais; no entanto, a fim de manter o padrão, aludido lançamento da bola deverá sair sempre de um mesmo local/distância para todos os avaliados. Também poderá ser colocado um goleiro e, neste caso, o avaliador somente indicará os quadrantes dos cantos inferiores e superiores a serem atingidos.

12. CABECEIO

12.1. Cabeceio frontal sem salto.

12.2. Cabeceio lateral sem salto.

12.3. Cabeceio frontal com salto.

12.4. Cabeceio lateral com salto.

Parâmetros

A – Quanto à execução	Pontos
1. Cabeceia com perfeição, usando a testa e golpeando a bola com energia	3
2. Cabeceia razoavelmente, usando a testa e golpeando a bola com energia moderada	2
3. Executa o movimento com deficiência, com pouca energia e não usa apenas a testa	1
4. Não executa o movimento	0

B – Quanto à direção	Pontos
1. Consegue sempre enviar a bola para o destino predeterminado	3
2. Consegue enviar a bola algumas vezes para o destino predeterminado	2
3. Raramente consegue enviar a bola para o destino predeterminado	1
4. Não consegue enviar a bola para o destino predeterminado	0

Estrutura/Processo

A – Disposição física 12.1, 12.2, 12.3 e 12.4
Com a utilização do Gol/Meta oficial, e com a fixação de 2 cordas presas no travessão (vertical/perpendicular ao solo) e com 1 corda estendida de um poste a outro (horizontal/paralelo ao solo), serão criados 6 quadrantes.

B – Procedimento 12.1, 12.2, 12.3 e 12.4
A bola será lançada no alto ao jogador que estará a uma distância do Gol/Meta que poderá variar de 10 a 20 metros; sempre após o comando do avaliador, que determinará o quadrante a ser atingido, o jogador efetuará de 2 a 4 cabeceios sempre visando o local indicado. O avaliador determinará quando a bola sairá da Meta em direção ao jogador para os cabeceios frontais, e quando sairá das laterais para os respectivos cabeceios. Também poderá ser colocado um goleiro e, neste caso, o avaliador somente indicará os quadrantes dos cantos inferiores e superiores a serem atingidos. Estes cabeceios também podem ser considerados e avaliados como fundamentos de "Passes".

13. JOGO EM CAMPO REDUZIDO

Parâmetros

Em face do que observar, inclusive no que tange aos aspectos defensivos, atribuir pontos de 0 a 3
1. Apresenta bom nível de habilidade técnica.
2. Tem bom aproveitamento e/ou passa com eficiência, mesmo pressionado pelo adversário.
3. Domina/recebe a bola com eficiência.
4. Desloca-se com desenvoltura e com boa percepção e bom domínio espacial.
5. Retém com facilidade, conduz e dribla bem, além de dificilmente perder a bola.
6. Chuta e conclui bem a gol, com bom aproveitamento e com relativa precisão.
7. Apresenta uma boa condição física (resistência, potência e velocidade).
8. Ao marcar, mantém a posição de expectativa com afastamento lateral e anteroposterior de pernas.
9. Adota a marcação mais conveniente, isto é, de longe, de perto ou a meia-distância, conforme a situação.

Em face do que observar, inclusive no que tange aos aspectos defensivos, atribuir pontos de 0 a 3

10. Mantém a atenção na marcação aos que não estão com a bola, e presta mais atenção ainda ao jogador que está com a bola.
11. Acompanha o jogador de posse de bola até o final da jogada.
12. Marca sempre entre o adversário e o gol e marca sempre entre a bola e o gol.
13. Induz o jogador de posse de bola a ir para o lado "mais fraco" dele e/ou para as laterais e/ou para o seu campo de defesa.
14. Antecipa-se somente com "certeza absoluta" (não entra na corrida e/ou "não dá o bote errado").
15. Tem boa recuperação, isto é, não desiste ao ser driblado, além de sempre manter a humildade.
16. Sempre age com prudência, esperando a ação do atacante a fim de reagir de modo adequado e coerente.
17. Continua marcando e tentando tomar a bola, mesmo após ter recebido algum drible considerado "humilhante".
18. Marca bem individualmente e/ou no setor.
19. Boa noção de cobertura e de ajuda recíproca.
20. Tem motivação, concentração, atenção e humildade.

Estrutura/Processo

A – Disposição física

Deverá ser consignado um campo com medidas reduzidas, podendo variar de 15 m a 20 m de largura por 35 m a 40 m de largura, com as Metas normais e/ou reduzidas, dependendo da opção do professor ou das circunstâncias.

B – Procedimento

Equipes de 4 a 6 jogadores mais um goleiro, deverão jogar durante 10 a 20 minutos. Além dos aspectos ofensivos, também se trata de uma excelente oportunidade de observar os aspectos defensivos.

JOGADORES DE LINHA – DADOS CADASTRAIS – FICHA DE AVALIAÇÃO – PONTUAÇÃO

Nome:	Nascimento:
Procedência:	Telefone:
E-mail:	Posição:
Local:	Data:

FUNDAMENTOS	A. Pontos/conceito	Avaliador	B. Pontos/conceito	Avaliador
1. Condução de bola: 1.1. Condução com parte externa/peito do pé e com a parte interna. 1.2. Condução com a sola				
2. Drible simples: 2.1. Drible simples com a parte interna/externa do pé 2.2. Drible com a sola				
3. Finta (Desmarque sem bola)				
4. Controle de bola (Embaixadinha)				
5. Passes com os pés: 5.1. Passe simples – bola rasteira 5.2. Passe "cavado" 5.3. Passe com parte interna e/ou peito do pé – bola alta 5.4. Passe de bate-pronto com a parte interna do pé – bola alta				
6. Domínios com os pés: 6.1. Domínio simples com a parte interna/externa/sola do pé – bola rasteira 6.2. Domínio simples com a parte interna/externa do pé – bola alta				
7. Domínios com os pés: 7.1. Domínio de bate-pronto com a parte interna, externa e sola do pé – bola alta 7.2. Domínio/abafamento com o peito do pé – bola alta				
8. Domínios/abafamentos: 8.1. Domínio com a coxa 8.2. Domínio com o peito 8.3. Domínio com a cabeça				
9. Conclusão a Gol com os pés (parte interna/externa): 9.1. Conclusão a Gol com a parte interna/externa dos pés – bola rasteira 9.2. Conclusão a Gol com a parte interna dos pés – bola alta				

FUNDAMENTOS	A. Pontos/conceito	Avaliador	B. Pontos/conceito	Avaliador
10. Chutes com a bola no chão: 10.1. Chute simples 10.2. Chute de bico 10.3. Chute cruzado 10.4. Chute de pivô 10.5. Chute de cruzamento				
11. Chutes com a bola no alto: 11.1. Chute de sem-pulo 11.2. Chute de bate-pronto 11.3. Chute de voleio 11.4. Chute de semivoleio				
12. Cabeceios: 12.1. Cabeceio frontal sem salto 12.2. Cabeceio lateral sem salto 12.3. Cabeceio frontal com salto 12.4. Cabeceio lateral com salto				
13. Jogo em campo reduzido				
PONTUAÇÃO PARCIAL				
PONTUAÇÃO TOTAL				
CLASSIFICAÇÃO PARCIAL				
CLASSIFICAÇÃO GERAL				

Observações do(s) Avaliador(es): ....

Considerações importantes

Compete ao professor ponderar acerca de quais fundamentos deverão ser analisados e/ou em qual etapa do trabalho, isto é, não é necessário avaliar todos os quesitos de uma só vez. A pontuação de referência poderá ser alterada para números maiores do que os de 0 a 3 aqui apresentados conforme o entendimento do professor, bem como os parâmetros e demais disposições e procedimentos também poderão ser modificados e/ou aperfeiçoados, sempre com vistas ao aprimoramento do trabalho. A fim de respeitar os padrões, e mesmo com as possíveis modificações promovidas pelo professor, importante frisar que as reavaliações devem seguir o mesmo formato e ter os mesmos critérios das avaliações anteriores/precedentes.

PROTOCOLO DE AVALIAÇÃO DOS FUNDAMENTOS TÉCNICOS INDIVIDUAIS DEFENSIVOS (TIPOS/FORMAS DE DEFESA) E OFENSIVOS (REPOSIÇÕES) PRÓPRIOS DO GOLEIRO

1. DEFESAS FRONTAIS

1.1. Defesa frontal – alta.
1.2. Defesa frontal – média/meia-altura.
1.3. Defesa frontal – baixa/rasteira.

Parâmetros

A – Quanto à execução	Pontos
1. Executa os movimentos com total domínio e precisão	3
2. Executa os movimentos com razoável domínio e precisão	2
3. Executa os movimentos com pouco domínio e precisão	1
4. Não executa os movimentos corretamente	0

B – Quanto à utilização do espaço	Pontos
1. Durante a execução, situa-se sempre de modo adequado no espaço correto	3
2. Durante a execução, situa-se algumas vezes de modo adequado no espaço correto	2
3. Durante a execução, situa-se poucas vezes de modo adequado no espaço correto	1
4. Não se situa de modo adequado no espaço correto	0

Estrutura/Processo

A – Disposição física 1.1, 1.2 e 1.3

Com a utilização do Gol/Meta oficial e/ou, após analisar o piso do local disponível, demarcar com sinalizadores um espaço similar ao de um Gol/Meta.

B – Procedimento 1.1, 1.2 e 1.3

O avaliador ficará à frente e/ou na diagonal ao Gol/Meta, e determinará e orientará o goleiro quanto à defesa a ser consignada; o avaliador ficará de 6 m a 20 m de distância do goleiro que estará posicionado no local adequado no Gol/Meta realizando as defesas em face das bolas jogadas com as mãos e/ou chutadas pelo avaliador em número de 3 a 6 para cada um dos tipos de defesa indicados (Frontal Alta; Frontal Média/Meia-altura e Frontal Baixa/Rasteira).

2. DEFESAS LATERAIS

2.1. Defesa lateral – alta.
2.2. Defesa lateral – média/meia-altura.
2.3. Defesa lateral – baixa/rasteira.

Parâmetros

A – Quanto à execução	Pontos
1. Executa os movimentos, saltos e quedas com total domínio e precisão	3
2. Executa os movimentos com razoável domínio e precisão	2
3. Executa os movimentos, saltos e quedas com pouco domínio e precisão	1
4. Não executa os movimentos corretamente	0

B – Quanto à utilização do espaço	Pontos
1. Durante a execução, situa-se sempre de modo adequado no espaço correto	3
2. Durante a execução, situa-se algumas vezes de modo adequado no espaço correto	2
3. Durante a execução, situa-se poucas vezes de modo adequado no espaço correto	1
4. Não se situa de modo adequado no espaço correto	0

Estrutura/Processo

A – Disposição física 2.1, 2.2 e 2.3
Com a utilização do Gol/Meta oficial e/ou, após analisar o piso do local disponível, demarcar com sinalizadores um espaço similar ao de um Gol/Meta.

B – Procedimento 2.1, 2.2 e 2.3
O avaliador ficará à frente e/ou na diagonal ao Gol/Meta, e determinará e orientará o goleiro quanto à defesa a ser consignada; o avaliador ficará de 6 m a 20 m de distância do goleiro que estará posicionado no local adequado no Gol/Meta realizando as defesas em face das bolas jogadas com as mãos e/ou chutadas pelo avaliador em número de 3 a 6 para cada um dos tipos de defesa indicados (Lateral Alta; Lateral Média e Lateral Baixa/Rasteira).

3. SAÍDAS NOS PÉS DO ATACANTE E SAÍDAS EM CRUZAMENTOS

3.1. Saídas nos pés do atacante.
3.2. Saídas em cruzamentos – bola alta, média/meia-altura e baixa/rasteira.

Parâmetros

A – Quanto à execução	Pontos
1. Executa os movimentos com total domínio e precisão e não tem receios	3
2. Executa os movimentos com razoável domínio e precisão e com razoáveis receios	2
3. Executa os movimentos com pouco domínio e precisão com ou sem receios	1
4. Não executa os movimentos corretamente com ou sem receios	0

B – Quanto à utilização do espaço	Pontos
1. Durante a execução, situa-se e sai sempre de modo adequado no e para o espaço correto	3
2. Durante a execução, situa-se e sai algumas vezes de modo adequado no e para o espaço correto	2
3. Durante a execução, situa-se e sai algumas vezes de modo adequado no e para o espaço correto	1
4. Não se situa e não sai de modo adequado no e para o espaço correto	0

Estrutura/Processo

A – Disposição física 3.1

Com a utilização do Gol/Meta oficial e/ou, após analisar o piso do local disponível, demarcar com sinalizadores um espaço similar ao de um Gol/Meta.

B – Procedimento 3.1

Com o auxílio de jogadores de linha e/ou ele próprio, o avaliador ficará à frente e/ou na diagonal ao Gol/Meta a uma distância de 6 m a 20 m, conduzirá a bola em direção ao Gol/Meta e tentará concluir a gol e/ou driblar o goleiro, que sairá "nos pés do atacante" para evitar o drible e/ou o gol.

A – Disposição física 3.2

Com a utilização do Gol/Meta oficial e/ou, após analisar o piso do local disponível, demarcar com sinalizadores um espaço similar ao de um Gol/Meta.

B – Procedimento 3.2

Com o auxílio de jogadores de linha e/ou ele próprio, o avaliador ficará ora na lateral direita, ora na lateral esquerda ao Gol/Meta a uma distância de 10 m a 30 m, e efetuará cruzamentos em "Bola Alta, a Meia-altura/Média, e Baixa/Rasteira", a fim de que o goleiro possa executar as "Saídas em cruzamentos – Bola Alta, Meia-altura/Média, Baixa/Rasteira".

4. DEFESAS COM OS PÉS/PERNAS E COM O CORPO/CABEÇA

4.1. Defesas com os pés/pernas.
4.2. Defesas com o corpo/cabeça.

Parâmetros

A – Quanto à execução	Pontos
1. Executa a defesa com os pés/pernas e/ou com o corpo com coragem e com total domínio, precisão e sem receios	3
2. Executa a defesa com os pés/pernas e/ou com o corpo com alguma coragem, domínio, precisão e com razoáveis receios	2
3. Executa a defesa com os pés/pernas e/ou com o corpo com pouco domínio e precisão e com receios	1
4. Não executa os movimentos corretamente com ou sem receios	0

B – Quanto à utilização do espaço	Pontos
1. Durante a execução, situa-se e sai sempre de modo adequado no e para o espaço correto	3
2. Durante a execução, situa-se e sai algumas vezes de modo adequado no e para o espaço correto	2
3. Durante a execução, situa-se e sai algumas vezes de modo adequado no e para o espaço correto	1
4. Não se situa e não sai de modo adequado no e para o espaço correto	0

Estrutura/Processo

A – Disposição física 4.1 e 4.2
Com a utilização do Gol/Meta oficial e/ou, após analisar o piso do local disponível, demarcar com sinalizadores um espaço similar ao de um Gol/Meta.

B – Procedimento 4.1 e 4.2
O avaliador ficará à frente e/ou na diagonal ao Gol/Meta, e determinará e orientará o goleiro quanto à defesa a ser consignada com os pés/pernas e/ou com o corpo; o avaliador ficará de 6 m a 20 m de distância do goleiro que estará posicionado no local adequado no Gol/Meta realizando as defesas em face das bolas jogadas com as mãos e/ou chutadas pelo avaliador em número de 3 a 6 para cada um dos tipos de defesa indicados (com os pés/pernas e/ou com o corpo). No sentido da segurança e da integridade do goleiro, o professor é quem avaliará de modo correto a força que deverá ser empreendida à bola quando do lançamento em direção ao jogador.

5. REPOSIÇÕES COM AS MÃOS

5.1. Reposição com uma mão – bola alta.
5.2. Reposição com uma mão – bola média/meia-altura.
5.3. Reposição com uma mão – bola baixa/rasteira.

Parâmetros

A – Quanto à execução e à direção	Pontos
1. Apresenta boa empunhadura, bom gesto e sempre envia a bola ao destino correto	3
2. Apresenta boa empunhadura, gesto razoável e algumas vezes não acerta o lançamento ao destino correto	2
3. Apresenta razoável empunhadura, gesto inconsistente e raras vezes acerta o lançamento ao destino correto	1
4. Não consegue executar corretamente, tem gesto inconsistente e não acerta o lançamento ao destino indicado	0

B – Quanto à utilização do espaço	Pontos
1. Situa-se sempre no espaço adequado, faz as passadas corretamente e tem boa noção espacial	3
2. Situa-se algumas vezes no espaço adequado, tem noção espacial e faz as passadas de maneira razoável	2
3. Situa-se raras vezes no espaço adequado, tem pouca noção espacial e não executa as passadas de modo coordenado	1
4. Não se situa no local adequado, não tem noção espacial e não executar as passadas de modo coordenado	0

Estrutura/Processo

A – Disposição física 5.1, 5.2 e 5.3
Com a utilização do Gol/Meta e Áreas oficiais, colocar sinalizadores dispostos pelo espaço a distâncias de 6 m a 30 m.

B – Procedimento 5.1, 5.2 e 5.3
O avaliador determinará e orientará o goleiro quanto à reposição e quanto à direção/destino para onde a bola será enviada; o avaliador e/ou auxiliares ficarão posicionados nos sinalizadores dispostos de 6 m a 30 m de distância para receber a bola alta, média/meia-altura e baixa/rasteira reposta com a mão.

6. REPOSIÇÕES COM OS PÉS

6.1. Reposição por meio de um chute de pivô.
6.2. Reposição por meio de um chute de sem-pulo.
6.3. Reposição por meio de um chute de bate-pronto.
6.4. Reposição por meio de um chute de voleio.
6.5. Reposição por meio de um chute de semivoleio.

Parâmetros

A – Quanto à execução 6.1, 6.2, 6.3, 6.4 e 6.5	Pontos
1. Executa o movimento próprio do chute com os dois pés e com total domínio e precisão	3
2. Executa o movimento próprio do chute com total domínio e precisão com apenas um dos pés	2
3. Executa o movimento próprio do chute com os dois pés e com pouco domínio e precisão	1
4. Nenhum dos dois pés apresenta domínio e precisão na execução do chute	0

B – Quanto à direção 6.1, 6.2, 6.3, 6.4 e 6.5	Pontos
1. Repõe em direção ao destino indicado com os dois pés e com total domínio e precisão	3
2. Repõe em direção ao destino indicado com total domínio e precisão somente com um pé	2
3. Repõe em direção ao destino indicado com pouco domínio e precisão	1
4. Repõe com dificuldade, com muitos movimentos acessórios com muito pouco domínio e precisão	0

Estrutura/Processo

A – Disposição física 6.1, 6.2, 6.3, 6.4 e 6.5
Com a utilização do Gol/Meta e Áreas oficiais, colocar sinalizadores dispostos pelo espaço a distâncias de 10 m a 50 m.

B – Procedimento 6.1, 6.2, 6.3, 6.4 e 6.5
O avaliador determinará e orientará o goleiro quanto à reposição e quanto à direção/destino para onde a bola será enviada; o avaliador e/ou auxiliares ficarão posicionados nos sinalizadores dispostos de 10 m a 50 m de distância para receber a bola alta, média/meia-altura e baixa/rasteira reposta com a mão.

7. TIPOS/FORMAS POR MEIO DAS QUAIS OS TIPOS/FORMAS DE DEFESA SÃO PRATICADOS

7.1. Empunhadura.
7.2. Encaixe.
7.3. Espalmada.
7.4. Dois tempos.
7.5. Rebatida.
7.6. "Socos" na bola.

Parâmetros

A – Quanto à execução	Pontos
1. Apresenta boa empunhadura/encaixe/espalmada/dois tempos/rebatida/socos na bola	3
2. Apresenta razoável empunhadura/encaixe/espalmada/dois tempos/rebatida/socos na bola	2
3. Apresenta deficiente empunhadura/encaixe/espalmada/dois tempos/rebatida/socos na bola	1
4. Não consegue executar a empunhadura/encaixe/espalmada/dois tempos/rebatida/socos na bola e/ou tem medo da bola	0

B – Quanto à utilização do espaço	Pontos
1. Situa-se sempre no espaço adequado e tem boa noção espacial	3
2. Situa-se algumas vezes no espaço adequado e tem razoável noção espacial	2
3. Situa-se raras vezes no espaço adequado e tem pouca noção espacial	1
4. Não se situa no local adequado para executar a defesa	0

Estrutura/Processo

A – Disposição física 7.1, 7.2, 7.3, 7.4, 7.5 e 7.6
Com a utilização do Gol/Meta oficial e/ou, após analisar o piso do local disponível, demarcar com sinalizadores um espaço similar ao de um Gol/Meta.

B – Procedimento 7.1, 7.2, 7.3, 7.4, 7.5 e 7.6
O avaliador ficará à frente e/ou na diagonal ao Gol/Meta, e determinará e orientará o goleiro quanto à forma de defesa a ser consignada (Empunhadura, Encaixe, Espalmada, Dois tempos, Rebatida, "Socos" na bola); o avaliador ficará de 6 m a 20 m de distância do goleiro que estará posicionado no local adequado no Gol/Meta executando as formas de defesas em faces das bolas jogadas com as mãos e/ou chutadas pelo avaliador em número de 3 a 6 para cada uma das formas de defesa indicadas (Empunhadura, Encaixe, Espalmada, Dois tempos, Rebatida, "Socos" na bola).

8. JOGO EM CAMPO REDUZIDO

Parâmetros

Em face do que observar, atribuir pontos de 0 a 3
1. Apresenta boa comunicação e orienta bem seus companheiros.
2. Transmite confiança, segurança e humildade.
3. Tem liderança e ascendência sobre os companheiros.
4. Tem coragem.
5. Tem bom posicionamento tático defensivo.
6. Tem bom posicionamento tático ofensivo.
7. Mantém a posição de expectativa quando ela é indicada.
8. Apresenta uma boa condição física (resistência, potência e velocidade).
9. Tem boa estatura e envergadura.
10. Tem agilidade.
11. Pratica corretamente a Defesa Frontal Alta.
12. Pratica corretamente a Defesa Frontal Média/Meia-altura.
13. Pratica corretamente a Defesa Frontal Baixa/Rasteira.
14. Pratica corretamente a Defesa Lateral Alta.
15. Pratica corretamente a Defesa Lateral Média/Meia-altura.
16. Pratica corretamente a Defesa Lateral Baixa/Rasteira.
17. Sai bem nos pés do atacante.
18. Sai bem nos cruzamentos.
19. Defende com os pés/pernas.
20. Defende bem com o corpo.
21. Tem boa reposição de bola com uma mão – bola alta.
22. Tem boa reposição de bola com uma mão – bola média/meia-altura.
23. Tem boa reposição de bola com uma mão – bola baixa/rasteira.
24. Tem boa reposição com bola no chão – Chute de pivô, etc.
25. Tem boa reposição com bola no alto – Chute de sem-pulo, voleio, bate-pronto, semivoleio.
26. Tem boa empunhadura, encaixe, espalmada, dois tempos, rebatida e "socos" na bola.
27. No caso de bolas paradas, sabe orientar os companheiros e tem bom posicionamento.
28. Considerando que o goleiro pode jogar na linha quase livremente, apresenta boa condição técnica atuando como jogador de linha, mesmo estando no Gol/Meta.

Estrutura/Processo

A – Disposição física
Deverá ser consignado um campo com medidas reduzidas, podendo variar de 15 m a 20 m de largura por 35 m a 40 m de largura, com as Metas normais e/ou reduzidas, dependendo da opção do professor ou das circunstâncias.

B – Procedimento
Equipes de 4 a 6 jogadores mais o goleiro deverão jogar durante 10 a 30 minutos.

JOGADORES DE LINHA – DADOS CADASTRAIS – FICHA DE AVALIAÇÃO – PONTUAÇÃO

Nome:	Nascimento:
Procedência:	Telefone:
E-mail:	Posição:
Local:	Data:

FUNDAMENTOS	A. Pontos/conceito	Avaliador	B. Pontos/conceito	Avaliador
1. Defesas frontais: 1.1. Defesa frontal – alta 1.2. Defesa frontal – média/meia-altura 1.3. Defesa frontal – baixa/rasteira				
2. Defesas laterais: 2.1. Defesa lateral – alta 2.2. Defesa lateral – média/meia-altura 2.3. Defesa lateral – baixa/rasteira				
3. Saídas nos pés do atacante e saídas em cruzamentos: 3.1. Saídas nos pés do atacante 3.2. Saídas em cruzamentos – bola alta, média/meia-altura e baixa/rasteira				
4. Defesas com os pés/pernas e com o corpo: 4.1. Defesas com os pés/pernas 4.2. Defesas com o corpo				
5. Reposições com as mãos: 5.1. Reposição com uma mão – bola alta 5.2. Reposição com uma mão – bola média/meia-altura 5.3. Reposição com uma mão – bola baixa/rasteira				
6. Reposições com os pés: 6.1. Reposição por meio de um chute de pivô 6.2. Reposição por meio de um chute de sem-pulo 6.3. Reposição por meio de um chute de bate-pronto 6.4. Reposição por meio de um chute de voleio 6.5. Reposição por meio de um chute de semi-voleio				

FUNDAMENTOS	A. Pontos/ conceito	Avaliador	B. Pontos/ conceito	Avaliador
7. Tipos/Formas por meio das quais os tipos/ formas de defesa são praticados: 7.1. Empunhadura 7.2. Encaixe 7.3. Espalmada 7.4. Dois tempos 7.5. Rebatida 7.6. "Socos" na bola				
8. Jogo em campo reduzido				
PONTUAÇÃO PARCIAL				
PONTUAÇÃO TOTAL				
CLASSIFICAÇÃO PARCIAL				
CLASSIFICAÇÃO GERAL				

Observações do(s) Avaliador(es): ....

Considerações importantes

Compete ao professor ponderar acerca de quais fundamentos deverão ser analisados e/ou em qual etapa do trabalho, isto é, não é necessário avaliar todos os quesitos de uma só vez. A pontuação de referência poderá ser alterada para números maiores do que os de 0 a 3 aqui apresentados conforme o entendimento do professor, bem como os parâmetros e demais disposições e procedimentos também poderão ser modificados e/ou aperfeiçoados, sempre com vistas ao aprimoramento do trabalho. A fim de respeitar os padrões, e mesmo com as possíveis modificações promovidas pelo professor, é importante frisar que as reavaliações devem seguir o mesmo formato e ter os mesmos critérios das avaliações anteriores/precedentes.

PROTOCOLO DE AVALIAÇÃO TÉCNICA NO FUTEBOL – RESUMIDO

- Protocolo de Avaliação dos Fundamentos Técnicos Individuais Ofensivos e Defensivos dos Jogadores de Linha

- Protocolo de Avaliação dos Fundamentos Técnicos Individuais Ofensivos e Defensivos do Goleiro

"Avaliar/avaliação", segundo ensinam os dicionários, significa determinar o valor, mensurar, fazer ideia, apreciar o merecimento, calcular, estimar.

Por sua vez, "protocolo" quer dizer algo predeterminado, preestabelecido, procedimento que deve ser seguido conforme etapas anteriormente designadas.

E "parâmetro" é o elemento que serve de base, de fundamento, de espelho, de comparação, ou seja, é o padrão que serve de referência e de paradigma.

No âmbito do Futebol profissional, sobretudo, no que se refere às categorias de base, é certo e seguro afirmar que fazer testes para avaliar quem são os melhores jogadores por meio de "peneiras" (processo de escolhas de jogadores) é bastante subjetivo (o que não deixa de ter valor!), o que pode levar a injustiças e/ou a erros na avaliação.

Durante a realização de uma "peneira" por meio do formato tradicional (somente um jogo/coletivo), um jogador atacante que estiver numa equipe fraca tecnicamente terá poucas condições de demonstrar seu Futebol, pois, ficará mais difícil de a bola chegar até ele (neste caso, mesmo a observação subjetiva poderá ficar comprometida).

O mesmo poderá ocorrer com um bom goleiro que estiver numa equipe com a defesa relativamente forte. Este também terá poucas possibilidades de demonstrar sua qualidade.

Há que se mencionar, também, aqueles jogadores talentosos, mas, introspectivos ou inseguros, que em situação de jogo com companheiros com quem não tenha prévio entrosamento/conhecimento não conseguem, pelo menos num primeiro momento, se soltar e se sentir à vontade, mesmo que sejam capazes e bons tecnicamente.

Existe, ainda, a possibilidade de ser o jogador "bom de bola", mas, apenas e tão somente não estar num bom dia e, como consequência, desconcentrado e desligado do contexto. Mais uma vez poder-se-ia incorrer em erros/injustiças e/ou desperdiçar um talento.

Assim, apresenta-se como necessária a utilização de um protocolo de avaliação (objetiva) que permita aos avaliados demonstrar sua capacidade/qualidade para cada fundamento técnico, sem desprezar, tampouco ignorar, a avaliação em situação de jogo coletivo (subjetiva), dado que, por este prisma, uma espécie de avaliação é complementar à outra.

Com o detalhe de que o jogo pode ser realizado em campo e em número de jogadores reduzidos, fazendo com que todos tenham a condição de tocar mais vezes na bola e/ou tenham a possibilidade de uma maior participação.

A aplicação de um protocolo como este pode envolver um maior número de profissionais avaliadores (o que não significa dizer obrigatório) e, obviamente, todos os professores deverão seguir os mesmos critérios e parâmetros. O resultado será uma avaliação muito mais criteriosa e com menor possibilidade de erros.

No entanto, não apenas os futuros jogadores profissionais devem ser "objetos" de avaliação, mas, contudo, em qualquer âmbito do Futebol Não Profissional em que o professor estiver inserido tal procedimento é indicado.

Num Clube Esportivo e Social, numa Escola de Futebol, e até mesmo na própria Escola, entre outras possibilidades, a avaliação proposta tem mais o mérito de avaliar o trabalho do que propriamente a *performance* do aluno/atleta.

Melhor dizendo, nestes casos, com base nos resultados obtidos, não estar-se-á colocando em jogo uma aprovação ou não, uma reprovação ou exclusão de um futuro jogador profissional, mas, sim, pautado nos dados obtidos, o professor poderá consignar um planejamento melhor e mais adequado à sua realidade de trabalho.

No mesmo sentido, poderá desenvolver o trabalho de modo compatível com as necessidades que se apresentam, aumentando sobremaneira a eficácia e a eficiência do trabalho em face, justamente, dos resultados e objetivos que se quer atingir se comparados com os obtidos nas avaliações anteriores.

Com base nas afirmações retrodelineadas, segue, pois, sugestão de Protocolo de Avaliação dos Fundamentos Técnicos Individuais Ofensivos e Defensivos dos Jogadores de Linha e Protocolo de Avaliação dos Fundamentos Técnicos Individuais Ofensivos e Defensivos do Goleiro, salientando que compete ao professor avaliar a utilização do modelo de maneira integral, ou, se preferir, adaptá-lo à realidade em que está inserido.

O Protocolo tem 3 partes distintas, porém, complementares (O Protocolo do Capítulo 18.1 é o completo, isto é, compreende todos os Fundamentos Ofensivos e Defensivos dos Jogadores de Linha e do Goleiro, ao passo que o Protocolo do Capítulo 18.2 é resumido, ou seja, apresenta um número menor de Fundamentos):

1º. Os Fundamentos e os respectivos parâmetros de avaliação/comparação.

2º. A estrutura física e o processo/procedimento para a avaliação.

3º. A ficha de avaliação para anotação dos dados cadastrais e da respectiva pontuação obtida; serve para o Futebol, o Futsal, o Futebol *Society* e o Futebol de Areia/Praia/*Beach Soccer*.

PROTOCOLO DE AVALIAÇÃO TÉCNICA – JOGADORES DE LINHA

1. Ficha de avaliação/anotação – dados cadastrais

Nome:	Nascimento:
Procedência:	Telefone:
E-mail:	Posição:
Local:	Data:

A – Jogadores de linha

Fundamentos	Conceito	Avaliador	Conceito	Avaliador
1. Condução de bola				
2. Controle de bola				
3. Chute de precisão				
4. Chute em movimento				
5. Cabeceios				
6. Domínios/Abafamentos				
7. Situação de jogo				

Fundamentos	Conceito	Avaliador	Conceito	Avaliador
Pontuação total				
Classificação geral				

2. Infraestrutura e condições para a avaliação – jogadores de linha

⇒ **2.1. Condução de bola:**
- Descrição da atividade: Seis cones ou estacas a distância de 1,5 metro entre si, distribuídos de forma sequencial e reta.
- Procedimento: O atleta deverá conduzir a bola entre os cones, nos dois sentidos evitando tocá-los, durante 40 segundos.

⇒ **2.2. Controle de bola**
- Descrição da atividade: Sinalizadores ou cones formarão um círculo de 5 metros de diâmetro.
- Procedimento: O atleta deverá controlar a bola no plano vertical, sem o auxílio das mãos, podendo utilizar outras partes do corpo, como coxa, peito ou cabeça, durante 40 segundos.

⇒ **2.3. Chute de precisão**
- Descrição da atividade: Com a utilização do gol oficial de Futebol, serão criado seis quadrantes com a fixação de três cordas (duas presas ao travessão, perpendicularmente ao chão e uma presa de uma trave a outra, paralelamente ao chão).
- Procedimento: A bola estará posicionada a uma distância do alvo, que poderá variar de 11 a 16,5 metros (de acordo com a faixa etária) e o atleta deverá executar 4 chutes com a perna dominante e 2 chutes com a outra perna, sempre atendendo ao comando do avaliador, quanto ao quadrante a ser alvejado.

⇒ **2.4. Chute com bola em movimento**
- Descrição da atividade: Com uso de um gol oficial de Futebol e a participação de um goleiro.
- Procedimento: A bola estará posicionada a uma distância do alvo, que poderá variar de 11 a 16,5 metros (de acordo com a faixa etária) e o atleta deverá executar 3 chutes com a perna dominante e 3 chutes com a outra perna, obedecendo a seguinte sequência:

Chute rasteiro cruzado; chute sem pulo; chute de bate-pronto.
Obs.: A bola deverá ser lançada pelo avaliador.

⇒ **2.5. Cabeceios**

▹ Descrição da atividade: Com a utilização do gol oficial de Futebol, serão criados seis quadrantes com a fixação de três cordas (duas presas ao travessão, perpendicularmente ao chão e uma presa de uma trave a outra, paralelamente ao chão).

▹ Procedimento: O avaliador se posicionará ao lado das traves e lançará a bola para o atleta, que, com pequeno deslocamento, executará o cabeceio, sempre atendendo a solicitação do avaliador quanto ao quadrante a ser alvejado. Deverão ser lançadas 3 bolas de cada trave (direita e esquerda).

⇒ **2.6. Domínios/abafamentos**

▹ Descrição da atividade: Demarcar no chão, um quadrado com base de 1,5 metro.

▹ Procedimento: O atleta posicionado no centro do quadrado receberá a bola do avaliador, que estará a 6 metros de distância. Ele deverá executar 2 abafamentos para cada item descrito a seguir: Cabeça; Peito; Coxa; Parte interna do pé dominante.

⇒ **2.7. Jogo reduzido/simulado**

▹ Descrição da atividade: Deverá ser utilizado um campo com medidas reduzidas, podendo variar de 15 a 20 metros por 35 a 40 metros, com gols proporcionais.

▹ Procedimento: Serão formadas equipes com 5 atletas cada, sendo um deles o goleiro, que deverão simular uma partida de Futebol com duração de 10 minutos.

3. Parâmetros a serem seguidos – jogadores de linha

⇒ **3.1. Condução de bola:**

Quanto à habilidade	Pontos
▹ Usa os dois pés com domínio total	3
▹ Usa apenas um dos pés com domínio total	2
▹ Não apresenta domínio total com nenhum dos pés	1
▹ Durante a condução segura ou toca constantemente nos cones	0

Quanto ao deslocamento	Pontos
▷ Olha para a bola circunstancialmente	3
▷ Olha para a bola com regularidade	2
▷ Olha para a bola constantemente	1
▷ Conduz a bola com deficiência e movimentos acessórios	0

⇒ **3.2. Controle de bola:**

Quanto à execução	Pontos
▷ Apresenta domínio total com os dois pés	3
▷ Apresenta bom domínio com o pé dominante e regular com o outro	2
▷ Não apresenta bom controle com nenhum dos pés	1
▷ Apresenta movimentos acessórios e não controla a bola por mais de uma vez	0

Quanto à utilização do espaço	Pontos
▷ Situa-se dentro do círculo com domínio total do espaço	3
▷ Saiu poucas vezes dos limites	2
▷ Saiu várias vezes dos limites	1
▷ Permaneceu a maior parte do tempo fora da área de teste	0

⇒ **3.3. Chute de precisão:**

Quanto à direção	Pontos
▷ Há predominância de acertos sobre erros	3
▷ Há predominância parcial de acertos sobre erros	2
▷ Há equilíbrio entre erros e acertos	1
▷ Há mais erros que acertos	0

Quanto à forma	Pontos
▷ Utiliza os dois pés com bom aproveitamento	3
▷ Utiliza o pé dominante com bom desempenho e o outro regular	2
▷ Apresenta desempenho regular com os dois pés	1
▷ Apresenta fraco desempenho com os dois pés	0

⇒ **3.4. Chute com bola em movimento:**

Quanto à direção	Pontos
▷ Há predominância de acertos sobre erros	3
▷ Há predominância parcial de acertos sobre erros	2
▷ Há equilíbrio entre erros e acertos	1
▷ Há mais erros que acertos	0

Quanto à forma	Pontos
▷ Utiliza os dois pés com bom aproveitamento	3
▷ Utiliza o pé dominante com bom desempenho e o outro regular	2
▷ Apresenta desempenho regular com os dois pés	1
▷ Apresenta fraco desempenho com os dois pés	0

⇒ **3.5. Cabeceios:**

Quanto à direção	Pontos
▷ Há predominância de acertos sobre erros	3
▷ Há predominância parcial de acertos sobre erros	2
▷ Há equilíbrio entre erros e acertos	1
▷ Há mais erros que acertos	0

Quanto à forma	Pontos
▷ Cabeceia com energia, testa na bola, olhos abertos e boca fechada	3
▷ Cabeceia com energia moderada e pouco equilíbrio	2
▷ Cabeceia com deficiência, dificuldades de equilíbrio e olhos fechados	1
▷ Deixa que a bola bata em sua cabeça e olhos fechados	0

⇒ **3.6. Domínios/abafamentos:**

Quanto à execução	Pontos
▷ Apresenta bom domínio com as diferentes partes do corpo, solicitadas	3
▷ Apresenta bom domínio apenas com o lado dominante do corpo	2
▷ Apresenta domínio regular com o lado dominante e fraco com o outro	1
▷ Apresenta total dificuldade em dominar a bola	0

Quanto à utilização do espaço	Pontos
▸ Situa-se dentro do círculo com domínio total do espaço	3
▸ Saiu poucas vezes dos limites	2
▸ Saiu várias vezes dos limites	1
▸ Permaneceu a maior parte do tempo fora da área de teste	0

⇒ **3.7. Jogo simulado:**

Avaliação	Conceito	
1. O jogador é habilidoso tecnicamente	sim	não
2. O jogador conduz e dribla bem	sim	não
3. O jogador passa com eficiência	sim	não
4. Passa conscientemente a bola, mesmo sob pressão	sim	não
5. Desloca-se para receber a bola	sim	não
6. Chuta com bom aproveitamento	sim	não
7. O jogador é bom defensor	sim	não
8. Tem boas condições físicas	sim	não
9. O jogador é dinâmico, atacando e defendendo	sim	não
10. Aparenta ter boas condições psicológicas	sim	não
11. O jogador apresenta boa comunicação	sim	não

Obs.: A cada conceito "sim", o atleta somará um (ou mais, e acordo com o critério do professor) ponto na planilha geral.

Observações do(s) Avaliador(es): ....

Considerações importantes:

Compete ao professor ponderar acerca de quais fundamentos deverão ser analisados e/ou em qual etapa do trabalho, isto é, não é necessário avaliar todos os quesitos de uma só vez. A pontuação de referência poderá ser alterada para números maiores do que os de 0 a 3 aqui apresentados conforme o entendimento do professor, bem como os parâmetros e demais disposições e procedimentos também poderão ser modificados e/ou aperfeiçoados, sempre com vistas ao aprimoramento do trabalho. A fim de respeitar os padrões, e mesmo com as possíveis modificações promovidas pelo professor, é importante frisar que as reavaliações devem seguir o mesmo formato e ter os mesmos critérios das avaliações anteriores/precedentes.

PROTOCOLO DE AVALIAÇÃO TÉCNICA – GOLEIRO

1. Ficha de avaliação/anotação – dados cadastrais

Nome:	Nascimento:
Procedência:	Telefone:
E-mail:	Posição:
Local:	Data:

B – Goleiros

Fundamentos	Conceito	Avaliador	Conceito	Avaliador
1. Empunhadura				
2. Saídas do gol				
3. Defesa/Quedas Laterais				
4. Reposições com as mãos				
5. Reposições com os pés				
6. Situação de jogo				
Pontuação total				
Classificação geral				
Classificação geral				

2. Infraestrutura e condições para a avaliação – goleiro

⇒ **2.1. Empunhadura:**

▸ Descrição da atividade: Há uma distância de 6 metros, o avaliador fará 6 lançamentos da bola, com moderada intensidade, em direção reta (variando a altura da cabeça aos joelhos), para o goleiro que estará posicionado num gol oficial. O goleiro deverá segurá-la com as mãos.

⇒ **2.2. Saídas do gol:**

▸ Descrição da atividade: O goleiro colocado sobre a linha de meta. Dois avaliadores – O 1° colocado sobre a junção da linha lateral da grande área e a linha de fundo. O 2° colocado sobre a marca penal.

▸ Procedimento: O 1° avaliador lançará com as mãos, 3 bolas consecutivas, em direção a cabeça do 2° avaliador, partindo do lado direito e outras 3 partindo do lado esquerdo. No momento de cada lançamento o goleiro deverá deslocar-se para impedir, com as mãos, que a bola atinja o objetivo.

⇒ **2.3. Defesa/queda lateral:**

▹ Descrição da atividade: Goleiro colocado em posição de expectativa, sobre a linha de meta. O avaliador se posicionará de frente para o goleiro a 6 metros de distância.

▹ Procedimento: O avaliador lançará 3 bolas rasteiras de cada lado do goleiro, para que ele execute a queda. **Obs.:** O lançamento deverá ser feito a 2 metros laterais do goleiro.

⇒ **2.4. e 2.5. Reposições de bola com as mãos e com os pés:**

▹ Descrição da atividade: Goleiro posicionado dentro da área de meta. Dois avaliadores deverão se posicionar de acordo com a solicitação de reposição. Com os pés; com as mãos; nas laterais do campo; na região de meio-campo; no campo ofensivo.

▹ Procedimento: O goleiro deverá repor 3 bolas com as mãos e 3 bolas com os pés para cada avaliador, de forma alternada, do modo e na direção solicitada. As formas serão: com os pés e bola parada; com os pés e sem pulo; com as mãos e alta, meia-altura e rasteira.

⇒ **2.6. Situação de jogo:**

▹ Descrição da Atividade: O goleiro participará de um jogo simulado, num campo com dimensões reduzidas, com um menor número de jogadores, durante 10 minutos.

3. Parâmetros a serem seguidos – goleiros

⇒ **3.1. Empunhadura:**

Quanto à apreensão	Pontos
▹ Segura bola de maneira firme e com dedos espalmados	3
▹ Raramente deixa a bola cair	2
▹ Frequentemente deixa a bola cair	1
▹ Não consegue empunhar a bola	0

Quanto à postura	Pontos
▷ Apresenta bom equilíbrio estático e dinâmico	3
▷ Eventualmente coordena os movimentos de membros superiores e inferiores	2
▷ Raramente coordena movimentos dos membros superiores e inferiores	1
▷ Não apresenta coordenação no momento de empunhar a bola	0

⇒ **3.2. Saídas do gol:**

Quanto ao deslocamento	Pontos
▷ Desloca-se com total domínio espacial e temporal	3
▷ Desloca-se com domínio espacial e com dificuldades no domínio temporal	2
▷ É regular em relação aos domínios	1
▷ Não consegue se deslocar e antecipar a bola	0

Quanto à execução	Pontos
▷ Desloca-se, salta e domina a bola com eficiência	3
▷ Desloca-se, salta e domina a bola com dificuldades	2
▷ Apresenta dificuldades nas três variáveis	1
▷ Não consegue executar o movimento	0

⇒ **3.3. Defesa/queda lateral:**

Quanto à execução	Pontos
▷ Faz bem as quedas para os dois lados e com bom ritmo	3
▷ Faz bem as quedas apenas para um dos lados	2
▷ Tem dificuldades para executar as quedas para ambos os lados	1
▷ Não consegue executar as quedas laterais	0

Quanto à posição do corpo	Pontos
▷ Faz as quedas para os dois lados sem auxílio das mãos ao se levantar	3
▷ Faz quedas sem auxílio das mãos, mas flexiona os cotovelos em demasia	2
▷ Apoia as mãos para um dos lados, ao se levantar	1
▷ Só consegue se levantar apoiando as mãos no chão e com dificuldade	0

⇒ **3.4. e 3.5. Reposição de bola com as mãos e com os pés:**

Quanto à direção	Pontos
▷ Apresenta boa direção com ambos os membros	3
▷ Apresenta boa direção com membros inferiores ou superiores	2
▷ Repõe a bola de maneira regular com ambos os membros	1
▷ Não há domínio sobre a direção	0

Quanto à execução	Pontos
▷ Apresenta qualidade e domínio do gesto técnico	3
▷ Apresenta qualidade apenas para membros superiores ou inferiores	2
▷ Apresenta movimentos incompletos e com eficiência regular	1
▷ Não apresenta coordenação suficiente para repor a bola	0

⇒ **3.6. Jogo simulado:**

Quanto à técnica	Pontos
▷ Apresenta excelente domínio dos fundamentos específicos	3
▷ Apresenta domínio parcial dos fundamentos específicos	2
▷ Apresenta dificuldades na execução dos fundamentos	1
▷ Não domina os fundamentos do goleiro	0

Quanto à postura	Pontos
▷ Apresenta liderança, boa comunicação, coragem, concentração e atenção	3
▷ Apresenta domínio de duas das variáveis acima	2
▷ Apresenta domínio de uma das variáveis acima	1
▷ Não apresenta as características citadas	0

Observações do(s) Avaliador(es): ....

Considerações importantes

Compete ao professor ponderar acerca de quais fundamentos deverão ser analisados e/ou em qual etapa do trabalho, isto é, não é necessário avaliar todos os quesitos de uma só vez. A pontuação de referência poderá ser alterada para números maiores do que os de 0 a 3 aqui apresentados conforme o entendimento do professor, bem como os parâmetros e demais disposições e procedimentos também poderão ser modificados e/ou aperfeiçoados, sempre com vistas ao aprimoramento do trabalho. A fim de respeitar os padrões, e mesmo com as possíveis modificações promovidas pelo professor, importante frisar que as reavaliações devem seguir o mesmo formato e ter os mesmos critérios das avaliações anteriores/precedentes.

REFERÊNCIAS BIBLIOGRÁFICAS

MARTINS, P. S. *Curso de Futebol de Base na Base. Aulas/Palestras no*. Graduação/Curso de Educação Física – UNISA/Universidade de Santo Amaro/SP e Alphaville Tênis Clube/SP e Clube Alto dos Pinheiros/SP. Apontamentos. São Paulo, 2007 a 2011.

PAGANELLA, M. A. *Futebol, Futsal e Futebol Society, Aulas de*. Graduação/Curso de Educação Física – UNISA/Universidade de Santo Amaro/SP e UNIÍTALO/Centro Universitário Ítalo-Brasileiro/SP. Apontamentos. São Paulo, 2010-2011.

19 | PROTOCOLO DE AVALIAÇÃO TÉCNICA NO FUTEBOL. AVALIAÇÃO DOS FUNDAMENTOS TÉCNICOS INDIVIDUAIS OFENSIVOS E DEFENSIVOS DOS JOGADORES DE LINHA E DO GOLEIRO

Uma maneira de motivar, confraternizar e de trabalhar a participação e a disciplina dos alunos que fazem parte de uma turma de Futebol é organizar uma espécie de "Torneio individual" entre eles.

As normas expressas no Regulamento devem ser claras e sem margem para dúvidas, bem como o professor deve se portar de modo ainda mais imparcial do que o de costume, haja vista que é de sua competência a correta atribuição dos pontos.

O professor também deve ter o máximo cuidado no sentido de não deixar que este "campeonatinho" entre os alunos seja o "fim/objetivo final e maior" do trabalho, mas, sim, que seja um instrumento e uma ferramenta que auxilie no bom, correto e fidedigno desenvolvimento do trabalho.

Assim, apenas e tão somente como parâmetro segue um exemplo de um Regulamento com o respectivo modelo de planilha para anotação dos pontos de cada um dos alunos.

Salienta-se uma vez mais que compete ao professor avaliar a possibilidade de implantação deste certame, bem como resta ao alvedrio deste mesmo professor escolher o período, a turma que participará etc., além de possíveis modificações, exclusões ou inclusões de itens de referência e/ou a pontuação do Regulamento.

TORNEIO INDIVIDUAL DE FUTEBOL: REGULAMENTO

Durante aproximadamente 1, 2 ou até 3 meses os alunos do grupo serão avaliados individualmente dentro dos parâmetros descritos abaixo e pontuarão "competindo" individualmente entre si, devendo seus pontos ser anotados na planilha anexa.

Parâmetros (Pontuações) positivos para as seguintes ações	Pontos
▸ Comparecer aos treinos	1
▸ Comparecer a jogos	2
▸ Trajar uniforme completo nos treinos/aulas (agasalho, calção, camiseta, meião, chuteira, tênis e caneleira)	3
▸ Chegar no horário correto (aulas/treinos e jogos)	4
▸ Vitórias em coletivos	1
▸ Vitórias em jogos	3
▸ Aceitar com respeito a reserva e/ou ser substituído	2
▸ Cumprimentar os companheiros, adversários e árbitros após os jogos	3
▸ Presença e atenção em palestras	2
▸ Nota máxima no boletim e bom comportamento geral na Escola	5

Parâmetros (Pontuações) negativos para as seguintes ações	Pontos
▸ Brigar com colegas	−1
▸ Desrespeitar técnicos	−2
▸ Desrespeitar árbitros	−2
▸ Desrespeitar adversários e/ou torcida	−2
▸ Não aceitar com respeito a reserva e/ou ser substituído	−2
▸ Faltar em jogos sem comunicação prévia e/ou posterior com explicação plausível	−2
▸ Perturbar o bom andamento da aula/treino (discutir, falar palavrões etc.)	1
▸ Mau comportamento em casa ou na Escola ou na aula/treino	−3
▸ Notas abaixo da média	−3

Obs.: Ao final do período far-se-á a premiação para os 5 primeiros de cada grupo.

Aconselha-se a relacionar a premiação com temas específicos, tais como visita a centros de treinamentos de clubes profissionais, idas a estádios para acompanhar jogos profissionais, brindes esportivos (camisetas de clube, acessórios, agasalhos, bolas etc.), sem exclusão de livros, materiais didáticos etc.

CONSIDERAÇÕES IMPORTANTES

Reitera-se que aplicação deste trabalho somente deve ser propugnada uma vez consignada pelo professor e sua respectiva diretoria/coordenação a correta ponderação, análise e avaliação dos prós e contras em face ao local/perfil do público.

Conforme já anotado, alterações, inclusões e exclusões de itens/parâmetros do Regulamento e modificações nas respectivas pontuações atribuídas podem ser promovidas pelo professor, sempre no sentido de adaptar à realidade do local e sempre na direção do aperfeiçoamento, aprimoramento e do bom andamento do trabalho.

TORNEIO INDIVIDUAL DE FUTEBOL: PLANILHA DE PONTUAÇÃO

Planilha/Ficha de Acompanhamento Individual e Coletivo										
Instituição/Entidade: _____ Professor: _____ Período: _____											
Turma: _____	Datas								Pontuação	
Nome do Aluno: ___	_/_/_	_/_/_	_/_/_	_/_/_	_/_/_	_/_/_	_/_/_	_/_/_	Total	Classificação
1										
2										
3										
4										
5										
6										
7										
8										

Planilha/Ficha de Acompanhamento Individual e Coletivo										
9										
10										
11										
12										
13										
14										
15										
16										
17										
18										
19										
20										
21										
22										
23										
24										
25										
26										
	Pontos									

REFERÊNCIAS BIBLIOGRÁFICAS

MARTINS, P. S. *Curso de Futebol de Base na Base. Aulas/Palestras no*. Graduação/Curso de Educação Física – UNISA/Universidade de Santo Amaro/SP e Alphaville Tênis Clube/SP e Clube Alto dos Pinheiros/SP. Apontamentos. São Paulo, 2007 a 2011.

PAGANELLA, M. A. *Futebol, Futsal e Futebol Society, Aulas de*. Graduação/Curso de Educação Física – UNISA/Universidade de Santo Amaro/SP e UNIÍTALO/Centro Universitário Ítalo-Brasileiro/SP. Apontamentos. São Paulo, 2010-2011.

REGRAS E REGULAMENTOS: CONCEITOS, EXEMPLOS, ASPECTOS COMPARATIVOS, COMPLEMENTARES E DIFERENÇAS

No que concerne à conceituação técnica dos vocábulos em comento, em termos gerais, a Regra se refere ao jogo propriamente dito (sistemática do jogo em si), ao passo que o Regulamento diz respeito à organização de uma competição (sistema e disputa): a Regra regra o jogo, e o Regulamento regulamenta a competição.

Em campeonatos Não Profissionais (Amadores) é possível, por intermédio do Regulamento da Competição, alterar uma ou outra Regra do Jogo, desde que, evidentemente, esta modificação seja consignada de maneira sensata e de modo a não acarretar nenhuma mudança drástica e que descaracterize o jogo de Futebol em si.

Por exemplo, se, porventura, um item do Regulamento da competição permitir que gol com a mão seja válido, é certo que o aludido dispositivo desfigura o jogo de Futebol. No mesmo sentido, se, por exemplo, o número de substituições no Futebol subir de 3 (Regra oficial) para 8, não há dúvidas de que esta atitude tem um fim específico e compatível com a realidade do local, que pode ser, à evidência, um estímulo a que mais pessoas possam participar do jogo.

Vale dizer, no exemplo supra, a fim de que todos os componentes da equipe possam entrar em campo, o número de substituições previstas e/ou permitidas é maior no Regulamento da competição do que o número que a Regra Oficial do Futebol prevê, porém, tal previsão/situação/permissão não prejudica a sistemática das substituições determinadas pelas Regras do jogo.

São muitas as Regras do Futebol, do Futsal, do Futebol *Society* e do Futebol de Areia/Praia/*Beach Soccer*, e compete ao professor consultá-las nas fontes oficiais e estudá-las com detalhes e esmero, dado que o seu conhecimento é elementar para o correto entendimento da dinâmica da respectiva modalidade.

É indicado, pois, que o professor, mesmo que não queira se tornar um árbitro, se dedique ao estudo minucioso e completo das Regras do jogo, material este que é facilmente encontrado, inclusive, nos meios eletrônicos de comunicação.

No caso dos campeonatos, os Regulamentos devem prever todas as situações e possibilidades inerentes à disputa, desde data de inscrição, modalidade, equipes, passando pelas idades/categorias, uniformes, locais dos jogos, disciplina, punições, sistemática de jogos, sistema de disputa, até chegar à premiação, sem exclusão de outros itens.

Também de uma maneira geral, os sistemas de disputa mais comuns são: eliminatória simples, eliminatória dupla, disputa por chaves/grupos, mista (chaves/grupos + eliminatória) e por pontos corridos.

A seguir seguem 3 (três) exemplos de Regulamentos, sendo um de Futebol *Society*, um de Futebol de Campo e um de Futsal. Com base nestes modelos, pode-se redigir um que se adapte à realidade e às peculiaridades do certame que se pretende empreender.

EXEMPLO 1: FUTEBOL *SOCIETY* ADULTO VETERANOS

NOME LOGOTIPO SÍMBOLO
do Clube/Entidade/Associação/Grêmio
CAMPEONATO INTERNO DE FUTEBOL *SOCIETY* – 2012
CATEGORIA – VETERANOS
REGULAMENTO

Art. 1º. OBJETIVO

A Competição é de caráter formal e visa à integração entre os associados/sócios/membros/etc. do Clube/Entidade/Associação/Grêmio X.

Art. 2º. INSCRIÇÕES

I – As inscrições para o Campeonato Interno de Futebol Society Veteranos 2012 encerraram-se em ____ de _____ de 20___, _____ dia da semana.

II – A idade mínima para fazer parte desta competição é para os nascidos em 19__ (40 ou 45 ou 50 anos etc.), sendo que, respeitado e devidamente observado o que dispõe o art. 4º, incisos II a IV, nascidos depois (isto é, os mais novos do que o aqui predeterminado) do ano preestabelecido poderão participar.

Art. 3º. ORGANIZAÇÃO

A Comissão Organizadora do Campeonato é formada pela Diretoria Esportiva (srs. _____), e pela Coordenação de Esportes Clube/Entidade/Associação/Grêmio × (nome do Prof. e nº do CREF _____).

Art. 4º. COMPOSIÇÃO DAS EQUIPES

I – Ao término do prazo fixado para as inscrições, a composição das 4/6/8/10/20 etc. equipes será amplamente divulgada, bem como passará a fazer parte deste Regulamento.

II – Ultrapassado o prazo fixado para as inscrições, bem como no próprio transcorrer do torneio, a Comissão Organizadora poderá, a qualquer tempo, acrescentar novos jogadores e poderá substituir os já inscritos.

III – Poderá, também, impedir a participação e excluir jogadores participantes sempre que for conveniente ao bom andamento da disputa e pautado em motivo plausível e justificável.

IV – Em todos os casos, a decisão pelo acréscimo, pela substituição, pelo impedimento e/ou pela exclusão estará devidamente fundamentada, sempre no sentido do bom andamento e em benefício do campeonato e da própria coletividade, bem como poderá consignar uma consulta sem efeito vinculante a um representante de cada equipe acerca da opinião deles a respeito da entrada, impedimento, substituição e/ou exclusão de jogadores.

Art. 5º. UNIFORMES

I – Cabe à Comissão Organizadora providenciar os uniformes (camisetas, calções e "meiões") das equipes, devendo cada atleta retirar o seu mediante o pagamento de quantia módica a ser definida (em torno de R$ _____), sendo que a não quitação do valor estipulado poderá impedir a participação do jogador na competição, nos termos do art. 4º, incisos III e IV.

Art. 6º. SISTEMA DE DISPUTA

I – O sistema de disputa é classificatório, seguido das semifinais e das finais.

II – Na fase classificatória, as ___ equipes jogam entre si em 2 turnos, passando às semifinais os 4 primeiros colocados ao final dos 2 turnos.

III – Nas semifinais jogarão o 1º mais bem colocado na classificação geral com o 4º mais bem colocado na classificação geral, e o 2º mais bem colocado na classificação geral com o 3º mais bem colocado na classificação geral, conforme tabela divulgada.

IV – Nas finais decidirão o título os vencedores dos confrontos semifinais, bem como disputarão a 3ª colocação os perdedores dos confrontos semifinais.

V – Em todos os jogos semifinais e finais, a equipe mais bem colocada na fase de classificação geral vencerá o seu respectivo confronto com a obtenção de um empate, além, por óbvio, da vitória.

Art. 7°. PONTUAÇÃO

I – A pontuação em cada jogo será:

a – Vitória = 3 pontos.

b – Empate = 1 ponto.

c – Derrota = zero.

d – Jogador inscrito na súmula de jogo que literalmente não entrar em quadra para jogar = – 2 pontos.

e – WO = – 3 pontos.

Art. 8°. CRITÉRIOS DE DESEMPATE NA CLASSIFICAÇÃO GERAL

I – Os critérios de desempate na definição da classificação do 1° ao 4° colocado para as semifinais são:

a – Maior n° de pontos.

b – Maior n° de vitórias.

c – Maior saldo de gols.

d – Maior n° de gols marcados.

e – Menor n° de gols sofridos.

f – Melhor retrospecto nos confrontos diretos da fase de classificação.

g – Menor n° de WOs.

h – Menor n° jogos com perda de pontos causada por jogador inscrito na súmula de jogo que não tenha entrado em quadra para jogar.

i – Sorteio.

Art. 9°. TABELA DE JOGOS

I – Os jogos serão realizados nos dias e nos horários designados pela Comissão Organizadora e conforme tabela previamente divulgada.

II – Qualquer alteração somente poderá ser efetuada mediante deliberação e decisão da Comissão Organizadora.

III – A Comissão Organizadora é a responsável pela indicação da equipe de arbitragem.

Art. 10. SISTEMÁTICA DOS JOGOS

I – O número máximo de jogadores em quadra para a disputa de cada partida é de 7, sendo 1 goleiro e 6 jogadores de linha.

II – Pode-se iniciar a partida com 1 goleiro e 3 jogadores de linha, e, em situações excepcionais, um "goleiro de ofício" de outra equipe poderá integrar outra equipe na condição de convidado a suprir possíveis ausências de "goleiros de ofício".

III – Pode-se prosseguir e/ou encerrar a partida apresentando a equipe 1 goleiro e 2 jogadores de linha.

IV – Não é permitido prosseguir e/ou encerrar a partida somente com 1 goleiro e 1 jogador de linha.

V – Restando a equipe a qualquer tempo da partida com 1 goleiro e apenas 1 jogador de linha, independentemente do placar que estiver neste momento, tal circunstância acarreta a aplicação do WO previsto no art. 11, II, isto é, perde o jogo pela maior diferença de gols verificada nas disputas anteriores até então, observado, inclusive, o resultado da partida em que ocorrer o caso ora descrito, implicando, também, perda dos pontos relacionados ao WO no art. 7º, I, "e".

VI – Ocorrendo a situação descrita no inciso anterior com ambas as equipes, as duas serão punidas pelo critério suscitado no inciso V supra, implicando, inclusive, perda de pontos relacionados ao WO pelo art. 7º, I, "e".

VII – Todos os jogadores inscritos na súmula de jogo deverão, obrigatoriamente, jogar literalmente, isto é, deverão entrar em quadra, sob pena de, não cumprida esta obrigação categórica, a respectiva equipe do atleta perder 2 pontos na classificação geral, nos termos do item 7, I, "d".

VIII – Nas fases de classificação, semifinais e finais, os jogos serão de 20/25 minutos × 20/25 minutos de jogo/tempo corrido, com acréscimos definidos pela arbitragem, e com 5 minutos de intervalo.

IX – O cronômetro somente para em casos excepcionais e/ou quando determinado pela arbitragem, bem como acréscimos também estão a cargo dos árbitros, que deverão avisar quanto tempo darão de acréscimo em alto e bom-tom a todos os envolvidos na respectiva partida.

X – Às situações fáticas que se sucederem sem que haja a respectiva previsão neste item e/ou neste Regulamento, serão aplicadas as regras da Confederação/Federação _____ de Futebol *Society*.

Art. 11. INÍCIO DOS JOGOS – SISTEMA DE TOLERÂNCIA – WO – WO TÉCNICO.

I – O WO caracteriza-se pela ausência e/ou atraso quanto ao horário estipulado para o início da partida, bem como pelo abandono da quadra de jogo de uma ou de ambas as equipes a qualquer tempo e por qualquer motivo, incluindo as situações previstas nos incisos IV, V e VI, do art. 10.

II – O WO implica perda da partida pela maior diferença de gols aferida até então (Ver art. 10, V e VI) e acarreta a perda de pontos na classificação geral, conforme dispõe o art. 7º, I, "e".

III – A tolerância para o início de cada partida é de 15 (quinze) minutos, sob pena de ser aplicado o WO à(s) equipe(s) atrasada(s) e/ou ausente(s).

IV – Se ambas as equipes se atrasarem e/ou se ausentarem, às duas se aplica a regra prevista no inciso II, supra.

V – O WO Técnico acarreta perda de 2 pontos na classificação geral de uma equipe, e se sucede quando um ou mais jogadores inscritos na súmula de jogo não jogarem literalmente, isto é, não entrarem em quadra para jogar; vale reiterar que, não cumprida a obrigação categórica de os jogadores participarem da partida, a respectiva equipe do atleta perderá 2 pontos na classificação geral, nos termos do item 7, I, "d" com c item 10, VII.

VI – A Comissão Organizadora é a responsável pela indicação da equipe de arbitragem.

Art. 12. DISCIPLINA

I – O jogador que receber o Cartão Amarelo deve ficar de fora da partida por, no mínimo, 10% do tempo da partida, podendo retornar depois de transcorrido o respectivo tempo determinado.

II – O jogador punido com o Cartão Amarelo poderá ser substituído no momento em que recebê-lo.

III – O atleta que receber o Cartão Azul estará excluído da partida.

IV – O jogador punido com o Cartão Azul poderá ser substituído no momento em que recebê-lo.

V – O atleta que receber o Cartão Vermelho estará expulso da partida.

VI – O jogador punido com o Cartão Vermelho não poderá ser substituído no momento em que recebê-lo.

VII – O Cartão Vermelho implica suspensão automática do jogo subsequente.

VIII – É da competência comum de todos os envolvidos no campeonato zelar pela ordem, moral, bons costumes e pelo bom, respeitoso, cordial, amistoso e elegante relacionamento e convivência no transcorrer/decorrer da competição.

Art. 13. PREMIAÇÃO

I – Há prêmios para a equipe campeã, para a vice, e para a 3ª colocada.

II – A entrega dos prêmios será realizada durante a confraternização.

Art. 14. CONFRATERNIZAÇÃO

Será realizada na data marcada pela Comissão Organizadora.

Art. 15. NORMAS SUPLEMENTARES

I – As Regras do Futebol Society da Confederação/Federação _____ de Futebol Society complementam este Regulamento.

II – O Estatuto Social, o Regimento Interno e os Regulamentos Internos do Clube/Entidade/Associação/Grêmio e do Ginásio suplementam, também, no que couberem, este Regulamento.

Art. 16. DELIBERAÇÕES

Casos discutíveis serão deliberados pela Comissão Organizadora, a quem cabe emitir e implementar a decisão acerca da contenda.

Clube/Entidade/Associação/Grêmio
Departamento Esportivo ou de Esportes
Nome do Diretor Esportivo
Nome do Diretor Esportivo
Professor ou Coordenador Esportivo ou de Esportes
CREF nº _____/G-SP

EXEMPLO 2: FUTEBOL DE CAMPO JUVENIL COLEGIAL

NOME LOGOTIPO SÍMBOLO
do Clube/Entidade/Associação/Grêmio
COPA _____ INTERCOLEGIAL DE FUTEBOL 20__
CATEGORIA: COLEGIAL 19__/__/20__
REGULAMENTO

Art. 1º. OBJETIVO

A Competição tem por escopo e objetivo estimular a juventude à saudável prática de esportes, além de promover e proporcionar a integração acadêmico-esportiva e sociocultural entre os participantes.

Art. 2º. ORGANIZAÇÃO

A COPA _____ INTERCOLEGIAL DE FUTEBOL MASCULINO 20__ é organizada pelo Departamento x da Universidade/Colégio Y, coordenado pelo Prof. _____ – CREF Nº _____-G/SP, e pelos membros da equipe de trabalho do referido Departamento/etc.

Art. 3º. INSCRIÇÕES

I – As inscrições para a COPA _____ INTERCOLEGIAL DE FUTEBOL MASCULINO 20__ serão consignadas e efetivadas por ordem de chegada em face dos convites efetuados pela ORGANIZAÇÃO do evento diretamente às Escolas/Colégios coirmãos.

II – Somente poderão participar da competição jogadores regularmente matriculados na respectiva Escola/Colégio e, cumulativamente, nascidos em 19__/__/20__, podendo ser incluídos na relação jogadores nascidos em 19__/20__ tão somente em caráter excepcional, haja vista questões de segurança dos jogadores mais novos em face à diferença de idade no que concerne ao próprio desenvolvimento e maturidade física.

III – A comprovação do vínculo do atleta com a respectiva Escola/Colégio deverá ser feita pela apresentação da lista de jogadores com os respectivos números de Matrícula assinada pela Diretoria da Escola/Colégio, bem como pela apresentação antes de cada jogo da Carteira da Escola/Colégio e do RG – Registro Geral na

SSP – Secretaria da Segurança Pública do Estado de São Paulo ou de outro Estado da República Federativa do Brasil.

IV – Além da assinatura, do nome completo e do carimbo do(a) Diretor(a) da Escola/Colégio, deverá constar o nome do Técnico, podendo ser incluídos, além deste, 2 assistentes técnicos/físicos, 1 médico, 1 assistente médico e 1 representante da Diretoria.

V – O número mínimo de inscritos para a competição é de 12/14/etc. jogadores e o número máximo é de 16/18/etc. jogadores.

VI – Após a entrega da relação dos _____ jogadores, somente mediante pedido formal devidamente fundamentado, e após detida análise e parecer favorável da ORGANIZAÇÃO, é que a aludida lista poderá ser alterada, tendo sempre em conta os princípios do bem comum da coletividade, da excelência da competição, do bom senso e da boa-fé.

VII – Em todos os casos, a decisão pelo acréscimo, pela substituição, pelo impedimento e/ou pela exclusão solicitados estará devidamente fundamentada com base nos princípios supraenumerados e por critérios objetivos, como no caso de questões médicas e/ou de indisciplina grave, sempre no sentido do bom andamento e em benefício do campeonato e, vale frisar, da própria coletividade.

Art. 4º. UNIFORMES

I – Cada Equipe deverá comunicar antecipadamente à ORGANIZAÇÃO o(s) respectivo(s) uniforme(s) que usará na competição e, coincidindo com o(s) do(s) adversários, realizar-se-á um sorteio para definir quem deverá trocar e/ou usar coletes.

Art. 5º. SISTEMA DE DISPUTA

I – O sistema de disputa é o denominado "eliminatória simples" entre _____ equipes convidadas, conforme Tabela de Jogos, no sentido de definir qual das Unidades de uma mesma Escola/Colégio classificar-se-á à fase seguinte.

a) Aplicam-se, no que couber, às rodadas seguintes, os incisos subsequentes deste artigo.

II – Na fase semifinal, as 4 equipes são divididas em 2 grupos de 2 equipes, jogando apenas 1 partida entre si, passando à final o vencedor de cada jogo/grupo, não havendo, portanto, disputa de 3º e 4º lugar.

III – Os jogos semifinais e final serão de 30 minutos × 10 minutos de pausa × 30 minutos, sempre com cronômetro progressivo e com acréscimos a critério do árbitro mediante comunicação clara e objetiva em tempo hábil.

IV – Persistindo o empate no tempo normal dos jogos semifinais e final, haverá uma prorrogação de 5 minutos × 2 minutos de pausa × 5 minutos sempre com cronômetro progressivo e com acréscimos a critério do árbitro mediante comunicação clara e objetiva em tempo hábil a todos os envolvidos.

V – Permanecendo o empate na prorrogação dos jogos semifinais e final, haverá uma disputa de cobranças de 5 cobranças de Pênaltis para cada equipe de modo alternado, sendo considerado gol a cobrança convertida por intermédio do "rebote involuntário" do goleiro defensor.

VI – Mantido o empate, passa-se a 1 cobrança de Pênalti alternado para cada equipe até que se conheça o vencedor, sendo considerado gol a cobrança convertida por intermédio do "rebote involuntário" do goleiro defensor.

Art. 6º. TABELA DE JOGOS

I – Os jogos serão realizados nos dias e nos horários designados pela ORGANIZAÇÃO e conforme tabela previamente divulgada.

II – Qualquer alteração somente poderá ser efetuada mediante deliberação e decisão da ORGANIZAÇÃO.

Art. 7º. SISTEMÁTICA DOS JOGOS

I – O número máximo de jogadores em campo é de 9/10/11 (quanto mais novos os jogadores, menor o campo) jogadores, sendo 1 goleiro e 8/9/10 de linha.

II – Pode-se iniciar a partida com 7 jogadores, sendo 1 goleiro e 6 jogadores de linha.

III – Pode-se prosseguir até o encerramento da partida apresentando a equipe 5/6/7 jogadores, sendo 1 goleiro e 4/5/6 jogadores de linha.

IV – Não é permitido prosseguir a partida apresentando a equipe 4/5/6 jogadores ou menos, sob pena da perda automática do jogo independentemente do resultado da partida no momento em que a equipe ficar reduzida abaixo do número mínimo limite supradeterminado, que é de _____ jogadores (conferir Art. 9º. DISCIPLINA).

V – Restando a equipe a qualquer tempo da partida com 1 goleiro e _____ jogadores de linha, ou menos, independentemente do placar que estiver neste momento, a equipe será desclassificada e será declarada perdedora da partida por WO, não importando, vale ressaltar, o resultado da partida no momento em que a equipe ficar reduzida abaixo do número mínimo limite supradeterminado, que é de _____ jogadores (conferir Art. 9º. DISCIPLINA).

VI – Ocorrendo a situação descrita nos incisos anteriores com ambas as equipes, as duas serão punidas pelo critério suscitado no inciso V supra. Neste caso, o vencedor da partida será conhecido, sucessivamente, por meio de 1 cobrança de Pênalti alternado para cada equipe até que se conheça o vencedor, devendo, para tanto, equiparar o número de cobradores entre as equipes incluindo os goleiros como batedores e somente podendo repetir o cobrador uma vez encerrado o ciclo completo, ou, não sendo possível desta forma, por sorteio.

VII – Não há "impedimento".

VIII – Não há pedidos de tempo.

IX – O número de substituições é indefinido, mas, para procedê-las, é necessária a autorização do árbitro, bem como é preciso que a bola esteja "fora de jogo", isto é, que a partida esteja momentaneamente paralisada.

X – Apesar de a modalidade ser Futebol de Campo, sendo o piso de grama sintética, os calçados permitidos são a chuteira com solado próprio para o futebol *society*, ou, excepcionalmente, o tênis de futsal, vedada a chuteira com travas próprias para o piso de grama.

XI – No que se refere ao restante (laterais, escanteios, faltas etc.), o andamento dos jogos obedecerá às Regras Oficiais da modalidade determinadas pela INTERNATIONAL BOARD/FIFA/CBF, exceto no caso das punições em face dos cartões Amarelo e Vermelho, conforme determina o Art. 9º. DISCIPLINA.

XII – O auxílio dos representantes, técnicos e demais membros das respectivas comissões técnicas quanto ao bom comportamento dos atletas e torcedores, ao respeito às normas éticas e morais, e regras de boa conduta e civilidade é fundamental e deveras essencial para a segurança de todos e para o sucesso do evento, razão pela qual não podem se eximir em atuar e intervir em consonância com os preceitos aqui enumerados, sem exclusão de outros tão importantes quanto.

Art. 8º. INÍCIO DOS JOGOS – SISTEMA DE TOLERÂNCIA – WO.

I – O WO caracteriza-se pela ausência e/ou atraso quanto ao horário estipulado para o início do jogo, bem como pelo abandono do campo de uma ou de ambas as equipes a qualquer tempo e motivo, incluindo as situações previstas no Art. 7º. SISTEMÁTICA DOS JOGOS, incisos I a IV.

II – O WO implica perda da partida pela equipe infratora, exceto no caso de ambas se ausentarem e/ou abandonarem o campo de jogo, ocasião em que será aplicada a norma prevista na parte final do inciso VI, do Art. 7º. SISTEMÁTICA DOS JOGOS (sorteio).

III – A tolerância para o início de cada partida é de 20 minutos, sob pena de ser aplicado o WO à(s) equipe(s) atrasada(s) e/ou ausente(s).

IV – Se ambas as equipes se atrasarem e/ou se ausentarem, vale ratificar que às duas se aplicam as regras previstas nos incisos I e II supra.

V – A ORGANIZAÇÃO é a responsável pela indicação dos árbitros.

Art. 9º. DISCIPLINA

I – O jogador que receber o Cartão Amarelo deve ficar de fora da partida por, no mínimo, 10% do tempo da partida, podendo retornar depois de transcorrido o respectivo tempo determinado.

II – Apenas e tão somente para efeitos da punição que se refere ao Cartão Amarelo, e desde que o jogador não tenha sido advertido com o Cartão Amarelo no decorrer do jogo, a prorrogação é considerada como uma nova partida.

III – O jogador punido com o Cartão Amarelo pode ser substituído no momento em que recebê-lo.

IV – O atleta que receber o Cartão Vermelho estará excluído da partida.

V – O jogador punido com o Cartão Vermelho pode ser substituído no momento em que recebê-lo.

VI – O Cartão Vermelho implica suspensão automática do jogo subsequente.

Art. 10. PREMIAÇÃO

I – Há prêmios para a equipe campeã e para a vice.

II – A entrega dos prêmios será realizada logo após o término do jogo final.

Art. 11. NORMAS SUPLEMENTARES

I – As Regras da INTERNATIONAL BOARD/FIFA/CBF complementam este Regulamento, no que couberem.

II – Os Estatutos, Regimentos, Regulamentos e demais normas e disposições internas do Clube/Entidade/Associação/Grêmio suplementam, também, no que couberem, este Regulamento.

Art. 12. DELIBERAÇÕES

Casos discutíveis serão deliberados pela ORGANIZAÇÃO, a quem cabe emitir e implementar a decisão acerca da contenda.

Art. 13. CONSIDERAÇÕES FINAIS

A ORGANIZAÇÃO da competição registra desde então os devidos agradecimentos pela participação, respeito, estima e consideração destinados sob todas as forma ao Clube/Entidade/Associação/Grêmio, visto e entendido como Instituição de destacada e relevante atuação acadêmica, social e cultural.

Clube/Entidade/Associação/Grêmio
Departamento Esportivo ou de Esportes
Nome do Diretor Esportivo
Nome do Diretor Esportivo
Professor ou Coordenador Esportivo ou de Esportes
CREF nº _____/G-SP

EXEMPLO 3: FUTSAL MENORES

NOME LOGOTIPO SÍMBOLO
do Clube/Entidade/Associação/Grêmio
CAMPEONATO INTERNO DE FUTSAL – 20__
Sub 11/Sub 9/Sub 7
REGULAMENTO

Art. 1º. OBJETIVO

Competição de caráter formal e que visa à integração entre os associados do Helvetia que têm afinidade com a modalidade em evidência.

Art. 2º. INSCRIÇÕES

I – As inscrições para o Campeonato Interno de Futsal Categoria _____ – 20__ encerram-se em ___ de _____ de 20___, _____ dia da semana.

II – A idade mínima para fazer parte desta competição é de _____ anos e a máxima é de _____ anos (ou ano de nascimento), e, respeitado e devidamente observado o que dispõe o art. 4º, incisos II a IV, jogadores com idade inferior e/ou superior à preestabelecida poderão participar.

Art. 3º. ORGANIZAÇÃO

A Comissão Organizadora do Campeonato é formada pela Diretoria _____ (nomes), e pela Coordenação de Esportes (Professor – CREF nº _____/G-SP).

Art. 4º. COMPOSIÇÃO DAS EQUIPES

I – Ao término do prazo fixado para as inscrições, a composição das _____ equipes será amplamente divulgada, bem como passará a fazer parte deste Regulamento.

II – Ultrapassado o prazo fixado para as inscrições, bem como no próprio transcorrer do torneio, a Comissão Organizadora poderá, a qualquer tempo, acrescentar novos jogadores e poderá substituir os já inscritos.

III – Poderá, também, impedir a participação e excluir jogadores participantes sempre que for conveniente ao bom andamento da disputa e pautado em motivo plausível e justificável.

IV – Em todos os casos, a decisão pelo acréscimo, pela substituição, inclusive por jogadores com idade inferior e/ou superior à predeterminada, pelo impedimento e/ou pela exclusão, estará devidamente fundamentada, sempre no sentido do bom andamento do torneio e em benefício do campeonato e da própria coletividade.

Art. 5º. UNIFORMES

I – Cabe à Comissão Organizadora providenciar as camisetas das equipes, devendo cada atleta retirar a sua mediante o pagamento R$ _____, e a não quitação do valor estipulado poderá impedir a participação do jogador na competição, nos termos do art. 4º, incisos III e IV.

II – Quanto aos calções e aos "meiões", as equipes deverão providenciá-los conforme as cores divulgadas pela Comissão Organizadora.

Art. 6º. SISTEMA DE DISPUTA

I – O sistema de disputa é classificatório, seguido das finais.

II – Na fase classificatória, as _____ equipes jogam entre si em 2 turnos, passando às finais o campeão de cada turno.

III – Nesta situação, torna-se campeã a equipe que vencer a partida final.

IV – Se uma equipe sagrar-se campeã dos 2 turnos, enfrentará na final a que obtiver a melhor campanha durante a fase de classificação dos dois turnos.

V – Neste caso, para conquistar o título, à campeã dos 2 turnos classificatórios, na partida final, basta o empate, além da vitória.

VI – Persistindo o empate, exceto no caso de haver equipe campeã de 2 turnos envolvida, haverá uma prorrogação de 1 tempo de 5 minutos.

VII – Terminada a prorrogação ainda com o empate, cada equipe cobrará 5 pênaltis de forma alternada e, permanecendo o empate, cada equipe cobrará 1 pênalti alternado até que se conheça o campeão.

Art. 7°. PONTUAÇÃO

I – A pontuação por cada jogo será:

a – Vitória = 2 pontos.

b – Empate = 1 ponto.

c – Derrota = zero.

d – WO = – 1 ponto.

Art. 8°. CRITÉRIOS DE DESEMPATE

I – Os critérios de desempate são:

a – Maior n° de pontos.

b – Maior n° de vitórias.

c – Maior saldo de gols.

d – Maior n° de gols marcados.

e – Menor n° de gols sofridos.

f – Melhor retrospecto no confronto direto da fase de classificação.

g – Menor n° de WO's.

h – Sorteio.

Art. 9°. TABELA DE JOGOS

I – Os jogos serão realizados nos dias e nos horários designados pela Comissão Organizadora e conforme tabela previamente divulgada.

II – Qualquer alteração somente poderá ser efetuada mediante deliberação e decisão da Comissão Organizadora.

Art. 10. SISTEMÁTICA DOS JOGOS

I – O número máximo de jogadores em quadra para a disputa de cada partida é de 5, sendo 1 goleiro e 4 jogadores de linha.

II – Pode-se iniciar a partida com 1 goleiro e 3 jogadores de linha.

III – Pode-se prosseguir e/ou encerrar a partida apresentando a equipe 1 goleiro e 2 jogadores de linha.

IV – Não é permitido prosseguir e/ou encerrar a partida somente com 1 goleiro e 1 jogador de linha.

V – Restando a equipe a qualquer tempo da partida com 1 goleiro e apenas 1 jogador de linha, independentemente do placar que estiver neste momento, tal circunstância acarreta a aplicação do WO previsto no art. 11, II, isto é, perde o jogo pela maior diferença de gols verificada nas disputas anteriores até então, observado, inclusive, o resultado da partida em que ocorrer o caso ora descrito, não implicando, porém, perda de pontos relacionados ao WO no art. 7°, I, "d".

VI – Ocorrendo a situação descrita no inciso anterior com ambas as equipes, as duas serão punidas pelo critério suscitado no inciso V supra, não implicando, entretanto, perda de pontos relacionados ao WO pelo art. 7°, I, "d".

VII – Nas fases de classificação e final, os jogos serão de 15 minutos x 15 minutos de jogo/tempo corrido, com cronômetro regressivo, sem acréscimos e com 5 minutos de intervalo.

VIII – Pedidos de tempo conforme as Regras Oficiais: 1 por período, por equipe.

IX – O cronômetro somente para em casos excepcionais e/ou quando determinado pela arbitragem.

X – Compete aos jogadores, capitães e demais integrantes da equipe informarem-se, cientificarem-se e certificarem-se a respeito do teor deste Regulamento, bem como quanto às Regras inerentes ao Futsal, a fim de facilitar o transcorrer dos jogos, sobretudo no que tange à atuação da equipe de arbitragem e à possíveis contestações quanto à aplicação das respectivas Regras.

Art. 11. INÍCIO DOS JOGOS – SISTEMA DE TOLERÂNCIA – WO.

I – O WO caracteriza-se pela ausência e/ou atraso quanto ao horário estipulado para o início da partida, bem como pelo abandono da quadra de jogo de uma ou de ambas as equipes a qualquer tempo e por qualquer motivo, incluindo a situação prevista nos incisos IV, V e VI, do art. 10.

II – O WO implica perda da partida pela maior diferença de gols aferida até então (Ver art. 10, V e VI) e acarreta a perda de pontos na classificação geral, conforme dispõe o art. 7°, I, "d".

III – A tolerância para o início de cada partida é de 15 (quinze) minutos, sob pena de ser aplicado o WO à(s) equipe(s) atrasada(s) e/ou ausente(s).

IV – Se ambas as equipes se atrasarem e/ou se ausentarem, às duas se aplica a regra prevista no inciso II, supra.

V – A Comissão Organizadora é a responsável pela indicação da equipe de arbitragem.

Art. 12. DISCIPLINA

I – O jogador que receber o Cartão Amarelo deve ficar de fora da partida por, no mínimo, 10% do tempo da partida, podendo retornar depois de transcorrido o respectivo tempo determinado.

II – Apenas e tão somente para efeitos da punição que se refere ao Cartão Amarelo, e desde que o jogador não tenha sido advertido com o Cartão Amarelo no decorrer do jogo final, a prorrogação é considerada como uma nova partida.

III – O jogador punido com o Cartão Amarelo pode ser substituído no momento em que recebê-lo.

IV – O atleta que receber o Cartão Vermelho estará excluído da partida.

V – O jogador punido com o Cartão Vermelho pode ser substituído no momento em que recebê-lo.

VI – O Cartão Vermelho implica suspensão automática do jogo subsequente.

Art. 13. PREMIAÇÃO

I – Há prêmios para á equipe campeã e para a vice.

II – A entrega dos prêmios será realizada durante a confraternização.

Art. 14. CONFRATERNIZAÇÃO

Será realizada na data marcada pela Comissão Organizadora.

Art. 15. NORMAS SUPLEMENTARES

I – As Regras do FUTSAL da FIFA, da CBF e da F. _____. Futsal complementam este Regulamento.

II – O Estatuto Social, o Regimento Interno e os Regulamentos Internos do Clube/Associação/Entidade/Grêmio suplementam, no que couber, este Regulamento.

III – É solidária à Comissão Organizadora a responsabilidade dos jogadores, capitães e demais membros da equipe no sentido de informarem-se, cientificarem-se e certificarem-se quanto ao teor deste Regulamento, bem como a respeito dos principais itens das Regras que regem o Desporto em disputa.

Art. 16. DELIBERAÇÕES

I – É de competência comum a todos os envolvidos neste campeonato tratar com urbanidade todos os que de uma forma ou de outra participam desta competição, agindo sempre e procurando por todos os meios e formas trabalhar pelo bom andamento e pelo sucesso desta iniciativa, que visa ao benefício e ao bem-estar de toda a coletividade.

II – Casos discutíveis e/ou que não estejam previstos neste Regulamento serão deliberados pela Comissão Organizadora, a quem cabe emitir e implementar a decisão acerca da divergência e/ou omissão, sempre na direção do bem comum e em benefício da coletividade.

Clube/Entidade/Associação/Grêmio
Departamento Esportivo ou de Esportes
Nome do Diretor Esportivo
Nome do Diretor Esportivo
Professor ou Coordenador Esportivo ou de Esportes
CREF nº _____/G-SP

CONSIDERAÇÕES IMPORTANTES

É de boa nota salientar que os exemplos de Regulamentos retrodelineados servem apenas e tão somente como parâmetros e, como diz o próprio nome, exemplos, o que significa dizer que o professor/Profissional deve consignar as devidas e respectivas alterações que se fizerem necessárias e que são compatíveis com a respectiva realidade de trabalho em que se pretende realizar a competição.

O Regulamento deve ser o mais completo possível e que abranja o maior número de situações que possam causar problemas ao andamento da competição e que preveja de modo claro como estas contendas serão solucionadas: um Regulamento, assim como um Contrato, deve ser escrito pensando na real possibilidade de que ocorram problemas, dado que, se for muito "econômico", quando ocorrer um problema, sua resolução poderá não ser "muito econômica".

Outro aspecto que deve compor um Regulamento é o Código Disciplinar da Competição, no qual estão expressos os ritos/fases do processo/procedimento para julgamento (prazo para defesa, se por escrito, se pessoalmente etc.), bem como estão previstos os comportamentos passíveis de punição e as respectivas penas a serem aplicadas, como denotam os exemplos a seguir:

a) Todo participante do jogo que for relatado por agressão a adversário, oficiais, membros da organização, legais ou nomeados por ela.
Penalidade: cumprirá automaticamente 2 (dois) jogos de suspensão, independente do enquadramento.

b) Estimular os atletas à prática de violência.
Penalidade: Suspensão aos envolvidos de 2 (dois) a 6 (seis) jogos. Se houver mando de jogo a equipe poderá perder o mando.

c) Atirar objetos dentro dos locais de jogos.
Penalidade: Se houver mando de jogo a equipe poderá perder o mando, podendo ocorrer a interdição da quadra.

d) Desrespeitar e reclamar por gestos ou palavras, ofender moralmente oficiais de arbitragem, durante ou depois da competição.
Penalidade: Suspensão de 1 a 5 jogos.

e) Praticar vias de fatos contra oficias de arbitragem, antes, durante ou depois da competição.
Penalidade: Suspensão dos envolvido de 60 (sessenta) dias à eliminação. Se houver mando de jogo a equipe automaticamente perde o mando.

f) Assumir nas praças de desportos, atitude inconveniente ou contraria à moral desportiva, em relação à entidade organizadora e seus dirigentes, antes, durante ou depois da competição.
Penalidade: Suspensão de 1 (um) a 4 (quatro) jogos. Se houver mando de jogo a equipe poderá perder o mando.

g) Invadir a quadra, com o propósito de ofender, discutir, tirar satisfações com oficiais de arbitragem, antes, durante ou depois da partida.
Penalidade: Suspensão de 30 (trinta) a 120 (cento e vinte) dias. Se houver mando de jogo a equipe poderá perder o mando de jogo.

h) Tentar agredir oficiais de arbitragem, antes, durante ou depois da competição.
Penalidade: Suspensão de 4 (quatro) a 8 (oito) jogos ou de 45 (quarenta e cinco) dias a 90 (noventa) dias. Se houver mando de jogo a equipe poderá perder o mando.

i) Atitudes inconvenientes ou contraria à moral desportiva por parte da torcida, em relação aos atletas e comissão técnica da equipe adversária, antes, durante ou depois da competição.
Penalidade: Suspensão dos envolvidos/equipe de 1 (um) a 4 (quatro) jogos. Se houver mando de jogo a equipe poderá perder o mando de jogo.

j) Praticar ato de hostilidade contra o adversário, antes, durante ou depois da competição.
Penalidade: Suspensão de 1 a 3 jogos. Se houver mando de jogo a equipe poderá perder o mando.

k) Dirigir-se aos oficiais de arbitragem após o jogo terminado, para reclamações, satisfações ou atitudes antidesportivas.
Penalidade: Suspensão de 3 (três) a 5 (cinco) jogos. Se houver mando de jogo a equipe poderá perder o mando.

l) Participar de rixa, conflito ou tumulto, antes, durante ou depois da competição.
Penalidade: Suspensão de 4 (quatro) a 8 (oito) jogos. Se houver mando de jogo a equipe poderá perder o mando.

m) Término de um jogo por falta de atletas, o chamado "CAI-CAI" e/ou retira a equipe de quadra causando prejuízo na classificação dos clubes e do campeonato.
Penalidade: O clube que provocou a interrupção da partida, assim como seus atletas, dirigentes e membros da Comissão Técnica, suspensão por 12 (doze) meses. Os seus jogos serão anulados para todos os efeitos de pontuação, artilharia etc.

E assim segue sucessivamente...

REFERÊNCIAS BIBLIOGRÁFICAS

MARTINS, P. S. *Curso de Futebol de Base na Base. Aulas/Palestras no.* Graduação/Curso de Educação Física – UNISA/Universidade de Santo Amaro/SP e Alphaville Tênis Clube/SP e Clube Alto dos Pinheiros/SP. Apontamentos. São Paulo, 2007 a 2011.

PAGANELLA, M. A. *Futebol, Futsal e Futebol Society, Aulas de.* Graduação/Curso de Educação Física – UNISA/Universidade de Santo Amaro/SP e UNIÍTALO/Centro Universitário Ítalo-Brasileiro/SP. Apontamentos. São Paulo, 2010-2011.

www.sindiclubesp.com.br: Regulamento IX Copa Sindi-Clube Futsal 2009. Coordenador: Prof. Marcos Mirabelli. 2009.

21 MODELOS E PROJETOS DE ORGANIZAÇÃO ESTRUTURAL E EMPRESARIAL DE TRABALHO NO FUTEBOL

À evidência, a formação acadêmica de um professor de Educação Física e, por extensão, de um Professor/Profissional de Futebol não é a mesma que a de um Profissional da Administração de Empresas, ou de Gestão, ou de *Marketing*, entre outras correlatas e ligadas à área empresarial.

Logo, antes de se "aventurar" como empresário, é indicado e recomendado que o professor também se capacite, além de consultar e de se cercar de quem é profissional nesta área, dado que só o "tino" empresarial e o "acho que vai dar certo porque o meu "feeling" e o meu sentimento assim o dizem" por si só não são suficientes para garantir o sucesso do empreendimento.

Assim, por ser deveras conveniente, aconselha-se ao professor que também gosta da área empresarial que busque e frequente cursos de graduação e de extensão em Universidades conceituadas e reconhecidas no mercado, vá pessoalmente e/ou acesse os *sites* de órgãos como o SEBRAE (Serviço brasileiro de Apoio à Micro e Pequena Empresa) ou Associações Empresarias, Comerciais, Industriais e de Prestação de Serviços, Sindicatos, Estado, Prefeitura, facilitadores de acesso a redes de franquias, inclusive de grandes e consagrados Clubes de Futebol Profissional do Brasil e do Exterior e que têm uma marca forte e com grande apelo popular, parcerias com Clubes Esportivos e Sociais e com Escolas Formais etc.

Até porque, para se dar bem neste setor, é necessário um mínimo de conhecimento sobre gestão, contabilidade, faturamento, análise e composição de custos × investimento × retorno financeiro, prazos, fornecedores, parcerias, recursos humanos, *marketing*, promoções, aspectos jurídico-trabalhistas, contratos, tributação, fatores sociais e ambientais, sustentabilidade, entre outros, além, é claro, do próprio trabalho esportivo e pedagógico para o qual o professor, pelo menos subsume-se, já esteja preparado.

Nesta direção, apenas e tão somente para facilitar e auxiliar o trabalho do Profissional que atua e/ou que atuará na área esportivo-administrativa, ou mesmo para os que preferem ficar somente "dentro das 4 linhas", mas que não podem e tampouco devem ficar alheios ao que está ao seu redor, inclusive porque devem se portar mais como colaboradores interessados na viabilidade e na manutenção do negócio do que simplesmente ir lá "bater o cartão/assinar o ponto", são apresentadas algumas sugestões de organizações estruturais ligadas ao Futebol (Conferir também o Capítulo 3).

São parâmetros, projetos e modelos de estrutura organizacional que, nada obstante não se encerrarem em si mesmos em face das diversas possibilidades em inúmeros locais com diferentes filosofias de trabalho, têm o condão de servir com fonte e como referencial importantíssimo na configuração inicial de um departamento/setor de trabalho.

Tratam-se, pois, de exemplos que, além de servirem como ponto de partida para a formatação estrutural e organizacional de um setor/departamento de Futebol que permite o bom andamento de um trabalho "dentro das 4 linhas", são situações passíveis e sujeitas às respectivas adaptações que se fizerem necessárias à correta e perfeita execução do trabalho e das ações que se intentam tendo em vista as características próprias e peculiares a cada Instituição/Entidade.

PROJETO ESCOLA DE FUTEBOL

1. Instalações
- Campos/quadras.
- Almoxarifado.
- Secretaria.
- Vestiários.
- Sala de Recursos Audiovisual.
- Murais Informativos.
- Outras correlatas que se entender por necessárias, como, por exemplo, Enfermaria.

2. Recursos Humanos
- Coordenador.
- Professores.
- Estagiários.
- Secretária.
- Zelador.
- Manutenção.
- Outros profissionais afins que se entender por necessários, como, por exemplo, Médicos, Enfermeiros e Fisioterapeutas.

3. Material Didático
- Bolas de diferentes tamanhos.
- Bolas de borracha.
- Bolas de plástico.
- Cones.
- Sinalizadores.
- Coletes.
- Minicompressor de ar.
- Uniformes de treinos e jogos.
- Cordas e cordas elásticas.
- Colchões.

- Colchonetes.
- Pranchetas e *flips*.
- Apitos.
- Outros correlatos que se entender por necessários e interessantes.

4. Formação das Turmas

- De 12/15 a 25/30 alunos por turma.
- Alunos de 6 a 20 anos.
- Turmas formadas por alunos da mesma faixa etária e/ou mesmo nível de maturidade e desempenho.
- Turmas manhã, tarde e finais de semana.
- Níveis: Aprendizado, desenvolvimento, aperfeiçoamento e treinamento.
- Intercâmbio e contatos gerais e específicos entre as turmas.

5. Sessões

- Duração de 1h a 1h30 por sessão.
- Frequência de 2 vezes por semana + uma no final de semana ou quinzenal ou mensal.
- Planejamentos Mega-Megaciclo, Megaciclo, Macrociclo, Mesociclo e Microciclo.

6. Objetivos e Estratégias

- Por meio do Futebol, levar o aluno a um desenvolvimento integral, inclusive como cidadão.
- Promover o respeito às regras e a sociabilização do aluno.
- Congregar as famílias.
- Desenvolver no aluno o gosto pelo esporte, seja formativo, cooperativo, terapêutico ou competitivo.
- Levar ao aluno a assimilação da dinâmica física, técnica e tática do jogo.
- Fortalecer o espírito desportivo.
- Trabalhar os aspectos positivos da competitividade.

- Projetar os alunos para os clubes profissionais.
- Auxiliar na formação educacional e escolar, e encaminhar para outras opções profissionais.

7. Eventos

- Jogos Amistosos.
- Torneios e campeonatos internos e externos.
- Acantonamentos técnicos.
- "Festivais festivos em datas festivas" como, por exemplo, Dia das Mães, Pais, Crianças, Aniversários, início e final de ano etc.
- Presenças de personalidades do Futebol do presente e do passado.
- Visitas a Clubes Profissionais, Esportivos Sociais, Escolas, Universidades, Museus, Exposições etc.
- Clínicas Formativas.
- Festivais e intercâmbios com Entidades e Clubes diversos.
- Viagens Nacionais e Internacionais.

8. Calendário Anual

- Fevereiro a Junho: Aulas normais.
- Agosto a Dezembro: Aulas normais.
- Janeiro e Julho: Cursos de Férias ou Viagens pelo Brasil e Exterior.

9. Média de Valores (apenas e tão somente exemplificativa)

- Matrícula: R$ 50,00.
- Mensalidade (predeterminar quantas por ano!): R$ 70,00.
- Composições e possibilidades de pagamentos semestrais e anuais com bons descontos.
- Kit de Uniforme: R$ 80,00.

10. "Feedback" aos pais, responsáveis e aos próprios alunos

- Mensal ou
- Bimestral ou
- Semestral ou
- Anual.

11. Cadastros, Registros, Relatórios, Balanços e Avaliações Internas
- Cadastros, Registros, Relatórios, Balanços e Avaliações Internas gerais, setoriais e com periodicidade predefinida.

COMO DAR INÍCIO A UM PROJETO

1. Análise do Local
- Zoneamento residencial ou comercial.
- Pesquisa de construção perante a Prefeitura.
- Mapeamento de Escolas da região.
- Acesso de transportes coletivos à Região.
- Pesquisa de mercado – entrevistas.
- Concorrentes em potencial na Região.
- Parceiros em potencial.

2. Análise da Clientela
- Escolas – Identificação de alunos por faixa etária e período de estudo.
- Análise do perfil socioeconômico da Região.
- Levantamento dos serviços que já são oferecidos na Região.
- Avaliação do interesse no serviço.
- Ponderação acerca da necessidade do serviço.
- Possibilidades de parcerias e de acesso a recursos por meio de leis de incentivos.

3. Análise de Custos
- Legalização – Taxas, Tributação e possibilidade de apoio do Poder Público.
- Recursos Humanos – Contratações via CIEE, CREF, Universidades, CLT, Inscrições na Prefeitura, Média salarial por período, pró-labore etc.
- Divulgação – Faixas de acordo com a lei, panfletos, vale-aula, internet, rádio, franquias etc.
- Material de Escritório.

- Despesas fixas – água, luz, telefone, sem exclusão de outras e as extras.
- Material Didático e Pedagógico.
- Manutenção Básica.
- Investimento, orçamento e viabilidade do negócio a curto, médio e longo prazo.
- Sazonalidade.

⇒ **3.1. Custos para áreas virgens:**
- Autorização do Poder Público.
- Acesso.
- Preparação do terreno – Custo variável de acordo com condições encontradas.
- Levantamento da área a ser construída – campos, alambrados, vestiários, escritório, lanchonete, custo para a construção de um campo de grama sintética.
- Colocação da grama sintética.
- Futura manutenção.

4. O *marketing*

⇒ **4.1. Estratégias de divulgação:**
- Divulgação regional – Faixas de acordo com a lei, *banners*, imprensa local, panfletos, correios, condomínios, internet, semáforos, condomínios, escolas etc.
- Plantão Técnico – Promoções e adesões.
- Evento de inauguração.
- Faixas no local anunciando, clínica, torneio, acantonamento, convidado para sessão de autógrafos, viagens e intercâmbios etc.

⇒ **4.2. Início de atividades:**
- Aulas regulares em face do planejamento e do número de alunos inscritos.

⇒ **4.3. Divulgação interna:**
- Distribuição de vale-aulas.
- Dia do amigo.

- Campeonato Individual.
- Atividades com aniversariantes.
- Torneios entre as turmas.
- Turmas especiais.
- Torneios com convidados.
- Aulas show.
- Endo*marketing* e bônus para os membros da equipe de trabalho.

4. "Feedback" orçamentário
- Viabilidade a curto prazo (até 1 ou 2 anos).
- Viabilidade a médio prazo (de 2 a 5 anos).
- Viabilidade a longo prazo (de 5 anos em diante).
- Expansão do negócio.

CONSIDERAÇÕES IMPORTANTES

Além da observação irrestrita e fidedigna a todos os pontos trazidos à colação, vale frisar que é relevante e significativo o olhar que se deve dar para a infraestrutura, dado que sem o mínimo dela o trabalho certamente deixará a desejar e não sairá a contento.

Assim, é certo que deve prevalecer o estudo, a ponderação, a prudência, a seriedade, o comprometimento, a adaptação e o bom senso sempre de acordo com a filosofia de trabalho da Instituição que requer os serviços do professor, e sempre respeitando o máximo possível o orçamento disponível, além da própria viabilidade e lucratividade do negócio.

De boa nota chamar novamente a atenção para o ponto mencionado que se refere ao trabalho compatível com a filosofia, o perfil e objetivos que a Instituição tem como alvos. Para tanto, é lógico afirmar que as condições, circunstâncias, propostas e metas de um Clube de Futebol Profissional, de um Clube Esportivo Social, de uma Escola de Futebol, de Escolas de Ensino, de Fundações, de ONGs, de Condomínios etc. são, obviamente, diferentes entre si, apesar terem em comum o trabalho para e por meio do Futebol.

Trata-se, pois, de um exame e de uma análise sobremaneira importantes que o Profissional deve consignar no sentido da sua adequada adaptação à maneira de ser de seus colegas, ao dia a dia peculiar ao local de trabalho e, em especial, em consonância com o "público" envolvido e destinatário do trabalho.

Tudo isto, sempre e à evidência, com vistas a uma harmonia, a uma boa convivência, ao sucesso do trabalho, enfim, em linguagem coloquial, a um "casamento perfeito".

Uma vez ultrapassada esta fase de análise e avaliação dos fatores ligados a filosofia, perfil, objetivos e peculiaridades da Instituição, situação deveras significativa e inescusável que se apresenta para o êxito do trabalho se refere ao planejamento de trabalho (e suas respectivas fases) em face do correto e adequado estudo, das aplicações e execuções das ações cabíveis, pertinentes e coerentes.

Para tanto, o professor precisa ter a exata noção e consciência do que denotam os denominados Planejamentos Mega-Megaciclo, Megaciclo, Macrociclo, Mesociclo e Microciclo, além do próprio significado de sessão/treino/aula.

Desta maneira, mesmo que de modo perfunctório, seguem as respectivas definições.

O Planejamento "Mega-Megaciclo" refere-se à observância de um longo prazo de tempo, acima de 10 anos, como, por exemplo, o período que compreende a Categoria Sub 7 e a Categoria Sub 20 e/ou, ainda, a fase escolar, que, pelo menos para quem prossegue no estudo, vai do início do Ensino Infantil (3 ou 4 anos) até o final do Ensino Médio (17 ou 18 anos).

O Planejamento "Megaciclo" refere-se a toda a atuação entre o período mais importante do trabalho e outro, como, por exemplo, para a Seleção brasileira de Futebol Profissional, os 4 anos entre uma Copa do Mundo e outra, ou, no caso da Escola Formal, o período em que a pessoa fica em cada um dos períodos, quais sejam o Ensino Infantil, o Ensino Fundamental I, o Ensino Fundamental II e o Ensino Médio; também o tempo de permanência em cada uma das Categorias de Clubes pode ser considerado um "Megaciclo". Em geral, estas categorias são: Sub 5, o Sub 6 e Sub 7 (com um ano de permanência; como a grande maioria não tem o Sub 5 e o Sub 6, esta resta unida ao Sub 7, perfazendo 2 anos de permanência, assim como todas as subsequentes, exceto a Sub 20), Sub 9, Sub 11, Sub 13, Sub 15, Sub 17 e Sub 20 (única com 3 anos de permanência...), para depois a Principal/Adulta. Após esta, não há um padrão, e cada Entidade estipula os seus limites e limiares etários.

Na esteira, o Planejamento "Macrociclo" é a primeira divisão do "Megaciclo", seguindo uma lógica decrescente e/ou "descendente", e pode ser um trabalho/período de 1 a 2 anos, dependendo, como frisado, do local, filosofia, objetivos, histórico, perfil etc., da Entidade à qual o Profissional/Professor está inserido.

No que diz respeito ao Planejamento "Mesociclo", trata-se de uma subdivisão do Planejamento "Macrociclo", e pode ser um trabalho/período de 1 ano, ou 6 meses, quadrimestre, trimestre, bimestre ou mesmo 1 mês, dependendo, vale repetir e ressaltar, do local, filosofia, objetivos, histórico, perfil etc., da Entidade à qual o Profissional/Professor está inserido.

No que concerne ao Planejamento "Microciclo", trata-se de uma subdivisão do Planejamento "Mesociclo", e pode ser um trabalho/período de 1 semana ou 8 ou 10 dias, novamente dependendo do local, filosofia, objetivos, histórico, perfil etc., da Entidade da qual o Profissional/Professor faz parte.

E a subdivisão do Planejamento "Microciclo" se apresenta como um "treino/aula/sessão", na qual os conteúdos propriamente ditos serão colocados em prática pelo Profissional/Professor.

Para exemplificar, em equipes profissionais, pode haver uma sessão/treino pela manhã e outra à tarde, ou somente pela manhã, ou somente à tarde, ao passo que numa Escola ou num Clube Social serão duas ou três aulas/sessões por semana ou pela manhã, ou à tarde ou à noite.

Destarte, em face destes Planejamentos Mega-Megaciclo, Megaciclo, Macrociclo, Mesociclo, Microciclo e Aula/Treino/Sessão é que será consignado o denominado "cronograma" de trabalho, que nada mais é que a distribuição de cada "conteúdo" a ser desenvolvido no transcorrer do período/datas de "Trabalho Planejado" com vistas a alcançar os objetivos preestabelecidos.

É de boa nota destacar e reiterar que o "Cronograma/Planejamento/Trabalho Planejado" sempre deve ser feito em estrito respeito e consonância com o local, filosofia, objetivos, histórico, perfil etc., da Entidade à qual o Profissional/Professor está inserido e desenvolvendo seu trabalho.

Por fim, há que conceituar também o chamado "organograma" estrutural de uma Instituição, que nada mais é do que um quadro representativo da hierarquia, ascendência e subordinação organizacional, e que indica as interrelações, arranjos estruturais, unidades constitutivas, disciplinadas e disciplinares, limites de atribuições, competência funcional etc.

O organograma pode (e deve) ser organizado de maneira completa, o que inclui todas as áreas da Instituição, desde o Presidente, Conselhos, Diretores, Gestores, Supervisores, Assessores, até a mais simples (mas não menos importante) das funções, bem como pode ser organizado de modo setorial, isto é, por cada departamento/setor, o qual, no que diz respeito ao Futebol, pode ser denominado como a "Comissão Técnica".

Tudo isto deve obediência irrestrita e indubitável aos comandos que emanam dos "Estatutos" ou "Regulamentos", que são os documentos que regem a "vida" de toda Instituição, qualquer que seja, normas particulares estas que devem sempre estar em consonância com a leis vigentes do País.

Uma vez observadas, consignadas, promovidas e aplicadas todos estes aspectos e fatores "extracampo/fora das 4 linhas", além, é óbvio, dos que foram aqui trazidos como Modelos e Projetos de Organização Estrutural de Trabalho tendo em vista os aspectos empresariais, é certo que o trabalho dentro delas será realizado com êxito e o resultado tem incontáveis chances de ser bem-sucedido.

MODELOS E PROJETOS DE ORGANIZAÇÃO ESTRUTURAL PARA O FUTEBOL: QUADRO DE ESTUDO COMPARATIVO E EXEMPLIFICATIVO

Escolas de futebol	Clubes sociais	Clubes profissionais
I – Instalações			
‣ Campos – Dimensões variadas ‣ Almoxarifado ‣ Secretaria ‣ Vestiários ‣ Sala de recursos audiovisuais ‣ Enfermaria	‣ Campos – Dimensões variadas ‣ Almoxarifado ‣ Secretaria ‣ Vestiários ‣ Sala de recursos audiovisuais ‣ Enfermaria ‣ Sala de musculação	‣ Campos oficiais ‣ Almoxarifado ‣ Secretaria ‣ Vestiários ‣ Sala de recursos audiovisuais ‣ Enfermaria ‣ Sala de musculação ‣ Alojamentos ‣ Refeitório

Escolas de futebol	Clubes sociais	Clubes profissionais
	II – Recursos humanos		
‣ Coordenador ‣ Professores ‣ Estagiários ‣ Zeladoria ‣ Secretária	‣ Coordenador ‣ Técnicos ‣ Auxiliares técnicos ‣ Estagiários ‣ Roupeiros ‣ Zeladoria ‣ Massagista ‣ Médico	‣ Gerente ‣ Supervisor ‣ Técnicos ‣ Auxiliares técnicos ‣ Preparador físico ‣ Treinador de goleiros ‣ Massagista ‣ Médico ‣ Nutricionista ‣ Fisiologista ‣ Psicólogo ‣ Assistente social ‣ Fisioterapeuta ‣ Roupeiro ‣ Zeladoria
	III – Material didático		
‣ Bolas de tamanhos variados ‣ Bolas de borracha ‣ Cones e sinalizadores ‣ Cordas e pneus ‣ Coletes e apitos ‣ Uniformes para jogos e treinos ‣ Barreira móvel	‣ Bolas de tamanhos variados ‣ Bolas de borracha ‣ Cones e sinalizadores ‣ Cordas e pneus ‣ Coletes e apitos ‣ Uniformes para jogos e treinos ‣ Barreira móvel	‣ Bolas de tamanhos variados ‣ Bolas de borracha ‣ Cones e sinalizadores ‣ Cordas e pneus ‣ Coletes e apitos ‣ Uniformes para jogos e treinos ‣ Barreira móvel ‣ Gol móvel ‣ Forca e estacas ‣ Barreiras para salto
	IV – Formação das turmas		
‣ De 10 a 25 alunos por turma ‣ De 6 a 17 anos ‣ Faixa etária homogênea de dois em dois anos ‣ Aprendizado e aperfeiçoamento	‣ De 15 a 30 alunos por turma ‣ De 6 a 19 anos ‣ Faixa etária homogênea de dois em dois anos ‣ Básico e treinamento	‣ De 25 a 35 alunos por turma ‣ De 12 a 18 anos ‣ Divisão a cada ano de nascimento ‣ Treinamento

Escolas de futebol	Clubes sociais	Clubes profissionais
	**V – Treinamento**		
▸ Duração de 1h a 1h30 de acordo com idade ▸ Duas vezes por semana	▸ Duração de 1h a 1h30 de acordo com idade ▸ De duas a três vezes por semana	▸ De 1h30 a 2h de duração ▸ De duas a quatro vezes por semana
Divisão da aula ou treino: ▸ Roda inicial ▸ Aquecimento ▸ Estudo de fundamentos ▸ Jogo coletivo e dinâmica de jogo	Divisão da aula ou treino: ▸ Roda inicial ▸ Aquecimento ou condicionamento físico ▸ Treino técnico ▸ Jogo coletivo e treino tático	Divisão da aula ou treino: ▸ Preleção ▸ Preparação física ▸ Treino técnico ▸ Treino tático ▸ Jogo coletivo ou recreativo
	**VI – Calendário anual**		
▸ Fevereiro a junho: treinos normais ▸ Agosto a dezembro: treinos normais ▸ Janeiro e julho: férias ou curso de férias	▸ Fevereiro a junho: treinos normais ▸ Agosto a dezembro: treinos normais ▸ Férias ou viagens para intercâmbio	▸ Janeiro a dezembro: treinos normais ▸ Curto período de férias ▸ De acordo com competições
	**VII – Atividades**		
▸ Jogos amistosos ao longo do ano ▸ Três torneios por ano ▸ Clínicas e festivais ▸ Campeonatos individuais ▸ Campeonato interno	▸ Jogos amistosos no período pré-competitivo ▸ Três torneios por ano ▸ Campeonato de média ou longa duração ▸ Campeonato interno ▸ Acantonamentos	▸ Pré-temporada ▸ Jogos amistosos no período pré-competitivo ▸ Torneios ▸ Campeonatos estaduais e regionais ▸ Torneios nacionais e internacionais

Escolas de futebol	Clubes sociais	Clubes profissionais
VIII – Objetivos		
▶ Desenvolvimento integral do aluno ▶ Sociabilização e entretenimento ▶ Respeito às regras ▶ Desenvolver o gosto pelo futebol ▶ Desenvolvimento do espírito esportivo ▶ Preparar o indivíduo para o cotidiano ▶ Desenvolvimento da competitividade ▶ Promoção da saúde ▶ Projetar o aluno para clubes profissionais	▶ Desenvolvimento integral do aluno ▶ Sociabilização e entretenimento ▶ Respeito às regras ▶ Desenvolver o gosto pelo futebol ▶ Desenvolvimento do espírito esportivo ▶ Desenvolvimento da competitividade ▶ Preparar o indivíduo para o cotidiano ▶ Promoção da saúde	▶ Formação do atleta profissional ▶ Projeção socioeconômica ▶ Desenvolvimento integral do atleta ▶ Motivação para projeção social ▶ Esporte "saúde"

REFERÊNCIAS BIBLIOGRÁFICAS

ALCARAZ, C. F.; TORRELLES, A. S. *Escolas de Futebol. Manual para Organização e Treinamento.* 3. ed. Porto Alegre: Artmed, 2003.

BRUNORO, J. C., AFIF, A. *Futebol 100% Profissional.* São Paulo: Gente, 1997.

MARTINS, P. S. *Curso de Futebol de Base na Base. Aulas/Palestras no.* Graduação/Curso de Educação Física – UNISA/Universidade de Santo Amaro/SP e Alphaville Tênis Clube/SP e Clube Alto dos Pinheiros/SP. Apontamentos. São Paulo, 2007 a 2011.

PAGANELLA, M. A. *Futebol, Futsal e Futebol Society, Aulas de.* Graduação/Curso de Educação Física – UNISA/Universidade de Santo Amaro/SP e UNIÍTALO/Centro Universitário Ítalo-Brasileiro/SP. Apontamentos. São Paulo, 2010-2011.www.sindiclubesp.com.br: Regulamento IX Copa Sindi-Clube Futsal 2009. Coordenador: Prof. Marcos Mirabelli. 2009.

22 | INFORMÁTICA, *SITES*, *SOFTWARES*, TECNOLOGIAS E PROGRAMAS DE COMPUTADOR APLICADOS AO FUTEBOL

No que diz respeito ao Futebol, é certo que o "principal protagonista" (redundância proposital) continua sendo o Ser Humano, seja como aluno, como atleta, como familiar destes, como torcedor, ou, ainda, seja na condição de Comandante, Professor, Profissional, Técnico, Treinador, entre outras possibilidades e denominações.

Entretanto, a fim de que o trabalho que se refere aos personagens principais tenha êxito, também é certo que determinados "acessórios" se apresentam hábeis, capazes e em plenas condições de auxiliar de modo eficaz no desenvolvimento e sucesso do trabalho.

Entre estes "acessórios", não há dúvidas em afirmar e apontar a tecnologia da informação como um excelente ponto de apoio para os profissionais da área.

No segmento ligado à informática aplicada ao Futebol, existem alguns *sites* especializados e algumas categorias de *softwares* e programas de informação, sobretudo, no que diz respeito ao "Treinamento Técnico e Tático", "Controle de Treinamento", "Scout e Estatística", "Produtividade" e "Rastreamento".

Uma vez mais é de boa nota destacar que compete ao professor analisar a utilidade da recomendação ao seu cotidiano profissional, vale dizer, a ponderação acerca do uso e da eficácia do programa indicado para o sucesso do trabalho cabe a quem está no comando.

Na mesma toada, a responsabilidade pelo uso correto das tecnologias sugeridas também, à notória evidência, compete a quem, justamente, optar pelo uso, além, é óbvio, de quem oferece o produto, até por uma questão legal relacionada ao Código do Consumidor, à lei dos Direitos Autorais e legislação correlata: a lei, a ética e o bom senso existem e devem ser sobremaneira observados e respeitados.

Consignada esta necessária ressalva, a seguir são apresentados, indicados e sugeridos alguns programas, *softwares* e *sites* que podem ser utilizados pelos Professores de Futebol no âmbito do seu respectivo trabalho, observadas as questões de responsabilidade legal, civil, penal e ética, já enumeradas com clareza hialina.

⇒ Software: Tática 3d (Direitos Autorais: Prof. Wagner R. Martinho/ São Paulo – SP – warm@warmsports.com.br)
⇒ Site: www.treinadoresdefutebol.com
⇒ Site Coach Fx: www.coachfx.com
⇒ Site Soccer Trainer: www.soccer-trainer.com
⇒ Site Drillboard: www.binarysports.com
⇒ Site Soccer Tutor: www.soccertutor.com
⇒ Site: www.tactfoot.com
⇒ Site: www.winnerfoot.com
⇒ Site: www.otreinador.com
⇒ Site: www.sys4soccer.com
⇒ Site: www.portaldoscursos.com.br
⇒ Site: www.mresolucoes.com.br
⇒ Link: http://www.vidoemo.com/yvideo.php?i=bGVKZkNHcWuRpdH FkTzQ&ttica-3d
⇒ Site: www.rbfutebol.com.br
⇒ Site: www.universidadedofutebol.com.br

CONSIDERAÇÕES IMPORTANTES

Analisar visualmente exercícios técnicos e posicionamentos táticos facilita o trabalho e tem o condão de aumentar o acervo de conhecimento do professor, da mesma forma que, em muitos casos e situações, mostrar as imagens aos alunos/atletas produz mais efeitos benéficos e satisfatórios do que a informação somente por intermédio da linguagem somente verbal.

"Scout" é uma palavra inglesa que significa "observador/observar", "explorador/explorar", "sentinela", "andar em reconhecimento". Logo, tão importante quanto a ferramenta tecnológica usada na anotação dos dados estatísticos, é fundamental que o "Scout" (observador) conheça ambos os instrumentos, quais sejam, o próprio programa/*software* em uso e o próprio Futebol.

Os dados estatísticos de qualidade somados a um número considerável de informações confiáveis favorecem sobremaneira a tomada de decisão num ou noutro sentido pelo Professor/Profissional responsável. Isto porque, em termos científicos, cada vez mais as escolhas e opções nesta ou naquela direção são consignadas mediante e após detida avaliação de dados estatísticos fidedignos. Por isto, além da coleta das informações e dados estatísticos, é relevante e significativo que se proceda a sua correta leitura e posterior ação/tomada de decisão em face do que os dados mostram.

Da mesma forma, são mostras e resultados que, uma vez colocados à disposição dos jogadores, também auxiliam o aluno/atleta a melhorar seu desempenho e sua *performance*, podendo, assim, ajudá-lo a melhorar suas condições de rendimento e aumento na margem de segurança de acertos ("Produtividade", que se aplica, também, aos aspectos fisiológicos) nos passes, chutes, conclusões, domínios, dribles, desarmes e posicionamento tático ofensivo e defensivo.

O "Controle de treinamento/de jogo" pode ser feito por meio do "Rastreamento", e aquele (o "Controle de treinamento/de jogo"), como diz o próprio nome, se refere às anotações e ao registro dos dados físicos, técnicos e do posicionamento tático de cada um dos alunos/atletas em jogo com e/ou sem bola, tanto na parte ofensiva, como na defensiva, enquanto este ("Rastreamento") concerne ao acompanhamento do jogador no campo durante o jogo por intermédio de câmeras, ou, ainda, pelo GPS (Global Position System), a fim de verificar distâncias, percursos etc.

Vale frisar uma vez mais que toda a tecnologia aqui suscitada deve sempre estar à disposição e a serviço dos Profissionais que comandam o trabalho, os quais, com tino, capacidade e discernimento, certamente farão o uso correto, coerente e compatível das ferramentas sugeridas e indicadas, incluindo o respeito às já mencionadas leis de Direitos Autorais, entre outras disposições normativas.

Da mesma forma, aconselha-se que se fique sempre atento e que sempre se pesquise novas possibilidades informatizadas que possam agregar e auxiliar no desenvolvimento, êxito e sucesso do trabalho.

REFERÊNCIAS BIBLIOGRÁFICAS

MARTINS, P. S. *Curso de Futebol de Base na Base. Aulas/Palestras no.* Graduação/Curso de Educação Física – UNISA/Universidade de Santo Amaro/SP e Alphaville Tênis Clube/SP e Clube Alto dos Pinheiros/SP. Apontamentos. São Paulo, 2007 a 2011.

PAGANELLA, M. A. *Futebol, Futsal e Futebol Society, Aulas de.* Graduação/Curso de Educação Física – UNISA/Universidade de Santo Amaro/SP e UNIÍTALO/Centro Universitário Ítalo-Brasileiro/SP. Apontamentos. São Paulo, 2010-2011.

MARKETING ESPORTIVO E ADMINISTRAÇÃO ESPORTIVA: CONCEITOS ELEMENTARES

A formação acadêmica de um Professor de Educação Física e, por extensão, de um Professor/Profissional de Futebol não é a mesma que a de um Profissional do *Marketing*, da Administração de Empresas, ou de Gestão, ou de *Marketing*, entre outras correlatas e ligadas à área em comento.

De qualquer forma, o professor, mesmo sem a aludida formação acadêmica, pode lançar mão de muitas ações de *Marketing* nas suas atividades, especialmente se ele estiver trabalhando na condição de gerente, supervisor, coordenador e/ou outro cargo de gestão.

Assim, a seguir estão enumerados alguns conceitos elementares a respeito do tema em destaque, ficando a recomendação expressa ao professor que procure sempre frequentar cursos de graduação, atualização e de extensão em Universidades e Entidades conceituadas e reconhecidas no mercado, vá pessoalmente e/ou acesse os *sites* de Consultorias Especializadas, entre outras possibilidades de busca destes conhecimentos.

Numa análise ampla, tenha-se presente que *Marketing* é o estudo das atividades comerciais que, partindo do conhecimento das necessidades e do sentimento dos clientes, procura dirigir seu produto ou serviço adaptando-o melhor ao mercado.

Inicialmente, era feito de dentro para fora, isto é, simplesmente usava-se o *Marketing* para vender o produto sem realmente pensar e avaliar o que efetivamente o cliente queria. Hodiernamente sabe-se que é necessário o entendimento do mercado para suprir as necessidades do cliente, pois, a sua satisfação é quase uma garantia de sucesso da empresa.

À evidência, a definição dos padrões para o *Marketing* passa pela: Análise: analisar o mercado específico; Adaptação: adaptar a empresa à atualidade; Ativação: ativar o produto e/ou o serviço; Avaliação: interpretação de dados e soluções e resposta (*feedback*) dos clientes e consumidores.

De forma geral, existe o *Marketing* Esportivo e o *Marketing* no Esporte: aquele (o *Marketing* Esportivo) basicamente se refere às empresas de produtos Esportivos que buscam seu mercado nos diferentes Esportes/Práticas Esportivas, ao passo que este (o *Marketing* no Esporte) diz respeito à empresas de outros produtos/segmentos que não esportivos e que buscam valorizar seus produtos vinculando-os ao mundo do esporte.

Quanto às estratégias de composição de *Marketing* Esportivo, entram em cena os denominados 4 (quatro) P's:

1. PRODUCT – Produto;
2. PRICE – Preço;
3. PLACE – Ponto;
4. PROMOTION – Promoção.

No que concerne à Promoção Esportiva, pode ser empreendida por meio de:

1. **Mercadoria Promocional:** bonés, agasalhos, camisetas etc.;
2. **Eventos Promocionais:** evento para chamar atenção do produto;
3. **Mídia:** TV, rádio, jornal, internet etc.;
4. **Patrocínio:** direto, na camisa, no estádio/ginásio, pelas leis de incentivos fiscais, e outros meios;
5. **Endosso:** atletas famosos referendam produtos ou serviços.

Atenção especial também deve ser destinada ao *Endomarketing*, que, etimologicamente significa: Endo = ação interior ou movimento para dentro; *Marketing* = é a atividade de descobrir, conquistar e manter clientes, facilitando a realização de trocas.

Logo, *Endomarketing* é o *marketing* dirigido ao público interno das organizações, e diz respeito à motivação do funcionário, respectiva comunicação, comprometimento, valores, instrumento de *marketing* e satisfação do consumidor. Neste contexto, o *Endomarketing* se mostra efetivamente como uma das estratégias de gestão de pessoas que servem para potencializar a força humana da empresa e obter o respectivo comprometimento.

Por sua vez, em termos gerais, Administrar é realizar coisas por intermédio de outras pessoas, ou seja, é o ato de trabalhar com e por intermédio de outras pessoas para realizar os objetivos da organização, bem como de seus membros.

A Administração refere-se a um processo para criar um ambiente interno adequado, a fim de que os esforços empreendidos e organizados atinjam objetivos grupais, vale dizer, é uma tarefa que possibilita alcançar as metas previamente definidas com maior eficiência, com menos dificuldades e com maior rapidez.

Neste sentido, a Administração cuida do planejamento da organização, da direção e do controle das atividades realizadas dentro da própria Instituição, interpretando seus objetivos e transformando-os em efetivas ações por meio do, repete-se, planejamento, organização, direção e controle de todos os esforços realizados, em todas as áreas e em todos os níveis estruturais, a fim de alcançar tais objetivos de maneira mais adequada à situação.

E quem soluciona problemas, dimensiona recursos, planeja as ações, promove a aplicação do que foi cogitado, desenvolve estratégias, efetua diagnósticos de situações, toma decisões importantes etc. é, justamente, o Administrador.

Ao Administrador compete, pois:

⇒ **Planejar:** decidir antecipadamente o que vai ser feito; definir objetivos e metas.

⇒ **Organizar:** estruturar a organização/organograma; colocar o trabalho em ordem de prioridade e cronologia.

- **Recrutar:** selecionar candidatos/profissionais para compor a equipe de trabalho.
- **Coordenar:** integrar os esforços da equipe com vistas aos objetivos comuns.
- **Delegar:** atribuir e distribuir tarefas e determinar procedimentos a outras pessoas no sentido de obter resultados positivos.
- **Motivar:** estimular e incentivar os membros da equipe a trabalhar da melhor maneira possível e com alegria e satisfação.
- **Liderar:** comandar com eficiência, procurando sempre exercer a autoridade sem ser autoritário.
- **Controlar e acompanhar:** fiscalizar e verificar se todas as ações estão sendo colocadas em prática de modo correto e se tudo está saindo de acordo conforme o planejado.
- **Avaliar:** levantar os pontos fortes e fracos no final do ciclo, corrigindo e/ou mantendo o rumo.

Para a excelência do trabalho, um administrador deve possuir algumas Habilidades, entre as quais, basicamente, as seguintes:

a) **Habilidades técnicas:** usar conhecimentos, métodos, técnicas e equipamentos necessários para a realização de tarefas específicas adquiridas, sobretudo, pela educação, instrução e experiências, aplicando-as com proficiência, zelo, qualidade e com conhecimento de causa e de função.

b) **Habilidades humanas:** saber e gostar de trabalhar com pessoas, em especial, com a correta e adequada compreensão do contexto pessoal, do grupo etc., motivando e aplicando a liderança de modo eficiente e com autoridade sem, contudo, ser autoritário. Saber trabalhar bem com os outros e perceber as dificuldades e necessidades das pessoas é um item relevante a ser observado pelo bom Administrador.

c) **Habilidades conceituais:** conhecer a estrutura da Empresa/Instituição/Entidade para realização do seu trabalho com capacidade de compreensão acerca da complexidade da organização, bem como ser e estar apto e capaz de fazer o ajustamento das pessoas nesta. Habilidade de pensar coerente e conceitualmente, solucionando desde os problemas mais simples até os mais complexos sempre com consequências favoráveis à organização.

Uma correta e adequada Administração deve estar atenta a alguns Aspectos Contextuais significativos, sobretudo, no que tange aos:

⇒ **Fatores políticos:** especial atenção aos dispositivos normativos que advêm das Leis federais, estaduais, distritais e municipais, além da conjuntura política. Assim, à evidência, a Administração deve sempre levar em conta os fatores políticos correntes para tornar mais eficazes as decisões gerenciais, maximizando os acertos e minimizando possíveis equívocos.

⇒ **Fatores econômicos:** diz respeito ao estudo da economia em seus aspectos macro e microeconômicos, clientes, concorrentes, opções e fontes de investimentos, público etc. A Administração, portanto, deve sempre analisar, estudar e avaliar a economia, os fornecedores, concorrentes e os clientes da empresa, sem exclusão de outras possibilidades.

⇒ **Fatores tecnológicos:** concerne à atenção e à ponderação acerca da modernidade quanto aos processos de inovação, pesquisas e novas tecnologias. Toda empresa existe dentro de um ambiente tecnológico e a administração deve decidir o nível de tecnologia e qual (ou quais) deverão ser mantidos, substituídos e/ou introduzidos.

⇒ **Fatores ligados ao ambiente social:** são aspectos ligados à população, valores culturais, ética ou padrões de condutas. Não há dúvidas de que mudanças no ambiente social podem ter impacto importante sobre a administração na hora de tomada de decisões, isto é, um bom administrador deve sempre levar em conta as diferenças culturais de todo o contexto envolvido no desenvolvimento do trabalho.

É de boa nota destacar a relevância das Pesquisas, dado que inegavelmente permite que o profissional antecipe possíveis ações e mudanças sociais, em vez de simplesmente reagir a elas.

De uma maneira geral, o mercado gira em torno da Oferta e da Procura e, deste modo, é certo que em determinados momentos a comunicação se faz necessária.

No caso da Oferta, quando um produto ou serviço é oferecido ao mercado, especial atenção deve ser dada para os recursos financeiros disponíveis para a Comunicação, a fim de que se possa escolher os veículos/mídia que serão utilizados, como, por exemplo, TV, Rádio, Jornal, *Outdoor*, Anúncios, Panfletos, Mala direta, Faixas, Internet e outros, todos de acordo com a lei.

Da mesma forma, deve definir o que é importante na comunicação, como, por exemplo, vantagens, preços, serviços especializados, diferenciações, datas, nomes etc.

A partir disso, passa-se à fase da Elaboração, Produção e Apresentação do produto ou serviço ao mercado.

No que diz respeito à Procura, o Administrador deve estar atento ao que o público está buscando, querendo, enfim, procurando, no sentido de, justamente, oferecer aquilo em que as pessoas estão interessadas e pelo que elas desejam.

Um bom Administrador deve ter ao seu redor e ao seu dispor uma Equipe de Trabalho de qualidade, isto é, a excelência da administração passa pela capacidade produtiva, bem como pela cooperação, harmonia e desprendimento de trabalho dos profissionais contratados.

Desta forma, ao se contratar, isto é, quando do Teste de Seleção, deve-se ter especial atenção ao procedimento/sequência: triagem inicial, entrevista de seleção, checagem de referências, investigação do passado profissional, entrevista com superior imediato, dinâmica de grupo (opcional), exame médico, período de experiência e contratação propriamente dita.

O currículo deve ser lido atentamente antes da entrevista e o entrevistado deve se sentir à vontade durante o diálogo. Além da linguagem falada, a linguagem corporal deve ser observada, bem como o cargo, a organização e a sua respectiva estrutura devem ser descritos de modo honesto e coerente, além de promover uma inteligente discussão a respeito de situações técnicas ligadas à realidade diária do trabalho e do seu respectivo ambiente.

Perguntas que possam ser respondidas com sim ou não devem ser evitadas, e sempre deve ser solicitado ao candidato que explique e fundamente as respostas dadas. No mesmo diapasão, muito cuidado, zelo e muita prudência com perguntas sobre o estado civil, nacionalidade, idade, religião, orientação sexual ou filiação política, sem exclusão de outras.

Interessante e indicado colher um registro escrito, isto é, uma redação. Por fim, entrevistas de cinco minutos não devem ser feitas, dado que pode ser que se trabalhe por muito tempo com o candidato.

E, ao convidar alguém para uma possibilidade de trabalho, evite insistir e/ou forçar para que a pessoa faça o teste de seleção, porque a pessoa pode não estar a fim de trabalhar naquele projeto, pode se sentir constrangida a fazer algo em que não está interessada, e isso certamente pode não dar bons resultados.

O Administrador deve manter o Fluxo de Informações entre os diversos componentes da organização de forma que haja continuidade nos processos administrativos e que os objetivos sejam lembrados. Este tipo de comunicação normalmente se dá por meio de memorandos, circulares, editais, recados, cartas e *e-mail*, além de outras ferramentas da *web*.

E, para que o trabalho seja desenvolvido de maneira organizada e com a colaboração de todos, é necessário que sejam elaboradas Normas de Conduta e Procedimento, sobretudo, com caráter estritamente impessoal e abrangente, justo porque são fatores de ordenação e disciplinamento que tem como finalidade básica dar informações quanto ao funcionamento, direitos e deveres de cada um dentro da organização.

Uma organização deve ter um Planejamento Estratégico para nortear as suas ações, que deve seguir, *prima facie*, um roteiro de trabalho, conforme se segue:

1. **Diagnóstico:** uma das formas mais utilizadas nas organizações para este diagnóstico é a metodologia FFAO, isto é, a análise do ambiente externo, seus pontos fortes e pontos fracos, ameaças e oportunidades, além da avaliação dos limites que o próprio ambiente interno coloca.
2. **Definir missão da Empresa:** a missão de uma organização é a razão de ser ou propósito que justifica sua existência.
3. **Objetivos:** uma das características das organizações é a de ter objetivos, dado que eles dão consistência a uma organização, podendo ser distinguidos em objetivos Gerais e Estratégicos.
    3.1. **Objetivos gerais:** são os grandes alvos da organização, variam em função das circunstâncias ou da época e estão relacionados à política a ser desenvolvida pela organização esportiva/futebolística no futuro. A análise dos resultados obtidos no diagnóstico auxilia sobremaneira na escolha destas metas, bem como a identificação dos pontos fortes e dos pontos fracos, das ameaças e das oportunidades é um ponto de apoio deveras significativo no sentido de se estabelecer estes objetivos gerais.

3.2. Objetivos estratégicos: são aqueles por intermédio dos quais se desenvolvem os objetivos gerais, ou seja, é o caminho por meio do qual serão cumpridos os objetivos gerais aos quais sempre estão ligados.

4. **Definir projetos, programas e planos a executar para o desenvolvimento das estratégias:** a passagem do planejamento à ação se faz mediante a execução de projetos de uma organização esportiva/futebolista. O cumprimento dos objetivos Gerais e Estratégicos será obtido pela execução dos projetos concretos, ações, programas e atividades que são elementos sobre os quais se baseia o funcionamento das organizações esportivas.

5. **Estabelecer sistema de acompanhamento e atualização permanente:** para controlar, medir e avaliar a implantação e o desenvolvimento do planejamento estratégico é necessário que se tenha em mãos as ferramentas mais objetivas que se possa utilizar, quais sejam, os indicadores. É que os objetivos gerais e estratégicos mostram metas, desejos a alcançar, caminhos e direções a tomar para se atingir esses desejos. No entanto, é preciso quantificar o desejo para que se possa saber se o objetivo foi/pode ser plenamente alcançado, se foi atingido parcialmente ou se está equivocado na direção até então tomada. Os Indicadores podem ser classificados em Quantitativos e Qualitativos: Indicadores Quantitativos significam que sua base de referência é um número, uma determinada quantidade ou um percentual, como, por exemplo, n° de usuários, n° de avaliações físicas, n° de partidas, n° de cartões amarelos, de jogadores expulsos, n° de gols etc. E os Indicadores Qualitativos têm um aspecto mais subjetivo, vale dizer, se referem a situações a alcançar ou manter, sim/não, bom/insatisfatório, suficiente/insuficiente, entre outros fatores.

Como corolário, a seguir seguem 3 (três) exemplos de Regulamentos no sentido de organizar e harmonizar a conduta e o comportamento de todos os envolvidos, desde usuários até o Profissionais, sendo um para a Sala de Ginástica/Academia/Sala de Musculação com caráter mais geral, outro voltado mais especificamente para os professores e outro destinado a regulamentar o acesso, uso e permanência em dependências esportivas, tais como Ginásios, Quadras, Arquibancadas, Adjacências e, por extensão, inclusive às Piscinas.

Com base nestes modelos, pode-se redigir um que se adapte à realidade e às peculiaridades da Instituição o Professor/Profissional/Gestor está prestando serviço e "emprestando" seu trabalho, ressaltando que um Regramento sempre deve possuir em seu bojo a previsão de determinadas e proporcionais sanções e punições, sob pena de se tornar uma mera declaração de vontade com pouco ou até mesmo sem nenhum efeito prático em favor da harmonia, do respeito, da organização e da funcionalidade do trabalho.

EXEMPLO 1: SALA DE GINÁSTICA/ACADEMIA/ SALA DE MUSCULAÇÃO

NOME DO CLUBE/INSTITUIÇÃO
SALA DE GINÁSTICA/ACADEMIA/SALA DE MUSCULAÇÃO
REGULAMENTO

Dispõe sobre as normas de conduta, procedimento e de convivência no âmbito da Sala de Ginástica/Academia/Sala de Musculação entre Sócios, Convidados, Diretores, Professores e Funcionários do Clube/Instituição X.

Nas dependências da Sala de Ginástica/Academia/Sala de Musculação do Clube/Instituição X, todos devem, obrigatoriamente:

1º) Observar e respeitar os dispositivos expressos neste Regulamento, bem como seguir e cumprir outras orientações e/ou determinações advindas de deliberação da Diretoria;

2º) Submeter-se, frequente e periodicamente, a exames médicos e demais avaliações pertinentes, físicas, especialmente, efetuadas por profissionais aptos, qualificados e competentes, a fim de precaver-se quanto a problemas de saúde, adotando, para as pessoas que estão sob sua responsabilidade, menores, em especial, o mesmo procedimento;

3º) Apresentar em tempo hábil aos responsáveis pelo setor os resultados dos exames médicos e/ou avaliações físicas realizadas;

4º) Comportar-se com inequívoca observância às regras que norteiam a convivência social, tais como a moral, o decoro, a ordem, a ética, o respeito, os bons costumes, sem exclusão de outras não enumeradas expressa e explicitamente;

5º) Zelar pelo patrimônio do Clube/Instituição;

6º) Utilizar, diligentemente, os aparelhos de musculação e demais instrumentos próprios para a atividade física, de modo a evitar acidentes pessoais e/ou danos materiais;

7º) Deixar livre o aparelho e/ou material utilizado assim que encerrar a execução do respectivo exercício, evitando, portanto, usá-los para descanso no(s) intervalo(s) entre uma atividade e outra;

8º) Usar a roupa e/ou a indumentária apropriada, além do calçado adequado, sendo vedada a prática esportiva de calça social, jeans e congêneres, de sapato, somente usando meias, descalço, sem camisa, sem exclusão da proibição do uso de outras peças similares e impróprias para o esporte;

9º) Exercitar-se e/ou permanecer na Sala de Ginástica/Academia/Sala de Musculação sempre com camisa e com uma toalha de uso pessoal que facilite a limpeza e a higiene do aparelho/instrumento recentemente utilizado por si;

10) Manter o asseio da Sala de Ginástica/Academia/Sala de Musculação, dos aparelhos de musculação, das esteiras, dos instrumentos próprios para a atividade física, e das demais instalações, respeitando sempre os funcionários e associados que estão/estarão presentes e/ou utilizam/utilizar-se-ão da infraestrutura, além de auxiliar e facilitar o trabalho dos professores e profissionais responsáveis pelo setor e/ou pela limpeza;

11) Dirigir-se, sempre, aos professores, no sentido de procurar orientações especializadas quanto à melhor forma de executar os exercícios físicos e/ou utilizar os aparelhos e/ou demais instrumentos próprios para a prática de atividades físicas;

12) Atentar para a autoridade dos professores responsáveis pela Sala de Ginástica/Academia/Sala de Musculação, profissionais estes que, como tal, agirão de ofício, sempre no sentido de promover o bem-estar de todos, e a harmonia e o equilíbrio do ambiente;

13) Impedir que menores sob sua responsabilidade corram, brinquem, ajam de modo inadequado nas dependências da Sala de Ginástica/Academia/Sala de Musculação, bem como subam nos aparelhos de musculação e demais instrumentos próprios e/ou os utilizem para a prática de atividades físicas;

14) Observar e respeitar os horários de abertura e de fechamento da Sala de Ginástica/Academia/Sala de Musculação;

§ 1º) Novas determinações poderão ser incluídas neste Regulamento.

§ 2º) No caso de transgressões a estas normas, serão aplicadas as Penalidades previstas no Estatuto Social e no Regimento Interno do Clube/Instituição X;

§ 3º) O Estatuto Social e o Regimento Interno suplementam, no que couberem, este Regulamento.

§ 4º) Este Regulamento entra em vigor em ___ de _____ de ___

São Paulo, ___ de _____ de 20___.
Nome dos Proprietários/Diretores
Nome da Instituição

EXEMPLO 2: PROFESSORES

NOME DO CLUBE/INSTITUIÇÃO
PROFESSORES
SALA DE GINÁSTICA/ACADEMIA/SALA DE MUSCULAÇÃO
REGULAMENTO

Dispõe sobre as normas de conduta, procedimento e de convivência entre Professores, Diretores, Sócios, Convidados e Funcionários do Clube/Instituição X.

O PROFESSOR DEVERÁ, OBRIGATORIAMENTE:

1º) Ser prestativo e atencioso para com todos os presentes;

2º) Ser diligente com seu trabalho e oferecer, constantemente, a devida assessoria aos praticantes, tais como as indicações da faixa apropriada e a maneira correta de contar os batimentos cardíacos, do trabalho aeróbico mais conveniente e mais eficaz, dos alongamentos adequados e pertinentes à idade e ao propósito do sócio/cliente/praticante, sem exclusão de outras informações concernentes ao âmbito de atuação do próprio professor;

3º) Apresentar aos sócios/clientes/praticantes, a todo instante, a necessidade e a possibilidade do preenchimento da ficha de treino individual, conforme biótipo/biotipologia, peculiaridades, estilo de vida, sedentarismo (ou não), idade e demais características próprias do sócio que frequenta a Sala de Ginástica/Academia/Sala de Musculação;

4º) Acompanhar a evolução e o desenvolvimento do condicionamento físico geral do(s) sócio(s) em face da respectiva prescrição de treinamento efetuada;

5º) Corrigir a postura e orientar o modo de execução dos exercícios, independentemente de ter sido, ou não, por ele estabelecida a sequência de treinamento, mesmo que a prática esportiva do sócio/cliente/praticante seja apenas esporádica e sem vínculo/ficha com o respectivo Departamento Esportivo;

6º) Fornecer a todos os sócios/clientes/praticantes que procurarem todas as informações solicitadas relativas à prática esportiva e ao funcionamento, normas e procedimentos da Sala de Ginástica/Academia/Sala de Musculação;

7º) Observar, atentamente, toda a movimentação no ambiente sob sua responsabilidade, solicitando que esteja, sempre, o usuário, adequada e devidamente uniformizado para a prática esportiva e que, após a utilização do aparelho e/ou da esteira, deixe-os livres para que outros usem, bem como que utilize sua toalha para limpar o respectivo local, guardando o material, anilhas, pesos etc., no local a eles destinado;

8º) Exigir a apresentação do exame médico que autoriza a prática esportiva, bem como, visando a aperfeiçoar o trabalho e o desenvolvimento do aluno, indicar a realização da avaliação física no sentido mensurar as reais condições físicas do praticante;

9º) Zelar pela saúde e o bem-estar de todos, bem como pelo patrimônio do Clube/Instituição;

10) Intervir sempre que menores de idade estiverem presentes na Sala de Ginástica/Academia/Sala de Musculação desacompanhados e/ou mexendo nos aparelhos etc., bem como quando houver qualquer espécie de tumulto, algazarra, correria, conversas em tom de voz acima do normal e/ou algo do gênero que comprometa a tranquilidade e a serenidade do ambiente;

11) Usar o uniforme fornecido pelo Clube/Instituição, bem como verificar e fiscalizar o asseio da sala, dos aparelhos, do uso de toalhas, produtos de limpeza etc., sempre no sentido do conforto e da tranquilidade de todos;

12) Comunicar, prontamente, à Diretoria, Secretaria e/ou Coordenação, qualquer problema e/ou ocorrência, tais como questões disciplinares, necessidade de manutenção dos aparelhos e outras situações em que seja necessária a intervenção dos setores supracitados;

13) Assinar o "ponto dos funcionários" no seu respectivo horário de trabalho sempre que chegar ao Clube/Instituição para o regular exercício das suas atividades profissionais;

14) Manter-se informado e atualizado a respeito das novas tendências da Educação Física, do treinamento, do condicionamento, das inovações que propiciam a promoção da saúde por meio de atividades físicas etc., apresentando e discutindo as informações obtidas com a Diretoria, a Coordenação e com os próprios colegas, além de manter seu cadastro em dia e cumprir com suas obrigações perante os órgãos públicos competentes (MEC, CREF etc.), apresentando-os sempre que solicitado;

15) Novas determinações poderão ser incluídas no rol das atribuições.

O PROFESSOR NÃO PODERÁ:

§ 1º) Omitir-se da aplicação das disposições deste Regulamento;

§ 2º) Eximir-se de apresentar sugestões que permitam a melhora e o progresso do trabalho desenvolvido pelo Departamento Esportivo;

§ 3º) Treinar no seu respectivo horário de expediente, mesmo que não haja sócios/clientes/praticantes se exercitando;

§ 4º) Novas determinações poderão ser incluídas no rol de atribuições e/ou de proibições;

§ 5º) Sanções e Punições de acordo com a Legislação Trabalhista em vigor no Brasil poderão ser aplicadas.

§ 6º) Este Regulamento entra em vigor em ___ de _____ de ___

São Paulo, ___ de _____ de 20___.
Nome dos Proprietários/Diretores
Nome da Instituição

EXEMPLO 3: GINÁSIO/QUADRA/ARQUIBANCADA/ADJACÊNCIAS (PODE SER ELABORADO UM PARA A PISCINA)

NOME DO CLUBE/INSTITUIÇÃO
GINÁSIO/QUADRA/ARQUIBANCADAS/ADJACÊNCIAS
REGULAMENTO

Dispõe sobre as normas de conduta, procedimento e de convivência no âmbito do Ginásio/Quadra/Arquibancadas/Adjacências entre Sócios, Convidados, Diretores, Professores e Funcionários do Clube/Instituição X.

Nas dependências da Quadra Poliesportiva do Ginásio Central do Clube/Instituição, inclusive na área correspondente às Arquibancadas e Adjacências, é expressamente proibido:

1º) Fumar e/ou ingerir bebidas alcoólicas;

2º) Andar, correr, permanecer, jogar, bater bola etc., entrar com recipientes de vidro, latas, pratos, garrafas, copos, sorvetes, picolés, doces e/ou qualquer outro objeto e/ou alimento que possa causar danos, lesões, sujeira e/ou qualquer incômodo, transtorno e prejuízos à coletividade e/ou ao patrimônio;

3º) Andar, correr, saltar, deslocar-se, brincar etc., de *skate*, patins, patinetes e/ou afins, exceto, se houver, na área destinada para este fim específico;

4º) Jogar, bater bola, paredão, brincar etc., tênis, taco, hóquei e/ou qualquer outro esporte do mesmo gênero e/ou não condizente com o local em questão;

5º) Jogar, correr, brincar etc., de calça social, *jeans* e/ou com qualquer roupa inadequada à prática esportiva pertinente ao espaço em evidência;

6º) Jogar, correr, andar, praticar etc., qualquer atividade física de chuteira, chuteira de futebol *society*, sapato e/ou qualquer outro calçado impróprio para a prática esportiva;

7º) Jogar, correr, andar, praticar etc., qualquer atividade física descalço e/ou somente de meia/meião;

8º) Andar, correr, deslocar-se, permanecer etc., de modo a deixar a quadra úmida, molhada, encharcada, suja e/ou imprópria para a prática a que se destina;

9º) Jogar, treinar, bater bola etc., em horários não compatíveis com a idade, fins, objetivos, cronograma e/ou com a grade horária de atividades preestabelecida, exceto quando houver expressa anuência/autorização da Diretoria e/ou dos responsáveis pelo Departamento Esportivo;

10) Ofender, falar, gritar etc., palavras de baixo calão e/ou impropérios e/ou agir, comportar-se etc., a qualquer tempo, de forma ofensiva à moral, ao decoro, à ordem, à ética, ao respeito, aos bons costumes e a outras normas de convívio social;

11) Jogar, brincar, bater bola etc., nas laterais, na linha de fundo e na arquibancada enquanto houver jogos, treinos e outras atividades oficiais em andamento;

12) Impedir que menores sob sua responsabilidade corram e ajam de modo e em local inadequado, permaneçam, desloquem-se ou brinquem inadvertidamente e/ou de maneira perigosa, passível de causar qualquer tipo de acidente pessoal, bem como subam nas grades, telas, proteções e afins e/ou invadam o local de jogo enquanto outra(s) atividade(s) estiver(em) em andamento na quadra;

§ 1º) Novas determinações poderão ser incluídas neste Regulamento.

§ 2º) No caso de transgressões a estas normas, serão aplicadas as Penalidades previstas no Estatuto Social e no Regimento Interno do Clube/Instituição;

§ 3º) O Estatuto Social e o Regimento Interno suplementam, no que couberem, este Regulamento.

§ 4º) Este Regulamento entra em vigor em ____ de _____ de ____

São Paulo, ____ de _____ de 20___.
Nome dos Proprietários/Diretores
Nome da Instituição

CONSIDERAÇÕES IMPORTANTES

É certo que o estudo e o trabalho voltado para o *Marketing* Esportivo e a Administração Esportiva devem prosseguir e progredir, sobretudo, por intermédio da participação em palestras, simpósios, entrevistas e outras fontes bibliográficas seguras que abordam o tema de modo aprofundado.

De maneira simples foram expostas algumas Competências que se entendem como essenciais para os profissionais que trabalham e/ou pretendem trabalhar na área do *Marketing* Esportivo e da Administração Esportiva.

Do mesmo modo, são informações importantes também para os que trabalham dentro de campo ou dentro das 4 linhas, dado que é indicado que, em vez de ficarem alheios aos acontecimentos, às circunstâncias e ao que ocorre ao seu redor devem, na medida do possível, estar cientes e conscientes destes elementos conceituais e de suas respectivas relevâncias.

Desta forma, não apenas estarão atentos às oportunidades de trabalho como, também, poderão ganhar significativos dividendos para si a partir do momento que passarem a auxiliar com propriedade toda a Equipe de trabalho no que for possível e necessário.

E isto certamente se tornará realidade a partir do momento em que o Professor/Profissional demonstrar interesse e contribuir com análises, observações e sugestões cabíveis, pertinentes e inteligentes acerca do planejamento, estrutura e organização do trabalho.

Da mesma maneira, deve primar e zelar pela cultura da qualidade e do trabalho em equipe, capacidade empreendedora, tomada de decisão, negociações, dinamismo, trabalho sobre pressão, flexibilidade, criatividade, visão sistêmica, comunicação, liderança, relacionamento interpessoal, energia, vontade e entusiasmo para o trabalho.

Bom Trabalho.

REFERÊNCIAS BIBLIOGRÁFICAS

BRUNORO, J. C., AFIF, A. *Futebol 100% Profissional*. São Paulo: Gente, 1997.

CAPINUSSÚ, J. M.; REIS, J. *Futebol:* técnica, tática e administração. Rio de Janeiro: Shape, 2004.

CONTURSI, E. B. *Marketing esportivo*. Rio de Janeiro: Sprint, 2000.

GURGEL, A. *Futebol S/A – A Economia em Campo*. São Paulo: Saraiva, 2006.

KOTLER, P. *Marketing para o século XXI*. 6. Reimp. São Paulo: Futura, 2000.

MARTINS, P. S. *Curso de Futebol de Base na Base. Aulas/Palestras no*. Graduação/Curso de Educação Física – UNISA/Universidade de Santo Amaro/SP e Alphaville Tênis Clube/SP e Clube Alto dos Pinheiros/SP. Apontamentos. São Paulo, 2007 a 2011.

MELO NETO, F. P. de. *Marketing de patrocínio*. Rio de Janeiro: Sprint, 2000.

MELO NETO, F. P. de. *Marketing Esportivo e Social*. Londrina: Midiogarf, 1997.

PAGANELLA, M. A. *Futebol, Futsal e Futebol Society, Aulas de*. Graduação/Curso de Educação Física – UNISA/Universidade de Santo Amaro/SP e UNIÍTALO/Centro Universitário Ítalo-Brasileiro/SP. Apontamentos. São Paulo, 2010-2011.

PITTS, B. G. *Fundamentos de Marketing Esportivo*. Tradução Ieda Moriya. São Paulo.: Phorte, 2002.

POZZI, L. F. *Grande jogada:* teoria e prática do Marketing Esportivo. São Paulo: Globo, 1998.

ROCHE, F. P. *Gestão Desportiva*. 2. ed. São Paulo: Artmed, 2002.

STLOTLAR, D. K. *Como desenvolver planos de marketing com sucesso*. Tradução Fabiana Carelli. São Paulo: Ideia e Ação, 2005.

24 LEGISLAÇÃO DE REGÊNCIA DO ESPORTE, DO FUTEBOL E DA EDUCAÇÃO FÍSICA

A vida em sociedade requer paz e harmonia e precisa disto, sobretudo no que tange às relações interpessoais e suas respectivas nuances e convivências obrigatórias, necessárias e/ou voluntárias.

As normas jurídicas existem, pois, no sentido de que as pessoas possam ser respeitadas como cidadãs, bem como para que possam também respeitar, sempre na direção, vale reiterar, da convivência pacífica e do comportamento que garante o bom convívio social.

Em geral, quem assegura este respeito, além, por óbvio, da própria ação e iniciativa voluntária das pessoas, é o Estado, que, em linhas gerais, trata-se de uma organização abstrata, que detém o relativo e outorgado poder legítimo de regulação da sociedade e que se destina, justamente, a manter as condições universais de ordem social pela observância e aplicação do Conjunto de Leis, que é uma parte importante do Direito, apesar de não ser a única.

Em linhas gerais, apenas e tão somente para elucidar, além do já mencionado Conjunto de Leis como aspecto relevante do Direito, as divisões que o compõem, sem exclusão de outras possibilidades, são: 1) a Dogmática (dogma, ordem, determinação inequívoca e indiscutível); 2) o Poder de Exigir (ter o "direito" de pedir, de exigir algo de alguém com base na lei); 3) a Ciência Jurídica (estudo das normas que regulamentam a vida social em suas diversas implicações); 4) a Filosofia Jurídica (estudo dos valores éticos e morais); e 5) a Sociologia Jurídica (estuda os fatos, a organização e as relações sociais); 6) o próprio Conjunto de Leis.

Assim, resta claro que o Conjunto de Leis de um País, apesar de não ser a tradução ampla, abrangente e literal do Direito propriamente dito como normalmente se pensa, é uma parte sobremaneira significativa no sentido da paz, harmonia e da boa convivência social.

Neste diapasão, tem-se que o Conjunto de Leis pode ser definido como um complexo de leis, de ordens legais e de normas jurídicas existentes, válidas, atuantes, eficazes e que devem ser respeitadas e interpretadas de modo sistematizado (conceito de sistema: diversas partes trabalhando de modo autônomo e sincronizado com vistas a um objetivo comum que, neste caso, é o bem da sociedade).

Quem orienta, direciona, dá o norte e as diretrizes deste sistema é a Constituição Federal brasileira de 1988 (CF/88: a que está atualmente em vigência no Brasil entrou em vigor em 5 de outubro de 1988), da qual partem, inclusive e sobretudo, os comandos normativos que regulamentam a Educação, a Educação Física, o Esporte e o Futebol, entre tantas outras matérias.

Constituição, pois, representa a ideia de estrutura, de algo que se organiza e de como o faz e, em especial, de origem de um sistema, isto é, juridicamente a Constituição deve ser entendida como a lei fundamental e suprema de um Estado, que contém normas referentes à estruturação deste Estado, à formação dos poderes públicos, forma de governo e aquisição do poder de governar, distribuição de competências, direitos, garantias e deveres dos cidadãos, inclusive a Educação.

É a Constituição que individualiza os órgãos competentes para a edição de normas jurídicas, legislativas ou administrativas, e é o estatuto jurídico fundamental da comunidade/sociedade. É a Lei Maior e é o complexo de regras que dispõe sobre a organização do Estado, a origem e o exercício do Poder, a discriminação das competências estatais e a proclamação das liberdades públicas. Ou seja, é um sistema de normas jurídicas que regula a forma do Estado, a forma de Governo, o modo de aquisição e o exercício do poder, o estabelecimento de seus órgãos e os limites de sua ação.

O conjunto de normas constitucionais está situado num plano hierárquico superior a todas as outras normas jurídicas/leis. A Constituição é o início, o ápice, o centro, o ponto de partida, enfim, o fundamento de validade do sistema jurídico que dá sustento à existência e à eficácia de todas as outras normas infraconstitucionais, isto é, as normas que, apesar de estarem num patamar abaixo e de terem menos força que as constitucionais, auxiliam sobremodo na regulação da vida em sociedade.

Tendo em vista que o intuito aqui é apresentar o tema de modo sucinto e de maneira a estimular o estudo, a pesquisa e a fim de que o estudioso possa se inteirar acerca do assunto, pode-se citar como exemplos de normas infraconstitucionais correlacionadas ao tema em estudo neste capítulo (Legislação de Regência da Educação Física e do Futebol):

a) **Leis ligadas à área Não Escolar:** Art. 217 da CF/88, a Carta do Fair Play 1975 (ICSPE – Conselho Internacional de Esporte e Educação Física, UNESCO – Organização das Nações Unidas para a Educação, a Ciência e a Cultura/United Nations Educational, Scientific and Cultural Organization), A Carta dos Direitos da Criança no Esporte (Congresso Genebra/1988 e Congresso de Panathlon/Avignon/1996), a Lei geral sobre o Desporto ("Lei Pelé"/Lei n° 9.615/1998), a Lei da Educação Física (Lei n° 9.696/98) e o Código de Ética dos Profissionais da Educação Física (Resolução CONFEF n° 56/2003), a Lei de Incentivo ao Esporte (Lei n° 11.438/2006), a Lei de Isenção do Imposto de Importação/II (Lei n° 10.451/2002), o Estatuto de Defesa do Torcedor (Lei n° 10.671/2003), a Lei da Bolsa-Atleta (Lei n° 10.891/2004), a Lei do Ato Olímpico (Lei n° 12.035/2009), as Leis ligadas à Copa do Mundo (Lei n° 12.348/de 15 de dezembro de 2010, Lei n° 12.350/de 20 de dezembro de 2010, Lei 12.462/de 5 de agosto de 2011), e a própria Lei Geral da Copa do Mundo de Futebol de 2014, em fevereiro de 2012 ainda não votada e aprovada no Congresso Nacional.

b) **Leis ligadas à área Escolar:** Arts. 6°, 23, 24 e 227 da CF/88, a LDB (Lei de Diretrizes e Bases da Educação – Lei n° 9.394/96), os PCN's (Parâmetros Curriculares Nacionais) do MEC (Ministério da Educação), o PNE (Plano Nacional de Educação decênio 2001-2011 – Lei n° 10.172/01), o FUNDEB (Fundo de Manutenção e Desenvolvimento do Ensino Básico: art. 60 do ADCT – Ato das Disposições Constitucionais Transitórias e Lei 11.494/07), a Lei da Bolsa Escola/Bolsa Família (Lei nº 10.219/2001 e Lei nº 10.836/2004).

c) **Os Códigos e Leis gerais e regulamentares:** a CLT (Consolidação das Leis do Trabalho), o CTN (Código Tributário Nacional), o CC (Código Civil), o CP (Código Penal) e o ECA (Estatuto da Criança e do Adolescente), além de todos os Decretos e Regulamentos que versam sobre diversas matérias importantes para o País, para a Educação, para o Desporto, para a Formação de Professores, a atuação do MEC (Ministério de Educação) e do ME (Ministério dos Esportes), entre tantas outras relevantes e importantes para o Brasil.

A fim de facilitar o entendimento e a compreensão, segue adiante uma breve síntese sobre os assuntos legais mais importantes correlatos ao Desporto em geral e ao Futebol, à Educação Física e à Educação em geral, ressaltando que este resumo de maneira alguma exclui outros mandamentos normativos que também se aplicam, se subsumem e se enquadrem ao tema, especialmente, os Estaduais e Municipais, além dos Federais.

1. LEI GERAL DO DESPORTO – LEI PELÉ – LEI Nº 9.615/98

A Lei Geral do Desporto é a Lei nº 9.615/98, também conhecida como "Lei Pelé", dado que foi votada e aprovada na época em que o "Rei do Futebol" era Ministro Extraordinário dos Esportes (Ministério de Estado Extraordinário dos Esportes) entre 1995 e 1998. Este diploma normativo revogou a Lei nº 8.672/93, que também versava sobre o desporto e era conhecida como a "Lei Zico" (ex-jogador – um dos melhores da História – de Futebol do Flamengo-RJ e da Seleção Brasileira nas décadas de 1970-80), que foi o Secretário de Esportes no início dos anos 90 (Secretaria de Desportos da Presidência da República).

Em dezembro de 1998 foi criado pelo então Presidente Fernando Henrique Cardoso o Ministério de Esportes e Turismo, e em janeiro de 2003 o Presidente Luiz Inácio Lula da Silva separou em duas pastas, ficando, assim, o Esporte com um Ministério próprio.

Em termos sintéticos, a Lei nº 9.615, de 24 de março de 1998 (e alterações posteriores), instituiu as normas gerais sobre desporto, entre outras providências (importante: é a lei que aborda a questão do "passe" dos jogadores de Futebol Profissional!), e o seu Capítulo I apresenta as disposições iniciais, a saber:

> **Art. 1º.** O desporto brasileiro abrange práticas formais e não formais e obedece às normas gerais desta Lei, inspirado nos fundamentos constitucionais do Estado Democrático de Direito.
> § 1º. A prática desportiva formal é regulada por normas nacionais e internacionais e pelas regras de prática desportiva de cada modalidade, aceitas pelas respectivas entidades nacionais de administração do desporto.
> § 2º. A prática desportiva não formal é caracterizada pela liberdade lúdica de seus praticantes.

A seguir, no Capítulo II, estão enumerados os Princípios Fundamentais do desporto, visto e entendido como um direito individual:

> **Art. 2º.** O desporto, como direito individual, tem como base os princípios:
> I – da soberania, caracterizado pela supremacia nacional na organização da prática desportiva;
> II – da autonomia, definido pela faculdade e liberdade de pessoas físicas e jurídicas organizarem-se para a prática desportiva;
> III – da democratização, garantido em condições de acesso às atividades desportivas sem quaisquer distinções ou formas de discriminação;
> IV – da liberdade, expresso pela livre prática do desporto, de acordo com a capacidade e interesse de cada um, associando-se ou não a entidade do setor;
> V – do direito social, caracterizado pelo dever do Estado em fomentar as práticas desportivas formais e não formais;
> VI – da diferenciação, consubstanciado no tratamento específico dado ao desporto profissional e não profissional;
> VII – da identidade nacional, refletido na proteção e incentivo às manifestações desportivas de criação nacional;

VIII – da educação, voltado para o desenvolvimento integral do homem como ser autônomo e participante, e fomentado por meio da prioridade dos recursos públicos ao desporto educacional;
IX – da qualidade, assegurado pela valorização dos resultados desportivos, educativos e dos relacionados à cidadania e ao desenvolvimento físico e moral;
X – da descentralização, consubstanciado na organização e funcionamento harmônicos de sistemas desportivos diferenciados e autônomos para os níveis federal, estadual, distrital e municipal;
XI – da segurança, propiciado ao praticante de qualquer modalidade desportiva, quanto a sua integridade física, mental ou sensorial;
XII – da eficiência, obtido por meio do estímulo à competência desportiva e administrativa.
Parágrafo único. A exploração e a gestão do desporto profissional constituem exercício de atividade econômica sujeitando-se, especificamente, à observância dos princípios:
I – da transparência financeira e administrativa;
II – da moralidade na gestão desportiva;
III – da responsabilidade social de seus dirigentes;
IV – do tratamento diferenciado em relação ao desporto não profissional; e
V – da participação na organização desportiva do País.

Na esteira, no Capítulo III, a natureza e as finalidades do desporto em suas respectivas manifestações estão expressas de modo categórico, elucidação de extrema importância, dado que tem o condão de amparar pontos relevantes da chamada Lei de Incentivo ao Esporte (Lei nº 11.438/2006):

Art. 3º. *O desporto pode ser reconhecido em qualquer das seguintes manifestações:*
I – desporto educacional, praticado nos sistemas de ensino e em formas assistemáticas de educação, evitando-se a seletividade, a hipercompetitividade de seus

praticantes, com a finalidade de alcançar o desenvolvimento integral do indivíduo e a sua formação para o exercício da cidadania e a prática do lazer;
II – desporto de participação, de modo voluntário, compreendendo as modalidades desportivas praticadas com a finalidade de contribuir para a integração dos praticantes na plenitude da vida social, na promoção da saúde e educação e na preservação do meio ambiente;
III – desporto de rendimento, praticado segundo normas gerais desta Lei e regras de prática desportiva, nacionais e internacionais, com a finalidade de obter resultados e integrar pessoas e comunidades do País e estas com as de outras nações.
Parágrafo único. O desporto de rendimento pode ser organizado e praticado:
I – de modo profissional, caracterizado pela remuneração pactuada em contrato formal de trabalho entre o atleta e a entidade de prática desportiva;
II – de modo não profissional, identificado pela liberdade de prática e pela inexistência de contrato de trabalho, sendo permitido o recebimento de incentivos materiais e de patrocínio.

A lei é extensa (são 96 artigos que regulamentam diversas matérias afins ao desporto), ampla e abrangente, de modo que é inviável a transcrição na íntegra do seu inteiro teor, que pode ser analisado acessando o *site* (www.planalto.gov.br, links "legislação" e "leis").

Neste sentido, a fim de completar esta breve e resumida exegese, apresenta-se a configuração, composição e objetivos do sistema brasileiro do desporto, nos exatos termos do Capítulo IV, da Lei em comento:

Art. 4º. *O Sistema Brasileiro do Desporto compreende:*
I – o Ministério do Esporte;
II – (Revogado pela Lei nº 10.672, de 2003) (extinção do chamado INDESP – Instituto Nacional do Desenvolvimento do Desporto)
III – o Conselho Nacional do Esporte – CNE;

> *IV – o sistema nacional do desporto e os sistemas de desporto dos Estados, do Distrito Federal e dos Municípios, organizados de forma autônoma e em regime de colaboração, integrados por vínculos de natureza técnica específicos de cada modalidade desportiva.*
>
> *§ 1º. O Sistema Brasileiro do Desporto tem por objetivo garantir a prática desportiva regular e melhorar-lhe o padrão de qualidade.*
>
> *§ 2º. A organização desportiva do País, fundada na liberdade de associação, integra o patrimônio cultural brasileiro e é considerada de elevado interesse social, inclusive para os fins do disposto nos incisos I e III do art. 5º da Lei Complementar nº 75, de 20 de maio de 1993 (esta lei dispõe sobre a organização, as atribuições e o estatuto do Ministério Público da União).*
>
> *§ 3º. Poderão ser incluídas no Sistema Brasileiro de Desporto as pessoas jurídicas que desenvolvam práticas não-formais, promovam a cultura e as ciências do desporto e formem e aprimorem especialistas.*

Atenção especial deve ser dada ao CNE – Conselho Nacional de Esportes, dado que, por ser o órgão colegiado de deliberação, normatização e assessoramento e, por ser diretamente vinculado ao Ministro de Estado do Esporte, é uma das partes mais importantes de todas as que integram o Sistema Brasileiro de Desporto.

O CNE foi criado pelo Decreto nº 4.201, de 18 de abril de 2002 e, entre outros, tem por objetivo buscar o desenvolvimento de programas que promovam a massificação planejada da atividade física para toda a população, bem como a melhoria do padrão de organização, gestão, qualidade e transparência do desporto nacional.

Entre outras atuações importantes, em 2003, por meio da Resolução nº 1, de 23 de dezembro de 2003, foi aprovado pelo CNE o Código Brasileiro de Justiça Desportiva, que teve alterações deveras significativas por intermédio da Resolução nº 29, de 10 de dezembro de 2009.

O texto completo do Código Brasileiro de Justiça Desportiva e de outras informações relevantes pode ser conferido no *site* www.esporte.gov.br.

É de boa nota destacar novamente a importância desta lei, pois é ela que aborda, disciplina e regulamenta a questão do "passe" dos jogadores de Futebol Profissional (vínculo que existia entre Atleta e Clube, que, mesmo após o término do contrato, aquele continuava "preso" a este...), sem exclusão de outras regulamentações e regramentos que advêm da FIFA – Federação Internacional de Futebol Associado (www.fifa.com) e a CBF (www.cbf.com.br).

2. LEI DA EDUCAÇÃO FÍSICA – LEI Nº 9.696/98

O Art. 5º, Inciso XIII, da Constituição Federal de 1988, prescreve que é livre o exercício de qualquer trabalho, ofício ou profissão, atendidas as qualificações profissionais que a lei estabelecer;

Desta forma, como a Constituição menciona e "pede" uma lei para auxiliá-la a regulamentar a matéria, o Congresso (Câmara e Senado) editou a referida lei via regular processo legislativo.

Assim surgiu a Lei nº 9.696, de 1º de setembro de 1998, que regulamenta a Profissão/Ofício de Professor de Educação Física e que estabelece quem pode atuar neste segmento, isto é, somente quem tiver competência técnica aliada à competência jurídica.

Por competência técnica entende-se como a capacidade de realizar, de praticar um ofício/profissão de modo eficaz, coerente, com habilidade, presteza, zelo, segurança, entre outros; e, por competência jurídica compreende-se a autorização que é dada pelo conjunto de leis e pela própria lei de realizar, de praticar um ofício/profissão, mesmo que em algumas vezes esta atuação não se dê de modo eficaz, coerente e com habilidade. Em face à importância desta normatização no contexto apresentado, vale transcrever esta lei na íntegra (cf. www.planalto.gov.br, *links* "legislação" e "leis"), até porque seu texto não é longo:

LEI Nº 9.696, DE 1 DE SETEMBRO DE 1998.
[Daí o motivo pelo qual se comemora em 1º Setembro o Dia do Profissional da Ed. Física]

Dispõe sobre a regulamentação da Profissão de Educação Física e cria os respectivos Conselho Federal e Conselhos Regionais de Educação Física.

O PRESIDENTE DA REPÚBLICA Faço saber que o Congresso Nacional decreta e eu sanciono a seguinte Lei:

Art. 1º. *O exercício das atividades de Educação Física e a designação de Profissional de Educação Física é prerrogativa dos profissionais regularmente registrados nos Conselhos Regionais de Educação Física.*

Art. 2º. *Apenas serão inscritos nos quadros dos Conselhos Regionais de Educação Física os seguintes profissionais:*
I – os possuidores de diploma obtido em curso de Educação Física, oficialmente autorizado ou reconhecido;
II – os possuidores de diploma em Educação Física expedido por instituição de ensino superior estrangeira, revalidado na forma da legislação em vigor;
III – os que, até a data do início da vigência desta Lei, tenham comprovadamente exercido atividades próprias dos Profissionais de Educação Física, nos termos a serem estabelecidos pelo Conselho Federal de Educação Física.

Art. 3º. *Compete ao Profissional de Educação Física coordenar, planejar, programar, supervisionar, dinamizar, dirigir, organizar, avaliar e executar trabalhos, programas, planos e projetos, bem como prestar serviços de auditoria, consultoria e assessoria, realizar treinamentos especializados, participar de equipes multidisciplinares e interdisciplinares e elaborar informes técnicos, científicos e pedagógicos, todos nas áreas de atividades físicas e do desporto.*

Art. 4º. *São criados o Conselho Federal e os Conselhos Regionais de Educação Física.*

Art. 5º. *Os primeiros membros efetivos e suplentes do Conselho Federal de Educação Física serão eleitos para um mandato tampão de dois anos, em reunião das associações representativas de Profissionais de Educação Física, criadas nos termos da Constituição Federal, com personalidade jurídica própria, e das instituições*

> superiores de ensino de Educação Física, oficialmente autorizadas ou reconhecidas, que serão convocadas pela Federação Brasileira das Associações dos Profissionais de Educação Física – FBAPEF, no prazo de até noventa dias após a promulgação desta Lei.
>
> **Art. 6º.** Esta Lei entra em vigor na data de sua publicação.
>
> > Brasília, 1 de setembro de 1998; 177º da Independência e 110º da República.
> >
> > FERNANDO HENRIQUE CARDOSO
> > Edward Amadeo

3. LEI DE INCENTIVO AOS ESPORTES – LEI Nº 11.438/06

A Lei de Incentivo aos Esportes é a Lei nº 11.438, de 29 de dezembro de 2006 e, como denota o próprio nome, dispõe sobre incentivos e benefícios para fomentar as atividades de caráter desportivo e dá outras providências.

Nos termos do CAPÍTULO I – DOS INCENTIVOS AO DESPORTO, tem-se que:

> **Art. 1º.** A partir do ano-calendário de 2007 e até o ano--calendário de 2015, inclusive, poderão ser deduzidos do imposto de renda devido, apurado na Declaração de Ajuste Anual pelas pessoas físicas ou em cada período de apuração, trimestral ou anual, pela pessoa jurídica tributada com base no lucro real os valores despendidos a título de patrocínio ou doação, no apoio direto a projetos desportivos e paradesportivos previamente aprovados pelo Ministério do Esporte.
>
> § 1º. As deduções de que trata o caput deste artigo ficam limitadas:
>
> I – relativamente à pessoa jurídica, a 1% (um por cento) do imposto devido, observado o disposto no § 4º do art. 3º da Lei no 9.249, de 26 de dezembro de 1995, em cada período de apuração;

> *II – relativamente à pessoa física, a 6% (seis por cento) do imposto devido na Declaração de Ajuste Anual, conjuntamente com as deduções de que trata o art. 22 da Lei no 9.532, de 10 de dezembro de 1997.*
>
> *§ 2º. As pessoas jurídicas não poderão deduzir os valores de que trata o* caput *deste artigo para fins de determinação do lucro real e da base de cálculo da Contribuição Social sobre o Lucro Líquido – CSLL.*
>
> *§ 3º. Os benefícios de que trata este artigo não excluem ou reduzem outros benefícios fiscais e deduções em vigor.*
>
> *§ 4º. Não são dedutíveis os valores destinados a patrocínio ou doação em favor de projetos que beneficiem, direta ou indiretamente, pessoa física ou jurídica vinculada ao doador ou patrocinador.*
>
> *§ 5º. Consideram-se vinculados ao patrocinador ou ao doador:*
>
> *I – a pessoa jurídica da qual o patrocinador ou o doador seja titular, administrador, gerente, acionista ou sócio, na data da operação ou nos 12 (doze) meses anteriores;*
>
> *II – o cônjuge, os parentes até o terceiro grau, inclusive os afins, e os dependentes do patrocinador, do doador ou dos titulares, administradores, acionistas ou sócios de pessoa jurídica vinculada ao patrocinador ou ao doador, nos termos do inciso I deste parágrafo;*
>
> *III – a pessoa jurídica coligada, controladora ou controlada, ou que tenha como titulares, administradores acionistas ou sócios alguma das pessoas a que se refere o inciso II deste parágrafo.*

Nota-se que se trata de uma excelente oportunidade de trabalho e de divulgação das empresas, dado que o valor destinado ao fomento ao Esporte de qualquer maneira teria que ser pago à Receita Federal do Brasil, pródiga na cobrança de impostos. E, entre quitar o débito com a Fazenda remetendo diretamente para os cofres do Tesouro e destinar o valor para o desenvolvimento do esporte, não há dúvidas de que o retorno institucional é muito maior consignando a referida destinação.

Por ser uma lei com uma redação relativamente sintética, e pelas oportunidades favoráveis de trabalho, vale a pena transcrever o restante dela por completo, salientando que informações complementares podem ser obtidas pelo *site* do Ministério dos Esportes, qual seja, www.esporte.gov.br, bem como também no www.planalto.gov.br, links "legislação" e "leis":

> **Art. 2º.** *Os projetos desportivos e paradesportivos, em cujo favor serão captados e direcionados os recursos oriundos dos incentivos previstos nesta Lei, atenderão a pelo menos uma das seguintes manifestações, nos termos e condições definidas em regulamento:*
> *I – desporto educacional;*
> *II – desporto de participação;*
> *III – desporto de rendimento.*
> *§ 1º. Poderão receber os recursos oriundos dos incentivos previstos nesta Lei os projetos desportivos destinados a promover a inclusão social por meio do esporte, preferencialmente em comunidades de vulnerabilidade social.*
> *§ 2º. É vedada a utilização dos recursos oriundos dos incentivos previstos nesta Lei para o pagamento de remuneração de atletas profissionais, nos termos da Lei nº 9.615, de 24 de março de 1998, em qualquer modalidade desportiva.*
> *§ 3º. O proponente não poderá captar, para cada projeto, entre patrocínio e doação, valor superior ao aprovado pelo Ministério do Esporte, na forma do art. 4º desta Lei.*
>
> **Art. 3º.** *Para fins do disposto nesta Lei, considera-se:*
> *I – patrocínio:*
> *a) a transferência gratuita, em caráter definitivo, ao proponente de que trata o inciso V do caput deste artigo de numerário para a realização de projetos desportivos e paradesportivos, com finalidade promocional e institucional de publicidade;*
> *b) a cobertura de gastos ou a utilização de bens, móveis ou imóveis, do patrocinador, sem transferência de domí-*

nio, para a realização de projetos desportivos e paradesportivos pelo proponente de que trata o inciso V do caput deste artigo;

II – Doação:

a) a transferência gratuita, em caráter definitivo, ao proponente de que trata o inciso V do caput deste artigo de numerário, bens ou serviços para a realização de projetos desportivos e paradesportivos, desde que não empregados em publicidade, ainda que para divulgação das atividades objeto do respectivo projeto;

b) a distribuição gratuita de ingressos para eventos de caráter desportivo e paradesportivo por pessoa jurídica a empregados e seus dependentes legais ou a integrantes de comunidades de vulnerabilidade social;

III – patrocinador: a pessoa física ou jurídica, contribuinte do imposto de renda, que apoie projetos aprovados pelo Ministério do Esporte nos termos do inciso I do caput deste artigo;

IV – doador: a pessoa física ou jurídica, contribuinte do imposto de renda, que apoie projetos aprovados pelo Ministério do Esporte nos termos do inciso II do caput deste artigo;

V – proponente: a pessoa jurídica de direito público, ou de direito privado com fins não econômicos, de natureza esportiva, que tenha projetos aprovados nos termos desta Lei.

Art. 4º. A avaliação e a aprovação do enquadramento dos projetos apresentados na forma prevista no art. 5º desta Lei cabem a uma Comissão Técnica vinculada ao Ministério do Esporte, garantindo-se a participação de representantes governamentais, designados pelo Ministro do Esporte, e representantes do setor desportivo, indicados pelo Conselho Nacional de Esporte.

Parágrafo único. A composição, a organização e o funcionamento da comissão serão estipulados e definidos em regulamento.

Art. 5º. Os projetos desportivos e paradesportivos de que trata o art. 1º desta Lei serão submetidos ao Ministério do Esporte, acompanhados da documentação estabelecida em regulamento e de orçamento analítico.

§ 1º. A aprovação dos projetos de que trata o caput deste artigo somente terá eficácia após a publicação de ato oficial contendo o título do projeto aprovado, a instituição responsável, o valor autorizado para captação e o prazo de validade da autorização.

§ 2º. Os projetos aprovados e executados com recursos desta Lei serão acompanhados e avaliados pelo Ministério do Esporte.

CAPÍTULO II
DISPOSIÇÕES GERAIS

Art. 6º. A divulgação das atividades, bens ou serviços resultantes dos projetos desportivos e paradesportivos financiados nos termos desta Lei mencionará o apoio institucional, com inserção da Bandeira Nacional, nos termos da Lei nº 5.700, de 1º de setembro de 1971.

Art. 7º. A prestação de contas dos projetos beneficiados pelos incentivos previstos nesta Lei fica a cargo do proponente e será apresentada ao Ministério do Esporte, na forma estabelecida pelo regulamento.

Art. 8º. O Ministério do Esporte informará à Secretaria da Receita Federal, até o último dia útil do mês de março, os valores correspondentes a doação ou patrocínio, destinados ao apoio direto a projetos desportivos e paradesportivos, no ano-calendário anterior.

Parágrafo único. As informações de que trata este artigo serão prestadas na forma e condições a serem estabelecidas pela Secretaria da Receita Federal.

Art. 9º. Compete à Secretaria da Receita Federal, no âmbito de suas atribuições, a fiscalização dos incentivos previstos nesta Lei.

Art. 10. *Constituem infração aos dispositivos desta Lei:*
I – o recebimento pelo patrocinador ou doador de qualquer vantagem financeira ou material em decorrência do patrocínio ou da doação que com base nela efetuar;
II – agir o patrocinador, o doador ou o proponente com dolo, fraude ou simulação para utilizar incentivo nela previsto;
III – desviar para finalidade diversa da fixada nos respectivos projetos dos recursos, bens, valores ou benefícios com base nela obtidos;
IV – adiar, antecipar ou cancelar, sem justa causa, atividade desportiva beneficiada pelos incentivos nela previstos;
V – o descumprimento de qualquer das suas disposições ou das estabelecidas em sua regulamentação.

Art. 11. *As infrações aos dispositivos desta Lei, sem prejuízo das demais sanções cabíveis, sujeitarão:*
I – o patrocinador ou o doador ao pagamento do imposto não recolhido, além das penalidades e demais acréscimos previstos na legislação;
II – o infrator ao pagamento de multa correspondente a 2 (duas) vezes o valor da vantagem auferida indevidamente, sem prejuízo do disposto no inciso I do caput *deste artigo.*
Parágrafo único. O proponente é solidariamente responsável por inadimplência ou irregularidade verificada quanto ao disposto no inciso I do caput *deste artigo.*

Art. 12. *Os recursos provenientes de doações ou patrocínios efetuados nos termos do art. 1º desta Lei serão depositados e movimentados em conta bancária específica, no Banco do Brasil S.A. ou na Caixa Econômica Federal, que tenha como titular o proponente do projeto aprovado pelo Ministério do Esporte.*
Parágrafo único. Não são dedutíveis, nos termos desta Lei, os valores em relação aos quais não se observe o disposto neste artigo.

Art. 13. Todos os recursos utilizados no apoio direto a projetos desportivos e paradesportivos previstos nesta Lei deverão ser disponibilizados na rede mundial de computadores, de acordo com a Lei nº 9.755, de 16 de dezembro de 1998.
Parágrafo único. Os recursos a que se refere o caput deste artigo ainda deverão ser disponibilizados, mensalmente, no sítio do Ministério do Esporte, constando a sua origem e destinação.

Art. 13-A. O valor máximo das deduções de que trata o art. 1º desta Lei será fixado anualmente em ato do Poder Executivo, com base em um percentual da renda tributável das pessoas físicas e do imposto sobre a renda devido por pessoas jurídicas tributadas com base no lucro real.
Parágrafo único. Do valor máximo a que se refere o caput deste artigo o Poder Executivo fixará os limites a serem aplicados para cada uma das manifestações de que trata o art. 2º desta Lei.

Art. 13-B. A divulgação das atividades, bens ou serviços resultantes de projetos desportivos e paradesportivos, culturais e de produção audiovisual e artística financiados com recursos públicos mencionará o apoio institucional com a inserção da Bandeira Nacional, nos termos da Lei no 5.700, de 1º de setembro de 1971.

Art. 13-C. Sem prejuízo do disposto no art. 166 da Constituição Federal, os Ministérios da Cultura e do Esporte encaminharão ao Congresso Nacional relatórios detalhados acerca da destinação e regular aplicação dos recursos provenientes das deduções e benefícios fiscais previstos nas Leis nos 8.313, de 23 de dezembro de 1991, e 11.438, de 29 de dezembro de 2006, para fins de acompanhamento e fiscalização orçamentária das operações realizadas.

Art. 14. Esta Lei entra em vigor na data de sua publicação.

Brasília, 29 de dezembro de 2006; 185° da Independência e 118° da República.

LUIZ INÁCIO LULA DA SILVA
Orlando Silva de Jesus Júnior

No que diz respeito ao Esporte em geral, incluindo o Futebol, fica como sugestão a leitura de outras leis correlatas a esta, como por exemplo a Lei n° 10.451/2002, que, com base nos seus arts. 8° ao 13, prevê a isenção do Imposto de Importação e do IPI (Imposto sobre Produto Industrializado) sobre a importação de equipamentos e materiais destinados, exclusivamente, ao treinamento e preparação de atletas e equipes brasileiras para competições desportivas em jogos olímpicos, paraolímpicos, pan-americanos, parapan-americanos e mundiais; a Lei n° 10.671/2003, que dispõe sobre o Estatuto de Defesa do Torcedor; e a Lei n° 10.891/2004, que institui a Bolsa Atleta, que pode beneficiar inclusive atletas estudantis, nada obstante não serem valores monetários muito significativos, além da Lei do Ato Olímpico (Lei n° 12.035/2009), as Leis ligadas à Copa do Mundo (Lei n° 12.348/ de 15 de dezembro de 2010, Lei n° 12.350/de 20 de dezembro de 2010, Lei 12.462/de 5 de agosto de 2011), e a própria Lei Geral da Copa do Mundo de Futebol de 2014, em fevereiro de 2012 ainda não votada e aprovada no Congresso Nacional, sendo que o PL – Projeto de Lei foi enviado ao Congresso Nacional em 14 de setembro de 2011 (www.cob.org.br, www.copa2014.gov.br, www.olympic.org, www.portaltransparencia.gov.br).

Conhecer esta legislação pode ser um diferencial para o Profissional da Educação Física, sobretudo para aqueles que enveredarem em suas carreiras para o campo não formal/não escolar administrativo, de direção, supervisão, gestão, coordenação, gerência, entre outras possibilidades.

A transcrição *ipsis litteris* de alguns excertos das leis tem por escopo também proporcionar o contato direto com a redação jurídica aos que têm pouco ou nenhum contato com este tipo de texto, até porque a escrita normativa requer uma atenção e uma técnica especial de interpretação e de aplicação que vale a pena suscitar e estimular a curiosidade dos que não têm a especialização na área jurídica.

Na mesma toada, para quem optar pelo trabalho na área Escolar/Formal da Educação Física, é necessário, fundamental e essencial saber da existência e conhecer o inteiro teor dos diplomas normativos a seguir expostos e enumerados:

1. LDB – LEI DE DIRETRIZES E BASES DA EDUCAÇÃO

A LDB é a Lei nº 9.394/96 (de 20/12/96; cf. www.planalto.gov.br, links "legislação" e "leis"), Lei Ordinária formulada e aprovada pelo Congresso Nacional, cujo relator foi o Senador Darcy Ribeiro, sancionada pelo à época Presidente da República Fernando Henrique Cardoso.

Dos 92 (noventa e dois) artigos da lei, pode-se destacar que (Art. 22.) a educação básica (educação infantil, ensino fundamental e ensino médio) tem por finalidades desenvolver o educando, assegurar-lhe a formação comum indispensável para o exercício da cidadania e fornecer-lhe meios para progredir no trabalho e em estudos posteriores, bem como que (Art. 26.) os currículos do ensino fundamental e médio devem ter uma base nacional comum, a ser complementada, em cada sistema de ensino e estabelecimento escolar, por uma parte diversificada, exigida pelas características regionais e locais da sociedade, da cultura, da economia e da clientela.

Importante, neste contexto, ler, analisar e refletir sobre o § 3º deste Art. 26, da LDB, segundo o qual a educação física, integrada à proposta pedagógica da escola, é componente curricular obrigatório da educação básica, (...).

2. PNE – PLANO NACIONAL DE EDUCAÇÃO

O PNE foi implantado em 2001 por meio da Lei nº 10.172/01 (de 9/01/2001; cf. www.planalto.gov.br, links "legislação" e "leis"), e determina que (Art. 2º), a partir da vigência desta Lei, os Estados, o Distrito Federal e os Municípios deverão, com base no Plano Nacional de Educação, elaborar planos decenais correspondentes.

O Plano Nacional de Educação está muito bem descrito no documento anexo a esta lei, e, em síntese, o Plano tem como objetivos: a elevação global do nível de escolaridade da população; a melhoria da qualidade do ensino em todos os níveis; a redução das desigualdades sociais e regionais no tocante ao acesso e à permanência, com sucesso, na educação pública; e democratização da gestão do ensino público, nos estabelecimentos oficiais, obedecendo aos princípios da participação dos profissionais da educação na elaboração do projeto pedagógico da escola e a participação das comunidades escolar e local em conselhos escolares ou equivalentes.

Anda bem o professor que se propuser a consignar uma boa análise desta lei, haja vista a consistente descrição das diretrizes a serem seguidas, bem como em face das atualizações decenais obrigatórias, dado que, conforme denota o Art. 1º, "Fica aprovado o Plano Nacional de Educação, constante do documento anexo, com duração de dez anos.", o que significa dizer que, findo este período, novo, melhor e aperfeiçoado (pelo menos esta é a lógica!) plano deve ser estudado e colocado em prática.

Vale registrar que está em estudo, trâmite e iminente votação no Congresso Nacional o novo PNE – Plano Nacional de Educação – decênio 2011-2021.

3. FORMAÇÃO DOS PROFESSORES DE EDUCAÇÃO FÍSICA

Nos termos das já mencionadas LDB – Lei nº 9.394/96 (Arts. 43 a 57) e Lei da Educação Física – Lei nº 9.696/98, somadas ao trabalho do Ministério da Educação e seus respectivos Conselhos, Decretos, Regulamentos e demais normas jurídicas coligadas, a formação do Professor de Educação de Educação Física que pode atuar no âmbito Escolar e no campo Não Escolar tanto com competência técnica, como com competência jurídica, é determinada pelas seguintes Resoluções do CNE – Conselho Nacional de Educação e seus respectivos CP – Conselho Pleno e CES – Câmara de Educação Superior:

a) Resolução CNE/CP nº 1, de 18 de fevereiro de 2002

Institui Diretrizes Curriculares Nacionais para a Formação de Professores da Educação Básica, em nível superior, curso de licenciatura, de graduação plena (cf. www.mec.gov.br, link "Órgãos Vinculados", *link* "Resoluções do CNE").

b) Resolução CNE/CP nº 2, de 19 de fevereiro de 2002

Institui a duração e a carga horária dos cursos de licenciatura, de graduação plena, de formação de professores da Educação Básica em nível superior:

O Presidente do Conselho Nacional de Educação, de conformidade com o disposto no Art. 7º § 1o, alínea "f", da Lei 9.131, de 25 de novembro de 1995, com fundamento no Art. 12 da Resolução CNE/CP 1/2002, e no Parecer CNE/CP 28/2001, homologado pelo Senhor Ministro de Estado da Educação em 17 de janeiro de 2002, resolve:

> **Art. 1º.** *A carga horária dos cursos de Formação de Professores da Educação Básica, em nível superior, em curso de licenciatura, de graduação plena, será efetivada mediante a integralização de, no mínimo, 2800 (duas mil e oitocentas) horas, nas quais a articulação teoria-prática garanta, nos termos dos seus projetos pedagógicos, as seguintes dimensões dos componentes comuns:*
> *I – 400 (quatrocentas) horas de prática como componente curricular, vivenciadas ao longo do curso;*
> *II – 400 (quatrocentas) horas de estágio curricular supervisionado a partir do início da segunda metade do curso;*
> *III – 1800 (mil e oitocentas) horas de aulas para os conteúdos curriculares de natureza científico-cultural;*
> *IV – 200 (duzentas) horas para outras formas de atividades acadêmico-científico-culturais.*
> *Parágrafo único. Os alunos que exerçam atividade docente regular na educação básica poderão ter redução da carga horária do estágio curricular supervisionado até o máximo de 200 (duzentas) horas.*
>
> **Art. 2º.** *A duração da carga horária prevista no Art. 1º desta Resolução, obedecidos os 200 (duzentos) dias letivos/ano dispostos na LDB, será integralizada em, no mínimo, 3 (três) anos letivos.*

Art. 3º. *Esta resolução entra em vigor na data de sua publicação.*

Art. 4º. *Revogam-se o § 2º e o § 5º do Art. 6º, o § 2º do Art. 7º e o §2º do Art. 9º da Resolução CNE/CP 1/99.*

ULYSSES DE OLIVEIRA PANISSET
Presidente do Conselho Nacional de Educação

c) Resolução CNE/CES nº 7, de 31 de março de 2004

Institui as Diretrizes Curriculares Nacionais para os cursos de graduação em Educação Física, em nível superior de graduação plena.

d) Resolução CNE/CES nº 4, de 6 de abril de 2009

Dispõe sobre carga horária mínima e procedimentos relativos à integralização e duração dos cursos de graduação em Biomedicina, Ciências Biológicas, Educação Física, Enfermagem, Farmácia, Fisioterapia, Fonoaudiologia, Nutrição e Terapia Ocupacional, bacharelados, na modalidade presencial:

Grupo de CHM entre 3.000 h e 3.200 h: Limite mínimo para integralização de 4 (quatro) anos.

Carga horária mínima dos cursos de graduação considerados da área de saúde, bacharelados, na modalidade presencial – Carga Horária Mínima: Educação Física 3.200

Em síntese, pois, existem as Resoluções do CNE/CP, do MEC, nº 1 e nº 2, ambas de 2002, que regulamentam a formação do Professor de Educação Física em Licenciatura, isto é, apto a trabalhar na Educação Escolar Formal, sendo necessária integralização em no mínimo 3 anos e no mínimo 2.800 h/aula, distribuídas de acordo com o que determina a Resolução.

No mesmo sentido, existem as Resoluções do CNE/CES (note que agora é a CES – Câmara de Educação Superior e não o CP – Conselho Pleno) nº 7/2004 e nº 4/2009, que disciplinam a formação Professor de Educação Física no Bacharelado, ou seja, apto a trabalhar em todos os segmentos apontados pela Lei nº 9.696/98 (Área Desportiva e Não Escolar), sendo necessária a integralização em no mínimo 4 anos e no mínimo em 3.200h/aula. De boa nota reiterar uma vez mais que o inteiro teor das disposições normativas em tela podem ser analisados e avaliados por intermédio do *site* www.mec.gov.br, link "Órgãos Vinculados", *link* "Resoluções do CNE".

Por fim, quanto aos Códigos e Leis gerais e regulamentares, é muito importante saber e conhecer acerca do ECA – Estatuto da Criança e do Adolescente – Lei nº 8.069/90, em especial, dos 217 artigos, os seguintes itens:

LEI Nº 8.069, DE 13 DE JULHO DE 1990.

Dispõe sobre o Estatuto da Criança e do Adolescente e dá outras providências.

O Presidente da República: Faço saber que o Congresso Nacional decreta e eu sanciono a seguinte Lei:

TÍTULO I
DAS DISPOSIÇÕES PRELIMINARES

Art. 1º. *Esta Lei dispõe sobre a proteção integral à criança e ao adolescente.*

Art. 2º. *Considera-se criança, para os efeitos desta Lei, a pessoa até doze anos de idade incompletos, e adolescente aquela entre doze e dezoito anos de idade. Parágrafo único. Nos casos expressos em lei, aplica-se excepcionalmente este Estatuto às pessoas entre dezoito e vinte e um anos de idade.*
[...]

CAPÍTULO IV
DO DIREITO À EDUCAÇÃO, À CULTURA, AO ESPORTE E AO LAZER

Art. 53. *A criança e o adolescente têm direito à educação, visando ao pleno desenvolvimento de sua pessoa, preparo para o exercício da cidadania e qualificação para o trabalho, assegurando-se-lhes:*

I – igualdade de condições para o acesso e permanência na escola;
II – direito de ser respeitado por seus educadores;
III – direito de contestar critérios avaliativos, podendo recorrer às instâncias escolares superiores;
IV – direito de organização e participação em entidades estudantis;
V – acesso à escola pública e gratuita próxima de sua residência.
Parágrafo único. É direito dos pais ou responsáveis ter ciência do processo pedagógico, bem como participar da definição das propostas educacionais.

Art. 54. *É dever do Estado assegurar à criança e ao adolescente:*
I – ensino fundamental, obrigatório e gratuito, inclusive para os que a ele não tiveram acesso na idade própria;
II – progressiva extensão da obrigatoriedade e gratuidade ao ensino médio;
III – atendimento educacional especializado aos portadores de deficiência, preferencialmente na rede regular de ensino;
IV – atendimento em creche e pré-escola às crianças de zero a seis anos de idade;
V – acesso aos níveis mais elevados do ensino, da pesquisa e da criação artística, segundo a capacidade de cada um;
VI – oferta de ensino noturno regular, adequado às condições do adolescente trabalhador;
VII – atendimento no ensino fundamental, através de programas suplementares de material didático-escolar, transporte, alimentação e assistência à saúde.
§ 1º O acesso ao ensino obrigatório e gratuito é direito público subjetivo.
§ 2º O não oferecimento do ensino obrigatório pelo poder público ou sua oferta irregular importa responsabilidade da autoridade competente.

§ 3º Compete ao poder público recensear os educandos no ensino fundamental, fazer-lhes a chamada e zelar, junto aos pais ou responsável, pela frequência à escola.

Art. 55. Os pais ou responsável têm a obrigação de matricular seus filhos ou pupilos na rede regular de ensino.

Art. 56. Os dirigentes de estabelecimentos de ensino fundamental comunicarão ao Conselho Tutelar os casos de:
I – maus-tratos envolvendo seus alunos;
II – reiteração de faltas injustificadas e de evasão escolar, esgotados os recursos escolares;
III – elevados níveis de repetência.

Art. 57. O poder público estimulará pesquisas, experiências e novas propostas relativas a calendário, seriação, currículo, metodologia, didática e avaliação, com vistas à inserção de crianças e adolescentes excluídos do ensino fundamental obrigatório.

Art. 58. No processo educacional respeitar-se-ão os valores culturais, artísticos e históricos próprios do contexto social da criança e do adolescente, garantindo-se a estes a liberdade da criação e o acesso às fontes de cultura.

Art. 59. Os municípios, com apoio dos estados e da União, estimularão e facilitarão a destinação de recursos e espaços para programações culturais, esportivas e de lazer voltadas para a infância e a juventude.
[...]

TÍTULO V
DO CONSELHO TUTELAR

CAPÍTULO I
DISPOSIÇÕES GERAIS

Art. 131. O Conselho Tutelar é órgão permanente e autônomo, não jurisdicional, encarregado pela sociedade de zelar pelo cumprimento dos direitos da criança e do adolescente, definidos nesta Lei.

Art. 132. Em cada Município haverá, no mínimo, um Conselho Tutelar composto de cinco membros, escolhidos pela comunidade local para mandato de três anos, permitida uma recondução.

Art. 133. Para a candidatura a membro do Conselho Tutelar, serão exigidos os seguintes requisitos:
I – reconhecida idoneidade moral;
II – idade superior a vinte e um anos;
III – residir no município.

Art. 134. Lei municipal disporá sobre local, dia e horário de funcionamento do Conselho Tutelar, inclusive quanto a eventual remuneração de seus membros.
Parágrafo único. Constará da lei orçamentária municipal previsão dos recursos necessários ao funcionamento do Conselho Tutelar.

Art. 135. O exercício efetivo da função de conselheiro constituirá serviço público relevante, estabelecerá presunção de idoneidade moral e assegurará prisão especial, em caso de crime comum, até o julgamento definitivo.

CAPÍTULO II
DAS ATRIBUIÇÕES DO CONSELHO

Art. 136. São atribuições do Conselho Tutelar:
I – atender as crianças e adolescentes nas hipóteses previstas nos arts. 98 e 105, aplicando as medidas previstas no art. 101, I a VII;
II – atender e aconselhar os pais ou responsável, aplicando as medidas previstas no art. 129, I a VII;
III – promover a execução de suas decisões, podendo para tanto:
a) requisitar serviços públicos nas áreas de saúde, educação, serviço social, previdência, trabalho e segurança;
b) representar junto à autoridade judiciária nos casos de descumprimento injustificado de suas deliberações.
IV – encaminhar ao Ministério Público notícia de fato que constitua infração administrativa ou penal contra os direitos da criança ou adolescente;

V – encaminhar à autoridade judiciária os casos de sua competência;
VI – providenciar a medida estabelecida pela autoridade judiciária, dentre as previstas no art. 101, de I a VI, para o adolescente autor de ato infracional;
VII – expedir notificações;
VIII – requisitar certidões de nascimento e de óbito de criança ou adolescente quando necessário;
IX – assessorar o Poder Executivo local na elaboração da proposta orçamentária para planos e programas de atendimento dos direitos da criança e do adolescente;
X – representar, em nome da pessoa e da família, contra a violação dos direitos previstos no art. 220, § 3º, inciso II, da Constituição Federal;
XI – representar ao Ministério Público para efeito das ações de perda ou suspensão do poder familiar, após esgotadas as possibilidades de manutenção da criança ou do adolescente junto à família natural.
Parágrafo único. Se, no exercício de suas atribuições, o Conselho Tutelar entender necessário o afastamento do convívio familiar, comunicará incontinenti o fato ao Ministério Público, prestando-lhe informações sobre os motivos de tal entendimento e as providências tomadas para a orientação, o apoio e a promoção social da família.

Art. 137. As decisões do Conselho Tutelar somente poderão ser revistas pela autoridade judiciária a pedido de quem tenha legítimo interesse.

CAPÍTULO III
DA COMPETÊNCIA

Art. 138. Aplica-se ao Conselho Tutelar a regra de competência constante do art. 147.
"Art. 147. A competência será determinada:
I – pelo domicílio dos pais ou responsável;
II – pelo lugar onde se encontre a criança ou adolescente, à falta dos pais ou responsável.

§ 1º. Nos casos de ato infracional, será competente a autoridade do lugar da ação ou omissão, observadas as regras de conexão, continência e prevenção.
§ 2º A execução das medidas poderá ser delegada à autoridade competente da residência dos pais ou responsável, ou do local onde sediar-se a entidade que abrigar a criança ou adolescente.
§ 3º Em caso de infração cometida através de transmissão simultânea de rádio ou televisão, que atinja mais de uma comarca, será competente, para aplicação da penalidade, a autoridade judiciária do local da sede estadual da emissora ou rede, tendo a sentença eficácia para todas as transmissoras ou retransmissoras do respectivo estado."

CAPÍTULO IV
DA ESCOLHA DOS CONSELHEIROS

Art. 139. O processo para a escolha dos membros do Conselho Tutelar será estabelecido em lei municipal e realizado sob a responsabilidade do Conselho Municipal dos Direitos da Criança e do Adolescente, e a fiscalização do Ministério Público.

CAPÍTULO V
DOS IMPEDIMENTOS

Art. 140. São impedidos de servir no mesmo Conselho marido e mulher, ascendentes e descendentes, sogro e genro ou nora, irmãos, cunhados, durante o cunhadio, tio e sobrinho, padrasto ou madrasta e enteado.
Parágrafo único. Estende-se o impedimento do conselheiro, na forma deste artigo, em relação à autoridade judiciária e ao representante do Ministério Público com atuação na Justiça da Infância e da Juventude, em exercício na comarca, foro regional ou distrital.

DISPOSIÇÕES FINAIS E TRANSITÓRIAS

Art. 265. A Imprensa Nacional e demais gráficas da União, da administração direta ou indireta, inclusive fundações instituídas e mantidas pelo poder público federal promoverão edição popular do texto integral deste Estatuto, que será posto à disposição das escolas e das entidades de atendimento e de defesa dos direitos da criança e do adolescente.

Art. 266. Esta Lei entra em vigor noventa dias após sua publicação.
Parágrafo único. Durante o período de vacância deverão ser promovidas atividades e campanhas de divulgação e esclarecimentos acerca do disposto nesta Lei.

Art. 267. Revogam-se as Leis n° 4.513, de 1964, e 6.697, de 10 de outubro de 1979 (Código de Menores), e as demais disposições em contrário.

Brasília, 13 de julho de 1990; 169° da Independência e 102° da República.

FERNANDO COLLOR
Bernardo Cabral
Carlos Chiarelli
Antonio Magri
Margarida Procópio.

CONSIDERAÇÕES IMPORTANTES

Conhecer a legislação geral e a de regência é um ato de cidadania (sentido lato) e serve para melhorar a sociedade em geral, em especial a brasileira, ainda carente de uma melhor estrutura e desenvolvimento geral, inclusive, a educacional.

Vale repetir que a transcrição *ipsis litteris* de alguns excertos das leis tem por escopo também proporcionar o contato direto com a redação jurídica aos que têm pouco ou nenhum contato com este tipo de texto, até porque a escrita normativa requer uma atenção e uma técnica especial de interpretação e de aplicação que vale a pena suscitar e estimular a curiosidade dos que não têm a especialização na área jurídica.

É certo que, por óbvios motivos de espaço-tempo e pela complexidade do assunto geralmente mais afeito aos juristas ligados ao assunto, não houve uma transcrição integral de todas as leis, tampouco uma análise completa e direta de todas as leis correlatas ao tema e a outras leis gerais relacionadas à área.

Todavia, vale citar que a CLT – Consolidação das Leis do Trabalho se trata do DEL – Decreto-Lei n° 5.452/de 1° de maio de 1943, do mesmo modo que o CTN – Código Tributário Nacional é a Lei n° 5.172/de 25 de outubro de 1966, ao passo que o CC – Código Civil é a Lei n° 10.406/ de 10 de janeiro de 2002, enquanto o Código Penal é o Decreto-Lei n° 2.848/de 7 de dezembro de 1940.

Todas estas leis (e todas as outras leis federais) estão disponíveis na íntegra no site www.planalto.gov.br, *link* "Legislação", *link* "Códigos" e nos outros *links* correlatos.

De qualquer forma, mesmo que não seja possível trazer à colação todos os decretos, regulamentos etc. que versam sobre as diversas matérias importantes para o País, e mesmo para quem não é profissional tampouco milita na área das ciências jurídicas, este conhecimento, entendimento e esta compreensão auxiliam sobremaneira no trabalho do Professor de Futebol.

É que, antes de ser um Técnico em sentido estrito, ou mesmo antes de se preocupar apenas e tão somente com o salário e com os aspectos econômico-financeiros, trata-se de um Professor de Educação Física e, como tal, vale frisar, deve ser, exemplificar, agir e se portar como verdadeiro um Educador...com "E" maiúsculo.

Trabalhar neste sentido não se torna, pois, importante apenas para si, mas, sobretudo, se torna relevante e significativo para toda a sociedade e para a própria Educação, entre outros aspectos e, por extensão e à nítida evidência, quem ganha é o País, isto é, quem sai do jogo vencedor é o Brasil.

REFERÊNCIAS BIBLIOGRÁFICAS

ARAUJO, L. A. D. NUNES Jr., V. S. *Curso de Direito Constitucional.* 15. ed. São Paulo: Verbatim, 2011.

BULOS, U. L. *Direito Constitucional ao alcance de todos.* 3. ed. São Paulo: Saraiva, 2011.

FERREIRA F°, M. G. *Curso de Direito Constitucional.* 37. ed. São Paulo: Saraiva, 2011.

LENZA, P. *Direito Constitucional Esquematizado*. 15. ed. São Paulo: Saraiva, 2011.

MORAES, A. de. *Constituição do Brasil Interpretada e Legislação Constitucional*. São Paulo: Atlas, 2002.

MORAES, A. de. *Direito Constitucional*. 27. ed. São Paulo: Atlas, 2011.

PAGANELLA, M. A. *A Arguição de Descumprimento de Preceito Fundamental no Contexto do Controle da Constitucionalidade*. São Paulo: LTR, 2004.

PAGANELLA, M. A. *Fundamentos Legais da Educação e da Educação Física, Aulas de*. Graduação/Curso de Educação Física – UNIÍTALO/Centro Universitário Ítalo-Brasileiro/SP. Apontamentos. São Paulo, 2009-2011.

PAGANELLA, M. A. O Esporte como Direito Fundamental e como Instrumento de Políticas Públicas, Sociais, Educacionais e de Promoção de Saúde, à Luz do Direito. *Revista de Direito Constitucional e Internacional*. São Paulo: Revista dos Tribunais. Ano 17, n° 69, out.-dez./2009, p. 206-238.

PAGANELLA, M. A. *Políticas Públicas, Aulas de*. Graduação/Curso de Educação Física – UNISA/Universidade de Santo Amaro/SP. Apontamentos. São Paulo, 2009-2011.

SALES, R. M. *Futsal & Futebol:* Bases Metodológicas. São Paulo: Ícone, 2011.

SCHMITT, P. M. *Legislação de Direito Desportivo*. São Paulo: Quartier Latin, 2008.

TAVARES, A. R. *Curso de Direito Constitucional*. 9. ed. São Paulo: Saraiva, 2011.

www.cbf.com.br.

www.cob.org.br.

www.confef.org.br.

www.copa2014.gov.br.

www.esporte.gov.br.

www.fifa.com.

www.mec.gov.br.

www.olympic.org.

www.planalto.gov.br.

www.portaltransparencia.gov.br.

www.unesco.org.br

O FUTEBOL NA ESCOLA COMO INSTRUMENTO DE FORMAÇÃO E DE EDUCAÇÃO

A Educação Física, conforme determina a LDB (Lei n° 9.394/96), deve estar integrada à proposta pedagógica da Escola e é um componente curricular obrigatório da Educação Básica, o que leva ao entendimento de que somente os "licenciados" em curso superior de "Licenciatura" em Educação Física podem atuar e consignar o respectivo trabalho no segmento Escolar.

Da mesma forma, após o advento da Lei da Educação Física (Lei n° 9.696/98) que definiu claramente que compete ao Profissional da Educação Física, entre outras atribuições, realizar trabalhos especializados nas áreas do desporto e da atividade física no âmbito das entidades não formais, resta clara a compreensão no sentido de que somente os "graduados" em curso superior de "Graduação" (Bacharelado) em Educação Física podem atuar e consignar o respectivo trabalho no segmento Não Escolar.

Deste modo, é certo que o Futebol, seja, numa parte, como manifestação cultural sobremaneira arraigada no seio da sociedade brasileira, seja, noutro extremo, na condição de Esporte de rendimento, é objeto de trabalho, justamente, do Professor/Profissional da Educação Física. Logo, vale o destaque de que o Professor de Futebol é, à clara evidência, uma espécie do gênero Professor de Educação Física.

Neste contexto, é de boa nota salientar que os ex-jogadores de Futebol Profissional são as exceções, pois, com fundamento na sua experiência prática e após frequentar alguns cursos técnicos específicos e/ou complementares, todavia, fora do âmbito do Ensino Superior, passam a atuar como treinadores/técnicos em Clubes Profissionais, sejam nas categorias de base, sejam nas equipes adultas, que é o mais comum, até porque já recebem os atletas prontos.

Esta faculdade advém de um dispositivo da Lei da Educação Física (Lei nº 9.696/98), que em seu art. 2º, inciso III, possibilita o exercício da profissão aos que, até a data do início da vigência desta Lei (em 1998), tenham comprovadamente exercido atividades próprias dos Profissionais de Educação Física, uma vez respeitados os termos estabelecidos pelo Conselho Federal de Educação Física do Brasil.

Ocorre que o Futebol, pela acepção aqui esposada, é catalogado de modo equivocado dos dois lados:

a) No **Futebol Profissional**, julga-se e é voz corrente que os ex-jogadores profissionais são os sabedores e únicos detentores de todos os conhecimentos e nuanças afeitos ao Futebol, até porque os próprios jogadores profissionais em atividade, pelo menos na maioria, respeitam mais a estes do que o professor com formação acadêmica específica, mas, que, de qualquer forma, não é ex-jogador profissional; e

b) Nas **Escolas Formais** o Futebol é visto como um "subproduto", à medida que, como boa parte da sociedade supõe que no Brasil todos "nascem sabendo jogar Futebol", não é necessário seu ensino. Na mesma toada, trata-se, apenas, de um "divertimento" para os meninos que gostam da sua prática, além de ser "excludente", dado que somente "valoriza a *performance* e o desempenho técnico". Ainda neste mesmo contexto, é considerado apenas e tão somente "tecnicista", haja vista que somente "dá importância ao gesto técnico", acepção esta hodiernamente abominada por diversas correntes de pensamento no âmbito Escolar, as quais, provavelmente somente conhecem este lado do Futebol, da mesma forma que o desprezam talvez porque não o conheçam na sua verdadeira essência e em suas diversas, significativas e relevantes facetas.

É certo que não há dados estatísticos concretos e científicos que comprovem os pensamentos comuns logo atrás enumerados, contudo, é isto mesmo que se ouve frequente e corriqueiramente em diálogos e conversas informais em todo o âmbito da sociedade, inclusive em trocas de ideias e de experiência com colegas de profissão que não atuam diretamente com o Futebol.

No entanto, para quem milita e para quem ouve este discurso há mais de 25 anos de carreira, também é certo (e para se chegar a esta conclusão não se faz necessário recorrer a um grande esforço intelectual) que tais pensamentos já estão sedimentados no consciente coletivo e no senso comum.

Careceria apenas realizar a respectiva pesquisa no sentido de comprovar e catalogar a aludida tese, nada obstante as surpresas que os estudos em ciências às vezes revelam, o que neste caso provavelmente não ocorreria, isto é, os dois pensamentos retromencionados são os que têm grandes e inúmeras chances de prevalecer.

Efetuado o registro e consignada a ressalva retroconsignada, no que diz respeito ao ambiente Escolar, objeto desta parte do estudo, segue-se adiante demonstrando alguns fundamentos que, por este entendimento, justificam a importância e a relevância que o Futebol tem como instrumento e como ferramenta de formação e de educação do cidadão, uma das funções inexoráveis e inerentes à Educação Básica, vale dizer, à Escola Formal.

Como **primeira acepção**, tem-se o Futebol como uma atividade em que há regras de conduta e de comportamento que, uma vez não observadas e não respeitadas, são passíveis de punições diretamente proporcionais aos agravos/equívocos cometidos. Ora, de modo geral, a harmonia social, a boa convivência interpessoal e a vida em sociedade somente são possíveis mediante a presença de normas/regras éticas e jurídicas claras que devem ser, justamente, observadas e respeitadas, sob pena de, uma vez não observadas e não obedecidas, acarretar numa punição, seja ela severa, seja ela branda. Logo, este é um dos principais enfoques que deve ser dado pelo Professor de Educação Física da Educação Básica, justo porque, neste contexto, o Futebol se assemelha à realidade jurídico-social, o que facilita a transmissão de significativas informações acerca dos conceitos de cidadania e de respeito às Instituições.

A **segunda questão** relevante relaciona-se aos aspectos hierárquicos e disciplinares comumente presentes no Futebol, isto é, sempre há os que comandam em face dos que devem obediência, logicamente tendo-se por base determinações que estão em estrita consonância com a lei, a moral, a ordem, a ética, o bom senso e os bons costumes. Neste sentido, também na vida da esmagadora maioria das pessoas esta conotação é patente, desde a reverência aos pais, aos avós, aos professores, aos chefes, aos diretores, até o respeito à moral, à ordem, à ética, ao bom senso, aos bons costumes e à própria lei. Claro está que o Futebol reflete, também por este prisma, a conjuntura social, o que dá estribo ao seu uso independentemente da *performance* que cada um tenha durante a atividade futebolística, que é o que menos importa. Por outro lado, é muito comum os subordinados se dirigirem aos superiores de modo educado para sugerir e/ou pleitear situações diversas das que foram propostas e ordenadas, o que significa dizer que no Futebol há o exercício da autoridade, mas não o do autoritarismo!

O **terceiro ponto** refere-se ao fato de que, apesar de ser um jogo de competição, também é um jogo de cooperação, da mesma forma que ocorre e/ou ocorrerá na vida pessoal do aluno. Ou seja, em determinados momentos da vida, a competição por uma vaga num posto de trabalho, numa universidade etc. será a tônica, da mesma maneira que em outras oportunidades a pessoa deverá cooperar e contribuir para o grupo, para o todo, caso contrário, poderá, aí, sim, ser excluído. E este dois momentos distintos, porém muitas vezes simultâneos na vida de uma pessoa, podem e devem ser usados como exemplos no sentido de encaminhar os alunos para o seu cotidiano e rumo à sua independência como cidadão. Até porque obriga a pessoa a respeitar os seus colegas e também seus adversários que, na verdadeira essência, não são inimigos. Do mesmo modo, mesmo sendo um jogo coletivo, há espaço para que seja exercitada a individualidade e a criatividade, o que também é um fator relevante para a formação da pessoa. Melhor dizendo, mesmo estando num grupo, a pessoa continua sendo respeitada como indivíduo que possui uma margem de liberdade criativa, porém, responsável e de qualquer forma sempre fazendo parte do grupo.

Como **quarto expediente**, os aspectos emocionais presentes no Futebol também são excelentes oportunidades de aprendizado para o aluno, pois, se de um lado há a frustração pela derrota, ou por ficar de fora/na reserva, ou por ser substituído, ou por não conseguir fazer a jogada pretendida, em outro extremo está a euforia pela vitória, a alegria por ter sido escalado, ou por entrar em jogo, ou por ter marcado um gol ou evitado um contra si, além dos momentos de serenidade e até mesmo de contemplação. Trata-se de uma analogia deveras relevante e que não pode ser ignorada pelo professor. Novamente surge a questão do respeito mútuo, não apenas entre os colegas, mas, sobretudo, em relação a todos os envolvidos e os adversários, os quais, reitera-se, assim devem ser tratados, e não como inimigos.

Sabem todos que, em termos gerais e como **quinta referência**, a prática da atividade física com vistas à promoção da saúde é indicada pela ciência e deve ser realizada por toda a vida da pessoa, da mesma forma que é evidente que o período de permanência na Escola é limitado, ou seja, por volta dos 17, 18 anos, talvez 19 anos ali o aluno na maior parte das vezes não mais estará. E aí, o que ele fará depois? Parará com tudo só porque saiu da Escola para uma Universidade ou para o trabalho, ou continuará a praticar esportes? Tenha-se presente que o melhor caminho é o da continuidade desta prática, o que leva a crer que o aprendizado do Futebol sem interesse em desempenho tem a clara feição de propiciar a quem aprendeu pelo menos o básico a continuar seu exercício com vistas ao lazer e à promoção da saúde. Um trabalho bem feito pelo professor neste período básico e inicial da vida da pessoa, estimulando e incitando o gosto pelo Esporte, certamente trará efeitos benéficos e positivos não apenas para o aluno em si, mas também para a própria sociedade.

O **sexto aspecto** positivo que justifica o trabalho com o Futebol na Escola é a integração social e de amizade que ele propicia, inclusive entre meninos e meninas, até porque, felizmente, o Futebol Feminino está deixando ser tabu e cada vez mais se percebe a integração geral e o respeito a elas. A par da já mencionada competição, há a situação ligada à necessidade de outrem para que o jogo e/ou a atividade se realize. É que, se não tiver o outro, seja a seu favor, seja na condição de oponente, não há jogo! Do mesmo modo, o Futebol é eclético, à medida que, como existem diversas funções e posições de jogo, podem participar tanto o de menor estatura como o mais avantajado em termos físicos, da mesma forma que é possível que os que gostam mais de defender convivam harmoniosamente com os que preferem o ataque, entre outras possibilidades. Como na sociedade cada um deve ter uma função (não há como todos serem médicos ou advogados ou professores etc.), por este prisma, o Futebol serve como exemplo da importância de se valorizar as diferentes funções sociais e profissionais de cada pessoa na sociedade.

Relevante questão a favor do Futebol na Escola, como **sétima situação** favorável, é que se trata de um relevante fator de desenvolvimento intelectual e de estímulo ao uso da inteligência (na verdade, das múltiplas inteligências), dado que se trata de uma atividade que exige sobremodo o uso desta (da inteligência) associada à memória. Esta (a memória), não como sinônimo de "decoreba" (sic), mas, sim, como forma de sempre relembrar conceitos, regras, normas, fatores importantes que devem ser aplicados ao jogo com vistas ao bom êxito da atividade; e aquela (a inteligência) em todas as facetas possíveis, desde a constante avaliação dos contextos que se apresentam à frente do aluno, passando pela escorreita comunicação (linguagem verbal e outras) e relacionamento com os demais e consigo mesmo (interpessoal e intrapessoal), pela dosagem correta do ritmo, pelo domínio do espaço-tempo, pelo entendimento dos sistemas intrínsecos e extrínsecos ao jogo, pela ponderação lógica dos acontecimentos em face aos seus antecedentes e consequentes, até chegar à questão ligada à parte emocional e de como se deve reagir perante as mais diversas situações que se apresentam, sejam favoráveis, sejam neutras, ou, ainda, contrárias.

O **oitavo elemento** favorável ao Futebol na Escola concerne à faculdade que ele tem de auxiliar no desenvolvimento dos conhecimentos geográficos, culturais e filosóficos que concernem ao Planeta Terra. É que o Futebol é praticado em quase todos os países em todos os continentes do mundo, o que significa dizer que, por intermédio do Futebol, é possível "passear" pelos diferentes locais e por suas diferentes culturas e conceitos filosóficos. Trata-se de uma associação lógica e inteligente – Futebol-Geografia-Cultura-Filosofia – que, a bem da verdade, na maioria das vezes é desacreditada, ignorada, tampouco explorada no âmbito do trabalho desenvolvido pela Escola Formal.

Na esteira da concepção retrodelineada, como **nono fundamento** a favor do Futebol estão as questões históricas, econômicas, sociológicas e geopolíticas agregadas à história do Futebol, isto é, a correlação que se pode fazer entre a História da humanidade e os fatores sociais e geopolíticos que alçaram a civilização ao que ela é nos dias de hoje. Por exemplo, no séc. XX, que é considerado o mais importante da história da humanidade, não por ser o último, mas por tudo o que ele representa em termos de avanços científicos e tecnológicos, o Futebol esteve (e está) intimamente ligado (ou, no mínimo, é contemporâneo a eles) aos fatores políticos, econômicos e sociais. A união dos povos por meio do Futebol por intermédio das Copas do Mundo é um exemplo. O uso do Futebol por Mussolini para consolidar seu poder na Itália. A Copa do Mundo de 1950 realizada no Brasil em razão da devastação da Europa causada pela II Grande Guerra Mundial (1939-1945). A formulação e o trabalho que o brasileiro João Havelange consignou no sentido de tornar o Futebol um negócio extremamente rentável e uma grande "jogada" de *Marketing*. O uso do Futebol como influência (e como proveito) a favor dos militares da América Latina, como, por exemplo, no Brasil em 1970 (Tricampeonato mundial) e na Argentina em 1978 (1° campeonato). E, mais recentemente, já no séc. XXI, em 2010, a Copa da África do Sul de Nelson Mandela (que mereceria uma análise mais detida, inviável neste momento e neste contexto) e a Copa do Mundo no Brasil em 2014, nações que ainda estão longe do patamar de países desenvolvidos, econômica, social e politicamente falando.

E, como corolário, o **item número dez** a favor do Futebol na Escola é, justamente, a faculdade que ele tem de servir como instrumento do desenvolvimento motor em face das atividades vinculadas, afins e correlatas a ele. Ao contrário do que o senso comum apregoa, a par do desempenho e dos gestos técnicos peculiares ao Futebol, o trabalho de Formação Física de Base (FFB) e de domínio motor pode perfeitamente ser realizado com o inestimável auxílio de atividades ligadas ao Futebol. Basta, para tanto, que a atividade seja adaptada aos interesses e às necessidades do aluno e do próprio professor. Por exemplo, andar, correr, saltar e muitos outros movimentos ligados à FFB podem ser trabalhados numa aula de Futebol, dado que, nele (no Futebol), se anda, se corre, se salta etc. Da mesma forma, o trabalho voltado para o desenvolvimento da coordenação motora e para a iniciação ao desenvolvimento da flexibilidade pode ser empreendido pelo professor. Logicamente que não é a única ferramenta, mas, sim, um importante instrumento que, associado a outras atividades, como jogos, brincadeiras, ginástica, atividades rítmicas e expressivas, danças, gincanas, lutas etc. pode contribuir sobremaneira para a formação integral do aluno, visto e entendido como cidadão.

Assim, diante de todos estes fundamentos (respeito às regras e normas de conduta e de comportamento; disciplina e obediência sensata e inteligente à hierarquia; cooperação, competição, individualidade, organização e criatividade presentes e integradas; educação dos aspectos emocionais inerentes ao ser humano e de suas respectivas respostas psicológicas; atividade física de longo prazo como lazer e promoção de saúde; integração e interação social, amizades, respeito mútuo e ecletismo; memórias e inteligências associadas e aplicadas; conhecimentos geográficos, culturais e filosóficos; questões históricas, econômicas, sociológicas e geopolíticas; formação física de base e desenvolvimento motor), é certo que o que menos importa no que diz respeito ao Futebol na Escola Formal são seus aspectos técnicos, vale frisar, tática, gestos e tudo o que diz com o seu respectivo desempenho são fatores secundários.

Tendo em vista que o objetivo deste trabalho não é encerrar o assunto em si mesmo, porém, ter por escopo estimular o professor a permanecer em contínuo "estado de estudo e de pesquisa", é de boa nota trazer à colação as principais abordagens pedagógicas que permeiam a Educação Física, até porque, como já frisado, o Professor de Futebol é uma espécie do gênero Professor de Educação Física.

Nesta condição, é mister que esteja sempre em contato com estas abordagens pedagógicas, a fim de manter seu conhecimento sempre contextualizado e a fim de que possa sempre consignar uma escorreita correlação entre o Futebol e os diferentes pensamentos científicos e pedagógicos diretamente ligados à Escola Formal. Até porque, "abordagem", neste caso, significa "ver da borda o que ocorre internamente"; e esta breve exposição se faz sobremaneira necessária, dado que o professor, como um dos agentes e um dos protagonistas da Educação Escolar, num momento ou noutro, certamente estará inserido no contexto, isto é, estará "no centro" e não mais "na borda": aí terá que agir em face ao que viu, estudou e vislumbrou de fora.

Neste diapasão, levando-se em conta que as várias concepções pedagógicas ligadas à Escola têm como premissa trabalhar sempre no sentido da evolução da Educação Física, seguem, pois, de maneira sintética, as principais abordagens pedagógicas e seus respectivos conceitos elementares com base nas obras que dão supedâneo a estas diferentes teorias. Tenha-se presente de modo categórico que no contexto em tela se limita apenas a apresentá-las, não se cogitando, pois, em formular, tampouco emitir juízos de valor acerca de pontos positivos e/ou negativos de cada uma, cabendo esta tarefa, por conseguinte, ao leitor/estudioso/pesquisador/professor interessado no assunto.

No "Tecnicismo/Tecnicista", o gesto técnico propriamente dito é o que mais se valoriza, daí o nome; a técnica na realização dos movimentos, em especial, os mais especializados, está em primeiro plano. No Tecnicismo, o ensino está pautado na ação direta do professor, que é o responsável pela exposição dos conhecimentos. Na condição de autoridade, ele organiza, corrige, ensina e propõe conteúdos, bem como fiscaliza e aconselhar os alunos no sentido da "melhor" execução, sobretudo do já mencionado gesto técnico.

Neste trabalho, uma sequência fixa e preestabelecida é preconizada e, via de regra, é seguida, ignorando, de certo modo, o contexto escolar, até porque enfatiza os exercícios repetidos, no sentido de garantir a memorização dos conteúdos e da própria execução dos gestos técnicos. Os conteúdos e procedimentos estão intimamente ligados aos métodos e às técnicas de execução consignada com a máxima eficácia, o que leva a uma considerável redução da importância da correlação que deve haver entre a realidade social e a do próprio aluno.

Portanto, o Tecnicismo, ou modelo esportivo, pode ser entendido e sintetizado como a "educação do movimento", algo que, há que se pensar e ponderar, talvez possa ter a sua utilidade no Futebol, inclusive.

A abordagem "Desenvolvimentista", como diz o próprio nome, visa analisar a própria progressão normal do crescimento físico, do desenvolvimento fisiológico, motor, cognitivo e afetivo-social da criança. Nesta concepção, o movimento é ao mesmo tempo o principal meio e fim da Educação Física, e esta não tem a função de desenvolver capacidades ligadas à alfabetização e a outros pensamentos lógico-cognitivos, nada obstante poder contribuir para o desenvolvimento destes aspectos.

Por este pensamento, as aulas de Educação Física devem privilegiar a paulatina e progressiva aprendizagem dos movimentos em face do próprio crescimento da pessoa; neste sentido, o mais importante é o desenvolvimento das habilidades motoras que possibilitem às pessoas resolver, justamente, problemas motores, e não servir como instrumento de busca de solução para os problemas sociais do país, apesar de para isto poder auxiliar e contribuir.

Por conseguinte, a Educação Física tem por escopo propiciar às pessoas situações favoráveis no sentido de que seu comportamento motor possa se desenvolver por meio do aumento progressivo de movimentos complexos e diversificados. Desta forma, a fim de que a aprendizagem das habilidades motoras seja alcançada, as experiências de movimento adequadas ao nível de crescimento e desenvolvimento de cada um devem ser colocadas na condição de principal aspecto a ser levado em conta. Melhor dizendo, uma ordem de habilidades deve ser trabalhada, das mais básicas/simples às mais complexas/específicas, sendo aquelas (as básicas/simples) subdivididas em a) locomotoras (andar, correr, saltar), b) manipulativas (arremessar, chutar, rebater, receber), c) estabilização (girar, flexionar, rolar); e estas (as complexas/específicas) relacionadas à prática de esportes, do jogo, da dança, das atividades de expressão, entre outras situações ligadas, inclusive, à cultura de cada local.

Por este modo de compreensão, pode-se entender que há um olhar inteligente sobre a questão, dado que segue um rito lógico na vida de uma pessoa, isto é, do menor para o maior, do mais simples para o mais complexo, além da compatibilidade que há entre as proposições colocadas de maneira adequada e consentânea à respectiva fase/idade de desenvolvimento que a pessoa se encontra naquele momento da sua caminhada.

O "Construtivismo", conforme denota o próprio nome, procurar valorizar as experiências dos alunos em face da sua respectiva cultura, na medida em que a "responsabilidade" de construir o seu conhecimento é do próprio aluno, devidamente auxiliado e conduzido pelo professor, e sempre a partir da interação com o meio socioambiental e, também, sempre no sentido de solucionar as contendas que surgirem à sua frente.

Por esta corrente de pensamento, a parte cognitiva está um pouco à frente da motora, dado que não acredita que existam padrões únicos de movimento no mundo, tendo em vista as diferenças sociais, étnicas e culturais das diversas populações do Planeta. Nesta acepção, seriam mais valorizados os movimentos construídos pelos alunos de acordo com as circunstâncias, sejam biológicas, sejam psicológicas, ou, ainda, sejam de acordo com o meio ambiente em que vivem. E a Educação Física passaria a ser valorizada no próprio contexto escolar como ela mesma deve ser, isto é, não como complemento ou auxílio às outras matérias, mas, sobretudo, como algo que possa auxiliar e/ou facilitar o desenvolvimento da criança na própria vida escolar e, mais importante, em sua vida após a Escola.

Destarte, em síntese, o "Construtivismo" propõe uma educação integrada, de corpo e mente associados, passando o jogo, neste caso, a ficar em evidência e na condição de conteúdo/estratégia com conotação privilegiada, sendo, pois, considerado como a forma essencial de ensino. Assim, o jogo se torna uma ferramenta pedagógica essencial, vale frisar, um meio primordial de ensino, haja vista que, enquanto joga ou brinca, a criança aprende; e, se isto for feito num ambiente lúdico e prazeroso, melhor ainda, dado que poucos entendem tão bem de brincadeira como a própria criança.

Na conotação que se refere aos "Jogos Cooperativos", tenha-se presente que assevera que, se o importante é competir, o fundamental é cooperar. Esta ideia de cooperação é uma posição expressa e categoricamente contrária ao senso comum, ao condicionamento, à indução que faz com que as pessoas tendam a acreditar que elas (as pessoas) praticamente não têm quaisquer opções a não ser a de aceitar e se submeter cabalmente à competição como uma escolha natural.

Esta linha de pensamento registra que os jogos cooperativos devem ser usados como uma força que valoriza a cooperação em face à competição, dado que estes jogos (os de competição) muitas vezes são divertidos, porém, por não terem um grande nível de aceitação mútua, apresentam chances sobremaneira maiores de facilitar a exclusão em detrimento da inclusão do aluno.

Por este prisma, a questão ligada aos Jogos Cooperativos afirma que o ponto inicial do trabalho é o próprio jogo cooperado, dado que sua mensagem tem o condão de contribuir de modo profícuo, amplo e abrangente para a construção de uma sociedade pautada na justiça, na ética, na moral e na solidariedade.

A questão ligada à "Saúde Renovada" tem por escopo suscitar a conscientização discente no sentido dos benefícios advindos da atividade física regular. Entende, esta linha de raciocínio, ser relevante que se demonstre a importância da prática desportiva como vetor de promoção da saúde, sobretudo, por intermédio da seleção, organização e desenvolvimento de atividades e experiências que permitam que os alunos se deparem, optem e adotem um estilo de vida saudável não apenas enquanto alunos, mas, também, já na condição de adultos.

Esta corrente de entendimento considera fundamental e essencial promover a prática da atividade física prazerosa e de modo a propiciar aos alunos práticas que previnam, desenvolvam e aperfeiçoem a resistência orgânica, cardiovascular, muscular, flexibilidade, composição corporal, entre outros benefícios que se coadunam com a permanente busca de uma melhor qualidade de vida e com saúde. Preconiza, ainda, que tal filosofia de trabalho protege sobremodo quanto aos distúrbios orgânicos provocados por um estilo de vida sedentário, fazendo com que se sobressaiam os fatores que são considerados os mais importantes para as pessoas que são a saúde, o lazer, os hábitos saudáveis do cotidiano, o estilo de vida e os hábitos alimentares benéficos.

Apregoa que, no contexto da industrialização e do desenvolvimento tecnológico das sociedades, a atividade física tem se revelado cada vez mais como um fator de qualidade de vida para as pessoas de todas as idades, sexo, condições sociais e econômicas. A difusão da atividade física representa, então, maior capacidade de trabalho físico e mental, mais entusiasmo para a vida e sensação de bem-estar, menores gastos com a saúde, menores riscos de doenças e de mortes precoces.

A "Psicomotricidade" mostra uma nova faceta às preocupações relacionadas às questões fisiológicas, biológicas e culturais, qual seja, passa a valorar e enfatizar os aspectos de origem psicológica. Trata-se da chamada educação pelo movimento e trabalha em prol de uma ação educativa que deve ocorrer a partir dos movimentos espontâneos da criança e das atitudes corporais facilitando, assim, o nascimento da imagem do corpo como núcleo central da personalidade. Esta conotação se refere à formação de base indispensável a toda criança, e visa assegurar o desenvolvimento funcional tendo em vista a possibilidade de ser trabalhada a afetividade delas de modo a expandir-se e a equilibrar-se por meio do intercâmbio com os diversos ambientes, em especial, o humano.

A "Psicomotricidade" propõe um modelo pedagógico fundamentado na interdependência entre o desenvolvimento motor, o cognitivo e o afetivo dos indivíduos, à medida que se apresenta como um componente curricular plenamente justificável e imprescindível à formação das estruturas de base para as tarefas institucionais, de ensino e de instrução da Escola.

É um instrumento muito importante e relevante para ambos, Professor-Aluno, haja vista que tem o condão de levar a criança a tomar consciência do seu corpo, da lateralidade, de situar-se corretamente no espaço, de dominar e coordenar o espaço-tempo, de adquirir a coordenação motora adequada e condizente, de desenvolver de modo escorreito suas habilidades motoras, gestos e movimentos. Ademais, estimula o estudo e a responsabilidade do professor no sentido de que valoriza muito mais os processos pedagógicos ligados ao ensino-aprendizagem em detrimento do ensino-aprendizagem dos gestos técnicos puros e de suas execuções isoladas e fracionadas.

Nada obstante a incipiência da visão "Sistêmica", não há como ignorá-la, tampouco em não dar o devido valor que ela merece, tendo em conta que indiscutivelmente traz importantes contribuições para a Educação Física. Ocorre que, nesta teoria, avaliar de modo conceitual a questão em forma de sistemas significa analisar o trabalho tendo em vista importantes conceitos de hierarquia e em face a relevantes tendências, entre elas, as que se autoafirmam e as que se autointegram num determinado contexto.

Esta forma de ver compreende a Educação Física como um sistema hierárquico aberto, dado que as Secretarias de Educação, por exemplo, que estão num âmbito superior de poder, exercem um relativo controle sobre os sistemas hierárquicos que estão abaixo. Como esta influência não é absoluta, por exemplo, na direção da Escola, no corpo docente e na própria sociedade, é óbvio que a via inversa também se apresenta inconteste, isto é, ao mesmo tempo em que um influencia, também é influenciado.

A visão sistêmica entende o binômio corpo/movimento como meio e fim da Educação Física Escolar, dado que o escopo da Educação Física, neste contexto, é inserir os alunos no mundo da cultura física de maneira a formar um cidadão que possa usufruir, partilhar, produzir, reproduzir e transformar as formas culturais da atividade física, do jogo, do esporte, da dança, da ginástica etc. Neste sentido, por este modo de ver, a vivência e a experimentação de movimentos em situações práticas, do esporte, do jogo, da dança, da ginástica, tornam-se tão importantes quanto o próprio conhecimento cognitivo e afetivo que advém destas mesmas experiências práticas de movimento.

Tem como princípio a não exclusão, ou seja, apregoa que nenhuma atividade pode excluir qualquer aluno, do mesmo modo que tenta garantir o acesso de todos eles às aulas da Educação Física. Tem também, como outro princípio, o da diversidade, no senso de que atividades diferenciadas e que não privilegiem apenas um tipo de trabalho devem permanentemente ser propostas para evitar que se trabalhe apenas com um tipo de conteúdo. Uma vez observada esta acepção, pressupõe-se serão possíveis diversas vivências, sejam nas atividades esportivas, sejam nas atividades rítmicas e expressivas vinculadas à dança, ou, ainda, nas atividades da ginástica e na aprendizagem de conteúdos diversos vinculados ao uso do tempo livre de lazer, facilitando, assim, o exercício da cidadania.

Os "Parâmetros Curriculares Nacionais" (PCN) são documentos que têm por escopo elementar subsidiar a elaboração curricular dos Estados e Municípios, promovendo um diálogo entre as propostas e experiências que já existem de maneira que incentivem a reflexão e a discussão pedagógica nas Escolas em face da elaboração dos seus respectivos projetos educativos. Entre estas declarações estão o documento introdutório e os temas transversais, tais como saúde, meio ambiente, ética, pluralidade cultural, orientação sexual e trabalho e consumo, além de documentos que abordam o tratamento a ser dado em cada um dos componentes curriculares.

Ao escolher a cidadania como eixo que norteia o trabalho, quer demonstrar que a Educação Física na Escola se torna responsável pela formação de alunos que se mostrem capazes de participar de atividades corporais, de adotar atitudes de respeito mútuo, dignidade e solidariedade, de conhecer, valorizar e respeitar a pluralidade de manifestações culturais, de reconhecer-se como parte integrante do ambiente, de adotar hábitos saudáveis, de melhoria da saúde, de conhecer os diferentes grupos sociais e de compreender a sua inserção na sociedade, de reivindicar, organizar e interferir no espaço de forma autônoma, bem como reivindicar perante os poderes públicos locais que permitam a promoção de atividades corporais e culturais de lazer.

Trata-se de uma visão ampla, abrangente e eclética, porque ressalta o princípio da inclusão, salienta as dimensões dos conteúdos ligados às atitudes, aos conceitos e aos procedimentos, e cogita sobre o trabalho integrado entre temas transversais. Melhor dizendo, pretende a inclusão, à medida que quer que o trabalho se destine a todos os alunos, sem discriminação, da mesma forma que objetiva que as ações se deem de modo a valorizar a articulação entre aprender a fazer e a fazer sabendo o que se está fazendo. Na mesma toada, propõe um relacionamento das atividades da Educação Física com os grandes problemas da sociedade brasileira, sem, todavia, deixar de lado a sua função de integrar o cidadão na esfera da cultura corporal.

Como consectário destas indicações, esta linha de pensar deseja que as questões sociais sejam incluídas e contextualizadas em forma de problemas a serem resolvidos no dia a dia da Escola, de modo que possam contribuir com a aprendizagem, a reflexão e a formação de um cidadão crítico em face da complexidade e da dinâmica das relações inerentes à sociedade.

A abordagem "Cultural" tem um caráter antropológico e apregoa que a cultura é o conceito primordial para a Educação Física, dado que todas as manifestações corporais humanas são geradas na dinâmica cultural de determinada sociedade. Segundo o entendimento desta corrente de pensamento, desde o princípio da evolução até os dias atuais, esta dinâmica cultural se expressa de maneira diversificada e sempre com significados próprios e distintos no contexto de grupos culturais específicos, qualquer que seja.

Segundo esta concepção, o professor não age diretamente sobre um corpo, ou, ainda, não trabalha com o movimento propriamente dito, tampouco trabalha somente com o Esporte em si, bem como não lida somente com a ginástica pura e simplesmente. O que ocorre, na verdade, de acordo com o que preconiza a abordagem cultural, a Educação Física deve tratar o ser humano nas suas manifestações culturais relacionadas e interligadas ao corpo, ao movimento humano e à própria sociedade, como por exemplo, o jogo, o esporte, a dança, a luta, a ginástica, sem exclusão de outras. O que efetivamente determina se uma ação corporal pertence à pedagogia da Educação Física é a própria consideração e a própria análise desta expressão em face e em compatibilidade com a dinâmica cultural do contexto em que se encontra.

Por conseguinte, esta acepção sociocultural acerca de todas as manifestações retroenumeradas tem como premissas básicas afastar e superar a visão comezinha segundo a qual o corpo é apenas um conjunto de ossos e músculos, e não a expressão de uma cultura, da mesma forma que tem como princípio demonstrar que o esporte não pode ser visto apenas como um passatempo ou como atividade que serve apenas para promover o rendimento atlético, mas, sim, como um fenômeno social e político. A Educação Física passa, portanto, da área biológica para o campo de estudos ligados às ciências humanas. Há que se pensar e se cogitar na hipótese.

A abordagem "Crítico-superadora" tem íntima ligação com assuntos relacionados ao poder, interesses, esforços e contestações, à medida que afirma que a questão do ensino-aprendizagem não deve se ater somente no como ensinar, mas, sobretudo, em como são adquiridos esses conhecimentos, de maneira que seja sobremodo valorizada a contextualização dos fatos, acontecimentos e da própria história.

Perceber desta forma, segundo a vertente crítico-superadora, se torna fundamental, tendo em vista que tem a faculdade de permitir que o aluno compreenda que toda a produção da humanidade pode refletir suas respectivas fases e mudanças que ocorreram — e que ainda estão em curso — ao longo da história. Neste contexto, o ensino por etapas deve ser evitado, de maneira que seja adotada a transmissão dos conteúdos de modo simultâneo, vale dizer, mesmos conteúdos devem ser trabalhados concomitantemente, de forma mais aprofundada ao longo dos anos de estudo e, por conseguinte, sem a visão de pré-requisitos.

Quanto ao que se deve estudar nas aulas de Educação Física, a escolha deve recair em face a relevância social dos conteúdos, seus aspectos atuais e contemporâneos, e sua compatibilidade com as características sociocognitivas dos alunos. Fator relevante diz respeito ao confronto que deve ser consignado entre os conhecimentos do senso comum e os que advêm do conhecimento técnico-científico, sempre no sentido de ampliar o seu acervo de conhecimento. Importante registrar que esta corrente de pensamento assevera que os conteúdos selecionados para as aulas de Educação Física devem proporcionar a leitura da realidade sob o ângulo de visão oriundo da classe trabalhadora, justamente, para, de modo crítico, cogitar da possibilidade de superar — ou de se opor — o pensamento discriminante próprio das elites econômico-conservadoras.

A abordagem "crítico-emancipatória" compreende a Educação Física como parte de um sistema maior, qual seja, o socioeducacional e o sócio-político-econômico. Na concepção crítico-emancipatória o trabalho deve ser voltado para um ensino no sentido de libertar as pessoas de falsas ilusões, de falsos interesses e desejos, criados, construídos e incutidos nos alunos pela visão de mundo que a eles é apresentada a partir do conhecimento. Por este entendimento, o ensino escolar necessita ter como supedâneo precípuo uma concepção crítica da realidade, dado que é por meio de questionamentos e indagações críticas que se pode compreender as estruturas autoritárias das instituições sociais que têm o condão de formar as convicções, pensamentos e interesses.

Esta concepção critica veementemente a visão que reduz o movimento humano a um simples fenômeno físico, negando, assim, que ele possa ser reconhecido e esclarecido simplesmente de forma objetiva, independente e dissociado do ser humano que o realiza. Segundo registra esta corrente de ideias, é obrigatória e necessária uma detida e integral análise acerca da complexidade que envolve o ser humano em movimento, dado que as observações que anotam e tentam explicar o movimento simplesmente como acontecimentos espaço-temporais não são suficientes por si só para dar a devida e plausível explicação sobre o fato.

Sob o ângulo de visão preconizado por esta linha de pensamento, são três as fases envolvidas no processo ensino-aprendizagem. Num primeiro momento, por intermédio da própria experiência manipulativa, os alunos tentam desvendar formas e meios no sentido de se obter uma participação bem-sucedida em atividades de expressão, movimentos e jogos. Na esteira, como segundo passo, devem também manifestar e expor, por meio da linguagem, da arte ou da representação cênica, o que experimentaram e o que aprenderam. Por fim, eles devem aprender a indagar, perguntar e questionar sobre suas aprendizagens e descobertas, no intuito de entender o significado cultural da aprendizagem e, quem sabe, como exercício de cidadania, transpor este entendimento para o campo sócio-político-econômico-educacional, emancipando, assim, seu saber, sua compreensão e seu entendimento.

Considerando todos os elementos apresentados que, pelo menos é o que se pretende, permitem uma melhor visualização da proximidade que há entre Educação Física e Futebol, e levando-se em conta que o termo Educação Física foi cunhado e expresso pela primeira vez por um filósofo inglês chamado Jonh Locke (para ele, haveria, a Educação Intelectual, a Educação Moral e a Educação Física, que cuidaria do corpo e, desta forma, permitiria que a mente melhor trabalhasse), em meados do séc. XVII d. C., do mesmo modo que a palavra Futebol (*Foot Ball*: literalmente Pé na Bola) também foi codificada pelos ingleses, há que se cogitar que este binômio Educação Física-Futebol não se trata de mera coincidência.

Como corolário, há que se cogitar que o Futebol possa ser, de um lado, um excelente meio para se alcançar os objetivos da escolarização, bastando, para tanto, que ele seja trabalhado como conteúdo da Educação Física Escolar com objetivos claros e bem definidos pelo projeto pedagógico de qualquer Escola, da mesma forma que, por outro lado, ele também pode, como já o é, ser corretamente praticado fora do contexto escolar.

E, para que tudo isto se torne plausível e consentâneo, basta, apenas, e isto é o mais importante, que o Professor de Futebol, espécie do gênero Professor de Educação Física, esteja bem preparado e que tenha plena clareza a respeito dos objetivos educacionais envolvidos na atividade e no próprio trabalho por ele desenvolvido.

Bons Estudos.

Boas Pesquisas.

Bons Trabalhos.

REFERÊNCIAS BIBLIOGRÁFICAS

BETTI, M. *Educação Física e Sociedade*. São Paulo: Movimento, 1991.

BROTTO, F. O. *Jogos Cooperativos:* Se o Importante é Competir, o Fundamental é Cooperar. São Paulo: CEPEUSP, 1995.

CASTELLANI FILHO, L. *Educação Física no Brasil:* A História que não se Conta. Campinas: Papirus, 1988.

COLETIVO DE AUTORES. *Metodologia do Ensino de Educação Física*. São Paulo: Cortez, 1992.

DAOLIO, J. *Da Cultura do Corpo*. Campinas/SP: Papirus, 1995, v. 1.

DARIDO, S. C. *Educação Física na Escola:* Questões e Reflexões. Rio de Janeiro: Guanabara Koogan, 2003.

FREIRE, J. B. *Educação Física de corpo inteiro. Teoria e Prática da Educação Física*. Campinas/SP: Scipione, 1992.

GALLAHUE D. L.; OZMUN J. C. *Compreendendo o Desenvolvimento Motor – Bebês, Crianças, Adolescentes e Adultos*. São Paulo: Phorte, 2005.

GARDNER, H. *Inteligências Múltiplas*. Porto Alegre: Artmed, 1996.

GHIRALDELLI JR., P. *Educação Física Progressista. A Pedagogia Crítico-Social dos Conteúdos e a Educação Física Brasileira.* São Paulo: Loyola, 1989.

GUEDES, D. P.; GUEDES, J. E. R. P. Subsídios para Implementação de Programas Direcionados à Promoção da Saúde através da Educação Física Escolar. *Revista da Associação de Professores de Educação Física de Londrina.* V. 8, n° 15, p. 3-11. 1993.

KUNZ, E. *Transformação Didático-Pedagógica do Esporte.* Ijuí/RS: Unijuí, 1996.

LIBÂNEO, J. C. *Didática.* São Paulo: Cortez, 1994.

MAGILL, R. A. *Aprendizagem Motora:* Conceitos e Aplicações. São Paulo: Edgard Blucher, 1990.

MARTINS, P. S. *Curso de Futebol de Base na Base. Aulas/Palestras no.* Graduação/Curso de Educação Física – UNISA/Universidade de Santo Amaro/SP e Alphaville Tênis Clube/SP e Clube Alto dos Pinheiros/SP. Apontamentos. São Paulo, 2007 a 2011.

MEINEL, K. *Motricidade I e II.* Rio de Janeiro: Ao Livro Técnico, 1984.

NEIRA, M. G.; NUNES, M. L. F. *Educação Física, Currículo e Cultura.* São Paulo: Phorte, 2009.

NEIRA, M. G.; NUNES, M. L. F. *Praticando Estudos Culturais na Educação Física.* São Caetano do Sul/SP: Yendis, 2009.

PAGANELLA, M. A. *Futebol, Futsal e Futebol Society, Aulas de.* Graduação/Curso de Educação Física – UNISA/Universidade de Santo Amaro/SP e UNIÍTALO/Centro Universitário Ítalo-Brasileiro/SP. Apontamentos. São Paulo, 2010-2011.

SALES, R. M. *Futsal & Futebol:* Bases Metodológicas. São Paulo: Ícone, 2011.

SAVIANI, D. *Escola e Democracia.* São Paulo: Cortez/Autores Associados, 1987.

TANI, G. et al. *Educação Física Escolar:* Fundamentos de uma Abordagem Desenvolvimentista. São Paulo: EDUSP, 1988.

VOSER, R. C.; GIUSTI, J. G. *O Futsal e a Escola:* Uma Perspectiva Pedagógica. Porto Alegre: Artmed, 2002.

www.cdof.com.br.

www.educacaofisica.com.br.

26 | LESÕES MAIS FREQUENTES NO FUTEBOL: BREVE DESCRIÇÃO, PRIMEIROS SOCORROS E REABILITAÇÃO

Escrito em colaboração com o Fisioterapeuta e Professor João Puerro Neto. Professor dos Cursos de Fisioterapia e Educação Física da UNISA – Universidade de Santo Amaro/SP.

O Futebol, como é notório, é um dos esportes mais populares e mais praticados em todos os continentes habitados e em todos os âmbitos, desde uma simples brincadeira entre crianças de tenra idade, passando por um jogo de Futebol Feminino e/ou de Menores Não Profissionais e/ou Escolar até grandiosos eventos esportivos, como são os grandes campeonatos profissionais nacionais, continentais e a própria Copa do Mundo.

Um nível mínimo de competição é inerente à sua prática, competitividade esta que acarreta uma exigência física mínima dos praticantes que, somada ao imponderável ligado a este tipo de disputa, aumenta sobremaneira a possibilidade e a predisposição para lesões, que podem ocorrer com qualquer um dos praticantes.

Lesões são situações, à evidência, que causam dores e preocupações, são desconfortáveis, incômodas, limitam as atividades do cotidiano e a própria prática esportiva, constrangedoras, podem afastar da Escola e do trabalho, o que provoca gastos de tempo e dinheiro, pode interromper uma rotina, enfim, gera inúmeros contratempos não apenas aos que delas são vítimas, mas também aos familiares, amigos, colegas, clubes e empregadores, entre outros.

Felizmente, a esmagadora maioria destes "danos" físicos tem "conserto". No que se refere às lesões e aos prejuízos físicos, jurídica e academicamente falando, em linhas gerais, a Medicina é a responsável pela reparação, a Fisioterapia pela reabilitação e a Educação Física pela organização, preparação, execução, prevenção e aplicação de trabalhos físicos, técnicos, científicos e pedagógicos ligados ao Futebol no que diz respeito a sua prática propriamente dita.

À exceção dos clubes esportivos profissionais e de algumas entidades esportivas não profissionais que têm condições financeiras e econômicas de manterem médicos e fisioterapeutas em seus quadros de funcionários, a maioria dos locais onde há a prática do Futebol tem apenas a presença do Professor de Educação Física.

Neste caso, apesar de o Professor de Educação Física não ter a formação acadêmica para o tratamento reparativo (Medicina) e para a reabilitação (Fisioterapia), é deveras relevante e significativo que o Profissional Esportivo tenha um mínimo de conhecimento no sentido de prestar os devidos e adequados primeiros socorros, facilitando, assim, o trabalho posterior do médico e do fisioterapeuta e, muito mais importante, que ajude da melhor maneira possível a pessoa lesionada.

Um trabalho de primeiros socorros de boa qualidade pode ser preponderante na recuperação da saúde plena de uma pessoa acometida por este problema, vale frisar, e pode ser o diferencial entre a diminuição e/ou uma pequena pausa nas atividades normais e um longo afastamento ou, pior, uma interrupção permanente da prática esportiva.

Na mesma direção, conhecer um pouco das fases de reabilitação auxilia sobremodo ao Profissional de Educação Física no que concerne a sua melhor inserção nas equipes esportivas multidisciplinares, a dizer, tornará mais fácil o diálogo entre os membros: é certo que cada um continuará sendo o responsável técnico pelo seu respectivo campo de atuação, todavia, é possível afirmar que haverá uma eficaz cooperação e um inegável respeito mútuo para o sucesso do trabalho conjunto.

Neste sentido, a seguir estão expostas importantes considerações ligadas às lesões no Futebol pautadas em Bibliografia de ponta que, certamente, não tem a pretensão de substituir tratados médicos e fisioterápicos especializados e ligados a esta área, mas, sim, pretendem dar um mínimo de subsídio e auxiliar da melhor maneira possível os Professores e Profissionais da Educação Física e do Futebol, sem exclusão de outros também interessados no tema, a realizarem e executarem seu trabalho com excelência, qualidade, dignidade e confiabilidade e credibilidade.

Prestar atenção a estes aspectos ligados às lesões e agir de modo sensato, adequado e no momento certo elevam o Profissional a um patamar ainda mais alto perante a comunidade, a sociedade e, mais relevante, a si próprio, à medida que, após atuar de forma correta e apropriada nestes eventos, estará sempre com a consciência tranquila pelo dever cumprido.

PRINCIPAIS FATORES, CAUSAS E MECANISMOS PARA A OCORRÊNCIA DAS LESÕES

De maneira geral, as lesões podem ser classificadas em traumáticas e por uso excessivo, e também são classificadas de acordo com sua gravidade: tipo I ou leve; tipo II ou moderada; e tipo III ou grave.

No Futebol, podem, também, ser classificadas em macrotraumáticas e microtraumáticas.

As primeiras prendem-se a um acontecimento específico no qual uma força significativa é capaz de causar um dano efetivo e imediato numa estrutura do corpo da pessoa.

Vale dizer, as **lesões macrotraumáticas** podem ser provocadas por acontecimentos súbitos, de causa e efeitos imediatos, com dor e desenvolvimento de edema e escoriações. Estes podem ser causados ou exacerbados por fatores intrínsecos relacionados às características físicas individuais e traços psicológicos da pessoa; ou por fatores extrínsecos, que são aqueles relacionados ao tipo de atividade esportiva, o contato/choque com adversários, com objetos ou mesmo pela irregularidade do terreno, o modo de praticar o esporte, condições ambientais, clima do momento e o tempo de jogo (se no início, meio ou fim), entre outros.

Por sua vez, as **lesões microtraumáticas** englobam situações cumulativas, em que cada uma individualmente e por si só não seriam capazes de causar prejuízos, mas, pela frequência de acometimento e o sucessivo acúmulo destes microtraumas, pode acarretar seu surgimento. Quando estas forças ultrapassam os limites de duração e de intensidade, é provável que apareçam alguns tipos de danos (microtraumas).

Deste modo, o estresse pela repetição provocado pelas corridas lentas e/ou velozes, pelo número excessivo de chutes sem o devido aquecimento, pelo contato frequente com os adversários, pelas cargas de impacto nos saltos ou pelas forças de torção em movimentos de rotação explica o porquê da presença de lesões diagnosticadas pelo chamado "overuse" (excesso de uso).

Pequenas "batidas/pancadas" ósseas e/ou na musculatura e lesões musculares leves podem ser recuperadas em uma semana aproximadamente. Por outro lado, entre as mais graves, como por exemplo entorses, lesões de "overuse", rupturas de tendões, ligamentos e musculares, além das fraturas e das fortes "batidas/pancadas", podem afastar a pessoa por várias semanas ou meses da prática esportiva.

Neste diapasão, seguem os principais fatores e mecanismos que, isoladamente ou combinados, estão na origem das lesões e, como tal, permitem o seu diagnóstico clínico, facilitando, assim, a escolha do melhor procedimento para a execução dos primeiros socorros e posterior tratamento:

⇒ **Contato/impacto:** é a origem mais óbvia de lesão macrotraumática aguda. Geralmente resulta numa clássica reação de lesão-reparo--inflamatória iniciada pela ocorrência de sangramento, hematoma e formação de coágulo. Contusões musculares diretas e entorses graves, além de luxações, sub-luxações e fraturas são exemplos típicos.

⇒ **Sobrecarga dinâmica:** trata-se da lesão do tecido resultante de uma deformação causada por tensão súbita e intolerável. A ruptura aguda de um tendão ou estiramento muscular é frequentemente resultado da sobrecarga dinâmica presente num salto, num tiro de corrida mais veloz, ou, ainda, num chute.

⇒ **Excesso de uso (*overuse*) ou sobrecarga:** representa o fracasso cumulativo da resposta adaptativa da matriz celular, como somatório de tensões ou pressões repetitivas/repetidas em determinado tecido. É muito frequente a sua ocorrência e, na maioria dos casos, se dá por excesso/erro de treinamento, de jogos, de atividades etc.

⇒ **Vulnerabilidade estrutural:** pode contribuir para fadiga e eventual falha no tecido secundária à sobrecarga focal e tensão ou estresse excessivo. São exemplos alterações na pisada como pé plano ou cavo, frouxidão ligamentar de uma articulação e joelho varo ou valgo.

⇒ **Falta de flexibilidade:** descreve a perda da amplitude de movimento (ADM) de uma articulação, envolvendo tanto tecidos e ligamentos como unidades músculo-tendíneas. A falta de flexibilidade pode levar a desvios no contato articular, iniciando, portanto, um ciclo de degeneração da cartilagem articular.

⇒ **Desequilíbrio muscular:** é um mecanismo inter-relacionado com a falta de flexibilidade e resulta de um condicionamento e utilização musculares impróprios. Esta situação pode levar à fadiga muscular, que deixa mais vulnerável às lesões.

⇒ **Crescimento rápido:** mecanismo observado em crianças e adolescentes em crescimento que praticam esportes. Enfatiza os desequilíbrios da flexibilidade muscular coincidentes com as mudanças nas proporções do esqueleto durante a maturação; esses fenômenos podem criar sobrecarga dinâmica das estruturas de tecidos moles/musculares/tendíneos. Situação muito comum em Esportes como Ginástica Artística (Olímpica), Rítmica e Esportes competitivos coletivos, como o Basquetebol, o Voleibol, o Handebol, o Tênis e, em especial, o Futebol.

Outro fator/mecanismo que pode ser incluído neste rol que acomete os chamados esportistas de final de semana (que praticam menos de 3× por semana e, por esta razão, são considerados insuficientemente ativos segundo parâmetros internacionais do Center Desease Control Americano) é a propriocepção, que é o sentimento e o controle do próprio corpo. Se, durante uma prática esportiva não habitual, não há o controle e a percepção adequados de si próprio no que se refere ao espaço-tempo e à projeção e localização espacial e temporal do próprio corpo, é certo que a chance da ocorrência de uma lesão é muito maior do que num praticante habitual.

Assim, um relevante Fundamento de apoio para prevenir lesões é o trabalho físico específico para o respectivo Esporte a ser praticado, em especial, o reforço muscular de todas as estruturas envolvidas, algo que certamente contribui sobremaneira para a prevenção da ocorrência de lesões. E isto, indubitavelmente, é uma tarefa que compete jurídica e tecnicamente ao Professor/Profissional da Educação Física.

PRINCIPAIS LESÕES, PRIMEIROS SOCORROS E REABILITAÇÃO NO FUTEBOL

As lesões no Futebol ocorrem com maior frequência em membros inferiores, seguido da cabeça e tronco, e por último em membros superiores.

No caso das lesões musculares, há predomínio na coxa e, quanto às articulares, tornozelo e joelho estão na frente "nesta corrida".

Em relação ao diagnóstico, encontra-se com mais frequência as lesões musculares (por volta de 40%), seguidas das contusões (por volta de 24%), entorses (17,9%, destes 54% tornozelo e 46% joelho {56% comprometendo o LCA}), tendinites (por volta de 13,5%) e por último, fraturas e luxações (por volta de 5,5%).

A seguir estão resumidamente descritos os primeiros socorros e os tratamentos conservadores de determinadas patologias ligadas ao Futebol, e que devem ser efetuados somente após detecção por profissionais da saúde que possuam o preparo necessário para avaliar a história, os fatores, o mecanismo do trauma e o exame clínico e físico são as principais formas de se consignar a análise. É de boa nota destacar que estes tratamentos têm uma evolução variada quanto aos seus efeitos, dado que cada organismo pode reagir de maneira diferente frente aos estímulos empregados.

Apesar de o Professor de Futebol, por óbvio, não ser especialista nesta área, vale a pena conhecer alguns aspectos relevantes sobre o tema, a fim de solidificar ainda mais a qualidade do seu trabalho, jamais abdicando da atualização constante e de consultar os Profissionais da área médica.

DISTENSÃO MUSCULAR

É uma ruptura parcial do músculo. É caracterizada pelo "sinal da pedrada" no músculo em grande esforço ou velocidade. Acontece de forma indireta e pode ser causada por forças de tração ou tensão exageradas que resultam em uma lesão ou interrupção das fibras musculares, tecido conectivo e vasos.

Ocorre com grande incidência na fase excêntrica da contração muscular, momento em que o músculo está contraído e sendo alongado ao mesmo tempo, e pode ter como primeiro sinal da lesão uma espécie de cãibra e o espasmo muscular. Pode ocorrer nos primeiros minutos da atividade, talvez em razão de um aquecimento ineficiente, ou, ao final da prática, como sinal/efeito de fadiga.

Pode haver sangramento interno (hematoma) e comumente ocorre nos músculos da panturrilha (gêmeos) e da coxa (quadríceps, bíceps femoral/femural e adutores).

Primeiros socorros

Evitar movimentar/alongar/cutucar/apertar a área atingida e fazer compressa com gelo por 30 minutos várias vezes ao dia, pelo menos nas primeiras 24h ou 48h até nova avaliação médico-fisioterápica.

Deve-se avaliar se é necessário ser feita a imobilização da região com uma bandagem para sustentação do músculo.

Reabilitação

⇒ **Fase I:**
- Para a diminuição da dor e controle do processo inflamatório se faz uso do TENS, Ultrassom (US) pulsátil e PRICE (repouso, elevação, compressão e gelo por 30 minutos várias vezes ao dia, pelo menos nas primeiras 24h, 48h ou 72h até nova avaliação médico-fisioterápica).
- Programa na piscina/aquático em razão da força de empuxo que neutraliza a força da gravidade, no sentido de diminuir o impacto durante a atividade.

⇒ **Fase II:**
- Exercícios de alongamento e fortalecimento para os segmentos adjacentes à lesão.
- Ondas Curtas (OC)/Ultrasom (US) contínuo para o auxílio da reparação tecidual.
- Bicicleta estacionária para manutenção do condicionamento físico.
- Progressão do programa aquático para treino de mobilidade e alongamento muscular. São feitos também exercícios proprioceptivos dentro ou fora da água, com colchões, pranchas, bolas e outros materiais.

⇒ **Fase III:**
- Ganho de flexibilidade e força muscular na Academia com a evolução do alongamento e exercícios isotônicos com ênfase na fase excêntrica e de velocidade alta.
- Treinamento proprioceptivo com bola Suíça, prancha de equilíbrio, balancin e outros.
- Melhora do controle sensório motor, início do treino do gesto esportivo com sua evolução na direção da volta à prática do esporte.
- Manutenção da condição física com exercícios de corrida leve até a evolução para corrida específica e movimentos do Futebol.
- Volta às atividades normais.

RUPTURA (MÚSCULOS E TENDÕES)

É uma lesão que acomete os músculos em qualquer porção, sendo mais comum em suas extremidades por falta de sinergismo muscular entre o agonista e o antagonista do movimento, e por uma contração violenta do músculo sobrepondo-se a sua capacidade contrátil.

Pode ser total, quando rompem todas, ou parcial, quando algumas fibras são rompidas, situação em que um tratamento adequado deve ser estabelecido para evitar novas rupturas de outras fibras.

Colaboram para seu aparecimento uma inatividade prolongada, a execução da atividade sem aquecimento prévio e adequado, assim como o excesso de atividade, além da própria fadiga geral e muscular.

Um exemplo comum é a lesão do tendão calcâneo (tendão de aquiles), que se manifesta por uma sensação de "pedrada" seguida de dor intensa e perda da função. Neste exemplo de lesão, quase sempre o tratamento/recuperação do tendão calcâneo é cirúrgico.

Primeiros socorros

Evitar movimentar a área lesionada e fazer compressa com gelo por 30 minutos várias vezes ao dia, pelo menos nas primeiras 24h ou 48h até nova avaliação médico-fisioterápica. Imobilização da região para sustentação do músculo/membro atingido.

Reabilitação

⇒ **Fase I:**
- Para a diminuição da dor e controle do processo inflamatório se faz uso do TENS, Ultrassom (US) pulsátil e PRICE (repouso, elevação, compressão e gelo) por 30 minutos várias vezes ao dia, pelo menos nas primeiras 24h, 48h ou 72h até nova avaliação médico-fisioterápica.
- Programa na piscina/aquático em razão da força de empuxo que neutraliza a força da gravidade, no sentido de diminuir o impacto durante a atividade.

⇒ **Fase II:**
- Exercícios de alongamento e fortalecimento para os segmentos adjacentes à lesão.
- Ondas Curtas (OC)/Ultrassom (US) contínuo para o auxílio da reparação tecidual.
- Bicicleta estacionária para manutenção do condicionamento físico.
- Progressão do programa aquático para treino de mobilidade e alongamento muscular. São feitos também exercícios proprioceptivos dentro ou fora da água, com colchões, pranchas, bolas e outros materiais.

⇒ **Fase III:**
- Ganho de flexibilidade e força muscular na Academia com a evolução do alongamento e exercícios isotônicos com ênfase na fase excêntrica e de velocidade alta.

- Treinamento proprioceptivo com bola Suíça, prancha de equilíbrio, balancin e outros.
- Melhora do controle sensório motor, início do treino do gesto esportivo com sua evolução na direção da volta à prática do esporte.
- Manutenção da condição física com exercícios de corrida leve até a evolução para corrida específica e movimentos do Futebol.
- Volta às atividades normais.

CONTUSÃO

É decorrente de uma força externa aplicada ao corpo da pessoa suficientemente forte para causar uma lesão. Pode acometer os tecidos moles, sendo mais comum nos músculos, quando pode gerar contratura e, também, no tecido ósseo, quando há um trauma direto.

A contratura muscular é uma contração muscular com aumento do tônus de forma involuntária geralmente reativa ao um trauma local como a contusão ou por excesso de uso com pouco repouso.

A expressão "contusão" normalmente é utilizada de forma errônea pela mídia e por leigos, que a denominam como a condição de lesão em que se encontra um atleta em um dado momento.

Portanto, vale frisar que a contusão é decorrente de um choque por um adversário como, por exemplo, uma canelada, ou uma joelhada, conhecida na gíria futebolística por "paulistinha" em São Paulo ou "tostão" no Rio de Janeiro, ou, ainda, do encontro/choque do praticante com estruturas do ambiente esportivo como uma parede, grade ou trave do Gol.

Primeiros socorros

Evitar movimentar a área lesionada e fazer compressa com gelo por 30 minutos várias vezes ao dia, pelo menos nas primeiras 24h ou 48h até nova avaliação médico-fisioterápica. Se necessário é feita a imobilização da região.

Reabilitação

⇒ **Fase I:**

- Para a diminuição da dor e controle do processo inflamatório se faz uso do TENS, Ultrassom (US) pulsátil e PRICE (repouso, elevação, compressão e gelo por 30 minutos várias vezes ao dia, pelo menos nas primeiras 24h, 48h ou 72h até nova avaliação médico-fisioterápica).
- Programa na piscina/aquático em razão da força de empuxo que neutraliza a força da gravidade, no sentido de diminuir o impacto durante a atividade.

⇒ **Fase II:**

- Exercícios de alongamento e fortalecimento para os segmentos adjacentes à lesão.
- Ondas Curtas (OC)/Ultrassom (US) contínuo para o auxílio da reparação tecidual.
- Bicicleta estacionária para manutenção do condicionamento físico.
- Progressão do programa aquático para treino de mobilidade e alongamento muscular. São feitos também exercícios proprioceptivos dentro ou fora da água, com colchões, pranchas, bolas e outros materiais.

⇒ **Fase III:**

- Ganho de flexibilidade e força muscular na Academia com a evolução do alongamento e exercícios isotônicos com ênfase na fase excêntrica e de velocidade alta.
- Treinamento proprioceptivo com bola Suíça, prancha de equilíbrio, balancin e outros.
- Melhora do controle sensório motor, início do treino do gesto esportivo com sua evolução na direção da volta à prática do esporte.
- Manutenção da condição física com exercícios de corrida leve até a evolução para corrida específica e movimentos do Futebol.
- Volta às atividades normais.

TENDINOPATIA OU TENDINITE

É o dano microtraumático no tendão causado por uso excessivo, fadiga ou anormalidades biomecânicas, manifestando-se, especialmente, por uma reação inflamatória nos tendões, com mais frequência dos tornozelos e dos joelhos.

Primeiros socorros

Como normalmente não há um evento específico, grave e imediato provocando esta lesão, não há primeiros socorros em sentido estrito, mas, todavia, há o tratamento inicial e imediato, que pode ser efetivado por meio da aplicação de gelo por 30 minutos várias vezes ao dia, pelo menos nas primeiras 24h ou 48h até nova avaliação médico-fisioterápica.

Reabilitação

⇒ **Fase I:**
- Tem por objetivo o controle da inflamação e dor, por intermédio do calor antes e gelo depois da sessão, além do uso do US e do TENS.
- Aumentar a amplitude de movimento e a capacidade contrátil do músculo, com o fortalecimento dos músculos não acometidos por meio de exercícios de forma isotônica, que é a manutenção da contração sem repetição no sentido em que se encurta o músculo, isto é, aproxima origem e inserção e exercícios de forma isométrica, vale reiterar, quando há apenas a contração muscular sem movimento articular para os músculos envolvidos.

⇒ **Fase II:**
- Aumento da força de tração músculo-tendínea com o alongamento deste segmento, com alongamento estático de baixa intensidade, e exercício excêntrico, que é a contração com movimento no sentido em que alonga o músculo, isto é, afasta origem e inserção da musculatura envolvida.
- Controle da dor e inflamação com calor antes e gelo após a sessão. Massagem para orientação das fibras musculares em seus deslizamentos.
- Modificar e/ou corrigir a biomecânica anormal.

⇒ **Fase III:**
- Sequência de atividades, como aquecimento global, alongamento estático, atividade ou exercício funcional específico.
- Exercícios de fortalecimento de forma ativa para garantir uma boa relação antagonista-agonista.
- Treinamento proprioceptivo com bola Suíça, prancha de equilíbrio, balancin e outros.
- Exercícios funcionais para o Esporte.
- Manutenção da condição física com exercícios de corrida leve até a evolução para corrida específica e movimentos do Futebol.
- Volta às atividades normais.

ENTORSES

São traumatismos em uma articulação que causam dor e incapacidade, dependendo do grau de lesão dos ligamentos.

Podem ser classificadas como grau I, quando o estiramento e danos são mínimos, provocando pequena dor e edema. Grau II, quando os danos são um pouco maiores com pequenas rupturas de fibras do ligamento e cápsula articular. E grau III, quando a ruptura do ligamento é completa, sendo necessária, na maioria das vezes, o tratamento cirúrgico.

Há grande dor, hematoma, edema e perda da capacidade funcional da articulação.

Primeiros socorros

Evitar movimentar a região atingida, e controlar a resposta inflamatória e a dor com gelo, não ultrapassando 30 minutos de aplicação, compressão e elevação, além da órtese, que é a imobilização de duas articulações próximas à lesão.

Reabilitação
⇒ **Fase I:**
- Controle da resposta inflamatória, dor e edema pela compressão com gelo por 30 minutos várias vezes ao dia, pelo menos nas

primeiras 24h ou 48h até nova avaliação médico-fisioterápica, elevação do membro e Tens.
- Proteção da integridade articular com órtese neutra, e enfaixar com fita adesiva ou tala posterior.
- Exercícios de isometria.

⇒ **Fase II:**
- Estimulação para regeneração tecidual, com crioterapia (uso do gelo) e banhos de contraste frio-quente por 30 minutos várias vezes ao dia, pelo menos nas primeiras 24h, 48h ou 72h até nova avaliação médico-fisioterápica.
- Sustentação do peso parcial com muletas progredindo para sustentação de todo o peso. Uso de tala para o apoio no calcanhar.
- Mobilização articular e alongamentos.
- Posições de apoio unipodal (um pé), terapia aquática, bicicleta estacionária.

⇒ **Fase III:**
- Progressão funcional das atividades, sustentação do próprio peso, e outros exercícios indicados e orientados.
- Criocinética (gelo, cadeia cinética fechado e gelo).
- Treinamento proprioceptivo com bola Suíça, prancha de equilíbrio, balancin e outros.
- Exercícios funcionais para o Esporte.
- Manutenção da condição física com exercícios de corrida leve até a evolução para corrida específica e movimentos do Futebol.
- Volta às atividades normais.

ENTORSE DO LIGAMENTO CRUZADO ANTERIOR DO JOELHO (LCA)

Primeiros socorros

Evitar movimentar a região atingida e controlar a resposta inflamatória e a dor com gelo, não ultrapassando 30 minutos de aplicação, pelo menos nas primeiras 24h ou 48h até nova avaliação médico-fisioterápica, compressão e elevação, além da órtese, que é a imobilização de duas articulações próximas à lesão.

Reabilitação

⇒ **Fase I:**

- Se a ruptura foi total: cirurgia; se parcial, gelo por 30 minutos várias vezes ao dia, pelo menos nas primeiras 24h, 48h ou 72h até nova avaliação médico-fisioterápica para o controle da dor e diminuição do edema.
- Mobilização passiva da patela em todos os sentidos.
- Alongamento ativo-assistido ou passivo dos isquiotibias.
- Iniciar trabalho involuntário do quadríceps com a eletroestimulação evoluindo para contração isométrica.
- Exercícios para ganho de amplitude de movimento (ADM) (0° a 110°), evoluindo gradativamente para 120°. Exercícios de flexão e extensão do pé com resistência elástica, exercício para adução e abdução de quadril.
- Uso de muletas para a marcha evoluindo para apoio unipodal e hidroterapia.

⇒ **Fase II:**

- Bicicleta para pré-aquecimento,
- Alongamentos de gêmeos, isquiotibias e iliopsoas.
- Exercícios resistidos em cadeia cinética fechada para isquiotibias e quadríceps. Exercícios para panturrilha em pé.
- ADM acima de 130° evoluindo para ADM normal.
- Propriocepção com foco em apoio unipodal e caminhada lateral.
- Hidroterapia.

⇒ **Fase III:**

- Bicicleta e alongamentos globais.
- Exercícios em cadeia cinética fechada para isquiotibiais e quadríceps, contração excêntrica de quadríceps em Cadeia Cinética Aberta em 30° – 90°.
- Treinamento proprioceptivo com bola Suíça, prancha de equilíbrio, balancin e outros.
- Exercícios funcionais para o Esporte.
- Manutenção da condição física com exercícios de corrida leve até a evolução para corrida específica e movimentos do Futebol.
- Volta às atividades normais.

FRATURAS

Pode ser considerada como uma interrupção completa ou parcial na continuidade de um osso.

Acontece por carga aplica sobre o osso superior à suportada pela estrutura óssea, ou por traumas cumulativos por "overuse", conhecidas como fraturas por "stress".

Primeiros socorros

Evitar mexer na área lesionada e, caso necessário, imobilizar as regiões adjacentes. Se não houver extravasamento de sangue pode ser feito gelo no local.

Reabilitação

⇒ **Fase I:**
- Imobilização por 7 dias.
- Controle da dor com TENS.
- Diminuição do edema com elevação do membro, associado a compressão e crioterapia por 30 minutos várias vezes ao dia.
- Manter a amplitude de movimento do membro/parte atingida.

⇒ **Fase II:**
- Movimentação passiva somente se for indolor.
- Mobilização articular de pequenos graus.
- TENS após os exercícios se houver dor.

⇒ **Fase III:**
- Exercícios ativos.
- Estimulação elétrica neuro muscular (EENM).
- TENS após os exercícios, se houver dor.
- Treinamento proprioceptivo com bola Suíça, prancha de equilíbrio, balancin e outros.
- Exercícios funcionais para o Esporte.
- Manutenção da condição física com exercícios de corrida leve até a evolução para corrida específica e movimentos do Futebol.
- Volta às atividades normais.

ENTESITE DA TUBEROSIDADE DA TÍBIA (DOENÇA DE OSGOODSCHLATER)

Constitui uma doença osteomuscular comum em adolescentes, principalmente naqueles que praticam o Futebol desde cedo. É caracterizada por uma patologia inflamatória na inserção do tendão infrapatelar na tuberosidade da tíbia, logo abaixo da patela, estimulada por excesso de saltos, chutes e corridas.

A fisiopatologia mais aceita é que o "overuse" do quadríceps acarreta, consequentemente, microtraumas na tuberosidade tibial, fazendo com que a lesão no local descrito apareça.

A pessoa relata algia (dor) insidiosa no joelho (mais ou menos dois ou três polegares abaixo da patela), dor que piora com a realização da atividade e diminui/alivia com o repouso.

A incidência maior é unilateral, vale dizer, pode ser no lado direito, como no esquerdo, podendo, também, apresentar aumento na aérea do tubérculo tibial.

Primeiros socorros

Como normalmente não há um evento específico, grave e imediato provocando esta lesão, não há primeiros socorros em sentido estrito, mas, todavia, há o tratamento inicial e imediato, que pode ser efetivado por meio da aplicação de gelo por 30 minutos várias vezes ao dia, pelo menos nas primeiras 24h ou 48h até nova avaliação médico-fisioterápica.

Importante o professor ficar atento e, conhecendo um pouco do assunto, esclarecer os alunos quanto à possibilidade da ocorrência, para então relatar o caso aos pais, médicos, fisioterapeutas e demais interessados, a fim de que as medidas e providências ideais e necessárias sejam tomadas.

Reabilitação

⇒ **Fase I:**

> ▹ Para a diminuição da dor e controle do processo inflamatório se faz uso do TENS, Ultrassom (US) pulsátil e PRICE (repouso, elevação, compressão e gelo por 30 minutos várias vezes ao dia,

pelo menos nas primeiras 24h, 48h ou 72h até nova avaliação médico-fisioterápica).
- Programa de atividades aquáticas.

⇒ **Fase II:**
- Exercícios de alongamento e fortalecimento para os segmentos adjacentes à lesão.
- Ondas Curtas (OC)/Ultrassom (US) contínuo para o auxílio da reparação tecidual.
- Bicicleta estacionária para manutenção do condicionamento físico.
- Progressão do programa aquático para treino de mobilidade e alongamento muscular. São feitos também exercícios proprioceptivos dentro ou fora da água, com colchões, pranchas, bolas e outros materiais.

⇒ **Fase III:**
- Ganho de flexibilidade e força muscular com a evolução do alongamento e exercícios isotônicos com ênfase na fase excêntrica e de velocidade alta.
- Treinamento proprioceptivo com bola Suíça, prancha de equilíbrio, balancin e outros.
- Melhora do controle sensório motor, início do treino do gesto esportivo com sua evolução na direção da volta à prática do esporte.
- Exercícios funcionais para o Esporte.
- Manutenção da condição física com exercícios de corrida leve até a evolução para corrida específica e movimentos do Futebol.
- Volta às atividades normais.

CONSIDERAÇÕES IMPORTANTES

Recomenda-se que o professor jamais queira invadir a área de trabalho de outrem, o que não significa dizer que se deve ficar alheio às informações gerais. O intuito deste capítulo é apenas e tão somente chamar a atenção do Profissional da Educação Física para estes aspectos.

No que se refere à Medicina e à Fisioterapia, inclusive a Esportiva, sabem todos que as informações são inúmeras e, se mesmo para os estudiosos da área é muito difícil conhecer toda a matéria, quanto mais os Profissionais da Educação Física e de Futebol, que têm outro objeto de estudo.

Assim, fica a indicação, a sugestão e o alerta ao professor de Educação Física e de Futebol para, de um lado, não cogitar em extrapolar a divisória jurídico-acadêmica da área de atuação de outrem quando da ocorrência de uma lesão em um de seus alunos, por outro, não há que se falar em omissão e desídia no trato com as pessoas acometidas por situações adversas como esta.

Agir, trabalhar, atuar e mediar da maneira mais adequada, sensata, diligente e correta possível em casos como estes se torna, pois algo imperioso e muito importante não apenas para o professor envolvido em situações como estas, mas, sobretudo, se torna relevante e significativo para o respeito e para a valorização da profissão, para o interesse de toda a sociedade e, o que merece maior consideração, para o reconhecimento e gratidão da própria pessoa que tenha se envolvido em desagradáveis contratempos com sua saúde esportiva.

Cuidados.

E bom trabalho.

REFERÊNCIAS BIBLIOGRÁFICAS

CANAVAN, P. K. *Reabilitação e Medicina Esportiva:* um Guia Abrangente. São Paulo: Manole, 2001.

COHEN, M.; ABDALLA, R. J.; EJNISMAM, B.; AMARO, J. T. Lesões Ortopédicas no Futebol. *Revista Brasileira de Ortopedia*, dez. 1997.

GONÇALVES, J. P. P. *Lesões no Futebol:* os desequilíbrios musculares no aparecimento de lesões. Dissertação de Mestrado em Treino de Alto Rendimento, sob a orientação do Prof. Doutor José Manuel da Costa Soares. Faculdade de Ciências do Desporto e Educação Física. Portugal. Universidade do Porto, 2000.

MENEZES, C. O. M.; SILVA, P. G.; OLIVEIRA, P.; PAULO, M. P. Lesões mais frequentes em atletas de futebol de campo masculino e iniciativas preventivas. *Revista Ciência & Saúde*. Porto Alegre, n. especial, p. 106, nov. 2009.

PETERSON L.; RENSTRÖM, P. *Lesões do Esporte:* Prevenção e Tratamento. 3. ed., São Paulo: Manole, 2002.

RIBEIRO, R. N.; COSTA, L. O. P. Análise epidemiológica de lesões no futebol de salão durante o XV Campeonato Brasileiro de Seleções Sub 20. *Revista Brasileira de Medicina do Esporte*. V. 12, n° 1, jan/fev, 2006.

RIBEIRO, R. N.; VILAÇA, F.; OLIVEIRA, H. U.; VIEIRA, L. S.; SILVA, A. A. Prevalência de lesões no futebol em atletas jovens: estudo comparativo entre diferentes categorias. *Revista Brasileira de Educação Física e Esporte*. São Paulo, v. 21, n° 3, p. 189-94, jul./set. 2007.

SAFRAN, M. R.; McKEAG, D.; VAN CAMP, S. P. *Manual de Medicina Esportiva*. São Paulo: Manole, 2002.